행복의 언어

Language and the Pursuit of Happiness
by Chalmers Brothers

30년간 수많은 미국인의 삶을 바꾼
행복언어학 강의

행복의 언어

Language
and the Pursuit of
Happiness

차머스 브러더스 지음 | 박상문 옮김

SAY KOREA

제 첫 번째 저서인 『행복의 언어Language and the Pursuit of Happiness』의 한국어판 서문을 쓰게 되어 정말 기쁩니다. 이 책은 집필하는 데 6년이 걸렸고 2005년 미국에서 처음 출판되었습니다. 1987년 LA 배턴루지에서 처음 '존재론적 코칭Ontological Coaching'의 세계를 접하고 1995년 뉴필드 네트워크New Field Network에서 '전문 코칭의 기술 Mastering the Art of Professional Coaching'이라는 긴 과정을 수료한 것이 큰 행운을 얻는 계기가 되었습니다.

1996년 1월부터 저는 워크숍, 프로그램, 두 권의 책, 개인 혹은 단체 코칭을 통해 제가 배운 내용을 공유하는 데 전념해 왔습니다. 1998년부터는 세계 최대의 CEO 멤버십 협회인 비스티지 월드와이드Vistage Worldwide의 전문 연사로 활동하는 큰 특권을 누렸습니다. 비스티지 그룹을 위한 모든 프로그램은 이 책에 수록된 학습 체계를 기반으로 합니다. 지난 30여 년간 수만 명의 CEO, 비즈니스 리더 및 팀원들, 그리고 때로는 참가자들의 배우자들과 함께 이 내용을 공유해 오면서 수많은 사람으로부터 자신의 인생이 더 나은 방향으로 바뀌었다는 피드백을 받았습니다.

이 책을 집필하면서 제가 했던 경험 중 일부를 공유하게 되어 기쁩니다. 그것이 '올바른' 또는 '바람직한' 영향이나 변화이기 때문이 아니라, 제가 얻은 구체적인 혜택을 강조할 수 있어서입니다. 저는 이 작업을 통해 직업적으로나 개인적으로 많은 혜택을 얻었습니다. 여러분도 이 책을 살펴보면서 여러분의 삶에 어떤 방식으로 구현하고 적용할지 결정해 보시기 바랍니다. 분명히 거기에 배움이 있을 것입니다.

- 내가 사물을 보는 방식은 실제와는 다르다는 것을 깨달았습니다. 내가 생각했던 방식은 '나를 위한' 방식이었습니다. 내가 말 그대로 '객관적'이지 않다는 인식의 전환은 제가 38년간 결혼 생활을 유지해 온 비결입니다.
- 인간의 언어가 단순히 상황을 묘사하고 정보를 주고받는 수동적인 도구가 아니라, 내면의 이야기와 외부의 대화를 포함한 생성적이고 창조적인 힘이라는 것을 알게 되었습니다. 우리는 우리가 의식하든 의식하지 못하든 우리가 말하는 것을 통해 무언가를 창조합니다. 그리고 이를

인식하는 것과 인식하지 못하는 것은 극단적 차이를 낳습니다.

- 업무적으로나 개인적으로나 제 행동과 결과가 어떻게 연결되는지 더 명확히 알게 되면서, 내적 및 외적 대화에 대해 훨씬 더 의식적이고 합목적적으로 임하게 되었습니다.

- 내 신념, 해석, 방향성을 고려할 때 이제까지와는 전혀 다른 렌즈를 통해 세상을 바라보게 되었습니다. '효과적/비효과적' 렌즈, '강력한/빈약한' 렌즈, '생산적인/비생산적인' 렌즈를 얻었습니다. 제가 평생 사용해온 '옳은/그른' 렌즈에서 벗어나게 된 것입니다. 렌즈를 바꾸니 모든 것이 바뀌었습니다.

- 우리가 관계를 맺는 방식의 대부분은 신체적인 것이 아니라 언어적인 것, 곧 대화임을 배웠습니다. 관계를 바꾸고 개선하고 전환하기 위해서는 대화가 필요합니다.

- 리더십에는 (단순한 기능적 또는 기술적 역량이 아닌) 주로 대화, 관계, 정서적 역량이 포함된다는 것을 이해했습니다.

- 우리 각자는 서로 긴밀하게 연결된 언어, 기분·감정, 신체·생물학적 구조로 이루어졌으며, 각 요소의 고유한 조합이 우리의 고유한 존재 방식임을 배웠습니다. 이 세 영역 중 하나의 변화가 나머지 둘의 변화에도 영향을 미치며, 우리가 새롭게 사물을 보고, 새로운 행동을 취하고, 새로운 결과를 만들어내는 출발점이 될 수 있음을 배웠습니다.

- 경청listening과 듣기hearing는 근본적으로 다른 두 가지이며, 우리 각자가 경청 능력을 극적으로 향상하는 법을 배울 수 있고, 이는 다른 사람들

과 관계를 맺고 협력하여 **목표**를 달성하는 능력이 극적인 향상으로 이어진다는 것을 배웠습니다.

- 나 자신과 다른 사람들에게 보다 의도적으로 '존재감'을 드러낼 수 있는 방법을 배웠고, 이러한 존재감이 제 삶에서 직업적으로나 개인적으로 원하는 많은 변화와 전환을 이루는 데 훌륭한 기반이 되었습니다.

물론 이 책에서 제시하는 새로운 해석과 도구, 연습 방법 등을 익혀서 일상생활에 적용하는 경험은 사람마다 다를 것입니다. 예를 들어, 미국과 한국에는 분명한 문화적 차이가 있을 뿐만 아니라, 우리 각자가 생각하고, 인식하고, 상호작용하고, 소통하고, 해석하고, 듣고, 결론에 도달하고, 결정을 내리는 방식에도 개인차가 있으며, 정서적·신체적 측면에서도 큰 차이가 있습니다. 그럼에도 불구하고 오랜 세월 동안 이 분야에 몰두하며 수많은 사람과 다양한 주제에 대해 수많은 대화를 나눈 결과, 저는 이제 제가 믿는 것을 '놀라운 역설'이라고 생각하게 되었습니다.

우리 인간은 모두가 고유하며 또 모두가 똑같다.

이 책은 이 역설의 두 가지 측면을 모두 존중합니다. 저는 우리 각자가 우리 삶에 가져다주는 진정한 고유성과 우리 모두에게 분명히 나타나는 뿌리 깊은 특성 및 습성을 공유하는 방식을 존중하고 싶습니다.

이 책의 일본어 번역판(2024년 출간, 리나 사쿠라바 옮김)과 이번 한국어 번역판(박상문 옮김), 그리고 곧 출간될 중국어 번역판(미미 찬 웨이팅 옮김)에 큰 기대를 걸고 있는 것도 바로 이 때문입니다. 2005년에 영어판이 출간되었을 때만 해도 이런 기회가 생기리라고는 상상조차 못 했습니다. 이들이 기꺼이 번역에 필요한 노력을 기울인 것은 도구의 문화 간, 태평양 전역에 걸친 관련성, 영향력 및 이점에 대한 인식을 보여준다고 생각합니다. 이는 바로 이 책의 핵심 내용을 구성하는 식별, 연습 및 사물을 보는 방식에 대한 인식을 나타냅니다.

한국어판 번역 프로젝트를 주도적으로 이끌어주신 박상문 님께 특별히 감사드립니다. 그리고 강력한 코칭 인증 콘퍼런스의 교수진으로 봉사할 수 있는 기회를 준 싱가포르 코치파트너십The Coach Partnership의 마커스 마스든, 티니 파질라, 조일린 시토 및 모든 관련자분께도 감사를 전합니다. 이곳은 제가 운 좋게도 박상문 님과 인연을 맺을 수 있었던 곳이기도 합니다.

이제 60대 중반에 이른 저는 수십 년간 훌륭한 분들과 함께, 그분들로부터, 그리고 그분들의 글과 기타 기고문을 통해 많은 것을 배울 수 있는 놀라운 혜택을 누려왔습니다. 제가 이 배움의 장을 공유할 수 있었던 모든 코치, 멘토, 고객, 친구들, 그리고 전 세계에서 이 배움을 공유할 수 있었던 모든 기회에 무한한 감사를 느낍니다.

　저는 이 책에 담긴 핵심적인 식별, 도구, 연습, 이해의 방식이 앞으로 지구상에서 상호 이익이 되는 방식으로 함께 살아가려는 우리 모두에게 도움이 될 수 있다고 진정으로 믿습니다. 여러분과 함께 열린 마음으로 앞으로 나아갈 수 있기를 바랍니다. 그리고 기억하십시오. 절대로 배움을 멈추지 마시기를!

늘 감사하는 마음으로

2025년 4월
미국 캘리포니아 네이플스에서
차머스 브러더스

함께 탐험을 떠나기에 앞서

행복에 대해 평소와는 다른 대화를 해보면 어떨까? 그것이 이 책의 목적이다. 여러분이 제목을 보고 이 책을 집어 들었다는 것은 적어도 이 주제를 조금이라도 탐구해 보고 싶다는 뜻일 것이다. '탐구'라는 개념이 이 책을 읽어나가는 가장 적합한 방법이 되리라 생각한다. 개척자들이 평원을 가로지르는 것과 같은 물리적인 탐험이 아니라, 어디에 다다를지 모르는 채로 일단 여행을 시작한다는 의미의 탐험이다. 미지의 영역으로 들어가서 그 영역에 대해 배우기 위해 마음을 연다는 의미의 탐험. 그리고 새로운(아직 보이지 않는) 가능성과 기회에 진정으로 열려 있기 위해 자신이 알고 있는 것을 잠시간 기꺼이 내려놓는 탐험이다. 그런 의미에서 내가 여러분에게 하고 싶은 제안은 나와 함께 탐험을 해보지 않겠느냐는 것이다. 유형은 다르더라도 모든 탐험가는 어느 정도 위험을 감수한다. 그리고 모든 유형의 탐험가는 때로 예상과 전혀 다른 발견을 하기도 한다.

이 책의 목표 중 하나는 이 여정에서 얻을 발견에 도달하기 위해 위험을 감수할 만한 가치가 있다는 확신을 심어주는 것이다. 그러기 위해 먼저 이 주제에 대한 역사적 관점부터 간략하게 짚어보자. 내가 여러분과 나누고 싶은 이야기, 그리고 예상치 못한 발견으로 이어지길 기대하는 대화의 장을 열어줄 것이다.

「미국독립선언문」에는 다음과 같이 쓰여 있다. "우리는 다음을 자명한 진리로 믿는다. 즉, 모든 인간은 태어날 때부터 평등하며, 창조주로부터 생명, 자유 및 행복 추구를 포함한 불가침의 권리를 부여받았다."[1]

먼 옛날에 철학자 아리스토텔레스는 행복의 추구가 보편적인 현상이라고 지적하며 이렇게 말했다. "행복은 삶의 의미이자 목적, 인간 존재의 궁극적인 목표이자 지향점이다."[2]

또 다른 철학자 윌리엄 제임스도 비슷한 주장을 했다. "어떻게 행복을 얻을 것인가, 어떻게 행복을 지킬 것인가, 어떻게 행복을 되찾을 것인가는 사실 고금을 막론하고 대부분의 사람이 하는 모든 행동의, 그리고 기꺼이 인내하는 모든 상황의 이면에 있는 동기다."[3]

달라이 라마는 1999년 출간한 『새 천년을 위한 윤리학』에서 다음과 같은 견해를 밝힌 바 있는데, 이 또한 우리가 탐험을 시작하기 좋은 단단한 출발점이다. "나는 인생의 모든 길 위에서 세계 각국의 수많은 사람을 만나면서 우리가 인간으로서 가진 기본적인 공통점을 다시금 깨달았다. 각자가 처한 상황이 어떻든 간에, 즉 부유하든 가난하든, 학력이 있든 없든, 어느 인종, 성별, 종교든, 우리 모두는 행복하기를 원하고 고통을 피하고 싶어 한다는 것이 세상을 보면 볼수록 선명해졌다. 우리가 의도하는 모든 행동, 말하자면 우리의 삶을 통틀어 상황에 따른 제약 속에서 어떻게 살아갈지를 선택하는 일은 모두에게 던져진 큰 질문에 대한 각자의 대답이라고 볼 수 있다. 그 질문은 '**나는 어떻게 하면 행복해질 수 있을까?**'이다."[4]

행복은 분명히 큰 주제이며, 우리는 오랜 역사 속에서 이를 추구해 왔다. 현대인들은 놀랍도록 다양한 방법으로 이 질문에 대한 해답을 계속 찾고 있다. 이 책은 행복이라는 난제에 진정으로 독특하고 전례가 없는 가능성을 불러올 해석법을 알려줄 것이다. 세상에 존재하는 모든 접근법을 포괄할 수 있을 만큼 광범위하고, 우리 각자가 앞으로의 인생에서 가정과 직장 등 어디를 가든 적용할 수 있는 확고한 방법이다. 무엇보다 이 방법이 나 자신의 삶을 크게 변화시켰으므로 여러분의 인생도 바꿀 수 있다고 믿는다.

이 책은 다음의 두 가지 주요 주장을 중심으로 구성되어 있다.

1. 언어에 내한 새로운 이해는 자신의 인생에서 더 큰 행복과 성취를 얻고자 하는 사람들에게 새로운 토대, 새로운 출발점, 새로운 선택지, 새로운 도구를 제공할 수 있다.
2. 언어에 대한 새로운 이해는 나 자신을 이해하는 새로운 방법, 더 나아가 타인을 이해하는 새로운 방법으로 연결될 수 있다.

지금부터 내가 말하는 접근법은 여러분이 지금까지 믿고, 생각하고, 당연하게 여겨왔던 방식에 역행하는 것처럼 보일 수도 있다. 혹은 죽 알고 있었지만 왜인지 일상에서 적용하지 못했던 다른 종류의 '상식'으로서 와 닿을 수도 있다. 어느 쪽이든, 이 책을 읽음으로써 많은 것을 지금까지와는 다르게 **보고**, 다르게 **행동할** 수 있으며, 그럼으로써 **인생에서 많은 것을 바꿀 수 있다**고 약속한다.

이 책에서는 지금까지와는 다른 강력한 사고와 관찰 방법을 소개한다. 언어를 새롭게 이해하는 방법이 얼마나 다양한 영역에서 어떻게 나와 내 인간관계, 효능과 결과를 이해하는 새로운 방법을 열어주는지 보여줄 것이다. 여러분이 쓰는 언어가 어떻게 자신의 삶을 설계하고 기분을 다스리는 능력과 직결되는지 설명할 것이다. 그리고 함께 상상해 보자고 제안할 것이다. '만약 나라면……'을 그려보고 나 자신, 인간관계, 기분, 삶을 바라보는 렌즈를 바꿔서 다른 안경을 써보면 어떨지 말이다. 결국, 그것이 바로 이런 탐험의 전부이다.

행복이란 무엇인가

우리의 목적을 달성하기 위해 행복을 단순하게 정의해 보자. 이후 이 책에서 행복이라는 단어를 사용할 때는 다음 중 하나 또는 두 가지 모두를 가리키는 것으로 이해하자.

- 평온함 Peacefulness
- 생산성 Productivity

앞으로 이 책에서는 '행복을 얻는 것=평온함과 생산성을 균형 있게 양립시키는 것'이라고 정의한다.

'평온함'에는 질적인 측면, 즉 경험 그 자체와 그 주관적 성격이 포함된다. 정서적 공간, 즉 지속적으로 고통과 불만을 경험하는 (또는 경험하지 않는) 정도도 여기에 포함된다. '생산성'에는 양적인 측면, 즉 일을 잘해내고 있는지, 세상에 기여를 하고 있는지, 현실에서 눈에 보이는 결과를 내고 있는지 등의 객관적 측면이 포함된다. 지금부터 이야기할 행복은 이 두 가지 측면을 모두 아우른다. 앞으로 이야기할 내용은 삶의 모든 영역에서 평온함을 얻는 능력과 생산성을 높이는 능력 모두에 그대로 적용할 수 있다. 많은 사람의 목표는 이 둘 사이에서 적절한 균형을 찾는 것이며, 우리는 이를 행복이라고 부르기로 한다.

언어에 대한 새로운 이해는 행복을 성취하기 위한 균형을 찾는 데 강력한 토대가 될 것이다. 이 새로운 접근 방식은 다음의 세 가지 주요 영역에서 직접적이고 즉각적인 힘을 발휘할 것이다.

- 개인으로서의 사생활
- 타인과의 사적인 또는 공적인 인간관계
- 인생의 다양한 국면에서 요구되는 리더십

나의 목표는 여러분이 앞으로 이 책을 읽으면서 위 세 가지 영역에서 자신에 대한 새로운 가능성을 발견할 수 있도록 돕는 것이다. 새로운 가능성을 발견하는 것은 항상 새로운 결과를 만들어내는 첫 번째 단계이기 때문이다.

우리는 지금까지 엉뚱한 곳에서 답을 찾아왔다

먼저 우리 주변부터 생각해 보자. 미국을 비롯해 산업이 발전된 국가에 사는 많은 사람은 편안한 집, 냉난방, 충분한 식사, 계절에 맞는 옷, 부상과 질병 위험의 감소, 교육, 직업, 다양한 여가 활동 등 물질적·사회적으로 '성공'으로 정의되는 요소들을 누리고 있다. 하지만 왜인지 많은 사람이 "나는 행복하지 않다.", "만족스럽지 않다.", "내가 원하는 중요한 결과를 얻지 못하고 있다."고 주장한다. 도대체 무슨 일이 일어나고 있는 것일까?

아마도 젊은 시절에는 자신이 만족스럽고, 평온하고, 생산적이고, 행복해지기 위해 무엇이 필요한지에 대한 그림을 마음속에 품고 있었을지도 모른다. 하지만 실제로 그것을 성취하고 손에 넣으면, 무언가 부족함을 느끼고 "나는 행복하지 않다."고 말한다. 이런 상황은 현대사회에 만연해 있다. 여러분도 가끔 이런 적이 있지 않은가? 오늘날 말 그대로 수천만 명의 '윤택한 삶'을 누리는 사람들이 극심한 스트레스에 시달리고 '녹다운된' 상태이며, 이미 오래전부터 이런 상태가 지속되고 있다고 보고한다. 도대체 무슨 일이 일어나고 있는 것일까? **더 긴요한 질문으로, 진정한 의미의 균형, 만족감, 평온함, 효능감, 즉 행복의 구성 요소를 충족하도록 삶을 설계할 수 있는 방법은 없을까?**

달라이 라마를 비롯해 이 질문에 대해 폭넓게 탐구해 온 많은 선구자는 비슷한, 그리고 어쩌면 놀라운 견해에 이르렀다. 즉, 물질적으로 발전한 국가에 사는 사람들이, 그 모든 산업과 신기술에도 불구하고, 물질적으로 발전하지 못한 국가에 사는 사람들보다 어떤 면에서 **덜** 만족하고, **덜** 행복하며, **더** 고통을 겪고 있다는 것이다. 한 예로 미국의 항우울제 수요는 이 견해를 확실히 뒷받침한다. 이를 어떻게 해석해야 할까? 더 긴요한 질문으로, 우리의 삶에 더 많은 행복, 더 적은 고통, 더 큰 평화, 더 건강한 균형, 더 나은 결과를 가져오기 위해 적극적으로 나서기로 선택한다면 우리는 어떤 행동을 취할 수 있을까? 궁극적으로 이 책은 우리가 행복이라고 부르는 것을 찾기 위해 살펴볼 새로운 영역을 제시한다.

앞으로 살펴볼 접근법은 지금까지 빛을 보지 못했던 영역이다. 또한 우리가 일상적으로 생활하며 쉽게 얻을 수 있는 통찰도 아니다. 주류 교육과정과도 거리가 멀다. 내가 코칭을 시작한 이래로 초등학교나 대학교에서 이 방법이나 이와 유사한 방법을 배웠다고 말하는 사람은 단 한 명도 만나지 못했으니 말이다. 하지만 점점 더 많은 사람이 자신에 대해 지금까지 의심하지 않았던 가정을 좀 더 깊이 들여다보고 의문을 가지는 지점까지는 이르렀다고 믿는다. 어떤 이유에서든 우리는 점점 더 자신이 누구인지, 어떻게 지금의 모습이 되었는지, 그리고 자신이 처한 상황을 초래한 **자신의 역할**이 무엇인지에 대해 이전까지 당연하게 여겨왔던 '사실'을 기꺼이 의심해 보려 하고 있다. 이 책은 바로 이러한 질문과 재고再考에 관한 것이다.

나는 많은 사람이 행복이라는 경험을 발견하지 못하는 큰 이유 중 하나가 **지금까지 우리가 잘못된 곳에서 답을 찾고 있었기 때문**이라고 생각한다. 노력을 충분히 하지 않은 게 아니라, 원하는 만큼의 지속적인 변화나 결과를 만들어내지 못하는 길을 걸어왔을 뿐이라는 뜻이다. 지금까지 우리는 언어를 당연한 것으로 여기면서 언어를 통해 세상을 바라봐 왔다. 여기서는 대신 언어를 살펴볼 것이다. 이 탐구가 모든 변화의 시작점이 될 것이다.

이 책은 단순한 정보나 기술을 알려주는 설명서가 아니다. 그보다는 삶의 기저에서 훨씬 근본적인 변화를 가능케 할 정수精髓를 전하는 안내서다. 우리가 세상을 바라보는 관점을 바꿈으로써 어떤 영역에든 적용할 수 있는 완전히 새로운 가능성을 보여주고, 삶의 거의 모든 측면에서 더 효과적으로 살 수 있게 해줄 것이다. 하지만 효과에만 집중하다 보면 더 큰 부분을 놓치게 된다. 바로 관점의 총체적인 변화, 즉 애초에 효과를 만들어내는 것을 가능케 하는 자신의 '존재'를 정의하고 이해하는 방식이라는 가장 중요한 변화를 말이다.

이 책의 제목에서 알 수 있듯이, 나는 **언어**, 특히 **인간의 언어**에 초점을 맞추고, 이를 재검토함으로써 얻을 수 있는 놀라운 가능성을 여러분과 공유하고자 한다. 언어라고 해서 학교에서 배운 주어와 술어, 명사와 대명사, 문법과 문형文型 등을 다루는 건 전혀 아니다. 대신 이 책은 여러분을 전혀 다른 방향으로 이끌 것이다. 핵심은 다음과 같다. 언어를 새롭게 보기 시작하면 곧이어 **나 자신**을 새롭게 보게 되고, 나아가 **인간**을 새롭게 보게 된다. 이것이 나에게는 가장 흥미진진한 일이다.

지난 수십 년 동안 내가 배우고 다른 사람들에게 가르치는 특권을 누린 내용을 여러분과 공유할 수 있게 되어 영광이다. 지금부터 살펴볼 영역은 항상 내 곁에 있었지만, 너무 당연해서 처음에는 전혀 눈에 띄지 않았었다. 하지만 한번 알아채고 나니 모든 것이 바뀌었고, 더 이상 예전처럼 사물을 보지 못하게 되었다. 여러분도 그렇게 될 수 있으리라 확신한다.

내가 이 프로젝트에 참여한 것은 큰 감사함에서 비롯되었다. 무엇보다도 오래전에 이 배움을 소개해 준 아내 베치에게 감사하다. 그 덕분에 이 탐구의 여정을 여러분과 함께할 수 있어서 감사하다. 그리고 내 세미나에 참석해 주신 많은 분이 매번 관심을 갖고 "오늘 이야기를 정리한 책은 어디서 구할 수 있나요?"라고 물어봐 주셔서 감사하다. 또한 이 길을 걷는 동안 스승, 코치, 친구로서 내 세상을 진정으로 변화시킨 이해의 방법을 공유해 준 많은 훌륭한 분에게도 진심으로 감사드린다.

내 목표는, 나는 물론 많은 사람의 사례로 증명된, 여러분의 사생활과 직업 생활에 매우 강력하고 긍정적이며 중요한 영향을 미칠 학습 내용을 공유하는 것이다.

하지만 이 내용을 익힌다고 해서 앞으로 '운수 나쁜 날'이 찾아오지 않는다는 뜻일까? 결코 불행해지지 않는다는 뜻일까? 혹은 불행해지는 것 자체가 어딘가 잘못된 일이라는 말일까? 화를 내거나 슬퍼할 시간이 결코 오지 않으리라 보장한다는 뜻일까? 물론 그렇지 않다. 중요한 것은 자신의 경험을 만들어내는 과정에서 스스로의 역할을 더 의식하고, 차이를 만들어낼 수 있는 선택 가능한 도구가 있다는 걸 깨닫는 일이다.

여러분의 여정이 어디로 향하든, 여러 긍정적인 방식으로 영향을 미침으로써 그 여정의 질을 극적으로 향상할 수 있는 방법을 배워보고 싶지 않은가?

만약 그렇다면, 여러분은 올바른 책을 찾은 것이다. 이 책에서 내가 여러분에게 전할 내용은 새로운 토대, 새로운 '출발점', 새로운 도구함의 역할을 할 것이다. 그러니 **계속 읽어나가기를!** 내가 직접 경험한바 세상을 이해하는 이 새로운 접근법은 개인의 행복, 모든 유형의 관계 형성, 효과적인 리더십 발휘, 조직의 성공, 공동체 구축 등 다양한 수준에서 큰 가치를 지녔다. 요즘은 여기서 더 확장될 수 있는 가능성까지 보인다. 이러한 생각과 세상을 바라보는 방식이 앞으로 우리가 이 지구상에서 함께 살아가는 데 직접적으로 도움을 주는 도구가 될 수 있으리라 확신한다. 여러분과 이 책을 함께 나눌 수 있어 매우 영광스럽다.

{ 차례 }

일러두기

1. 이 책은 Chalmers Brothers, *Language and the Pursuit of Happiness*(2005)를
   번역 저본으로 삼았다.
2. 본문의 각주는 모두 원서의 출처 표기로 미주로 처리하였다.
3. 외국어 표기는 국립국어원 외래어표기법의 용례를 따랐다.

1장

내가 볼 수 있는 것만
바꿀 수 있다

Language
and the Pursuit of
Happiness

진정한 발견의 여정은
새로운 풍경을 찾는 것이 아니라 '새로운 눈'을 갖는 데 있다.[1]
— 마르셀 프루스트

우리가 생각하고 행동하는 범위는
우리가 의식하지 못하는 것에 의해 제한되며,
우리가 의식하지 못하는 것을 의식하지 못하기 때문에
의식하지 못하는 것이 우리의 생각과 행동을
어떻게 바꾸는지 의식하기 전까지는
우리가 바꿀 수 있는 것이란 거의 없다.
— 로널드 데이비드 랭

이 책의 주요 목적은 여러분의 가정과 일에서 삶을 설계하는 새로운 토대가 될 강력한 사고방식과 관찰 방식을 공유하는 것이다. 즉, 앞서 평온함과 생산성의 균형이라 부르기로 한 것(행복)을 포함하여 다양한 영역에서 여러분에게 새로운 결과를 가져다주는 것을 목표로 한다. 이를 위해 이 책은 여러분이 **더 능숙하고 더 강력한 자기 자신의 관찰자**가 될 수 있도록 돕는 데 초점을 맞추고 있다.

다음 그림은 여러분 스스로가 스스로를 돌아보라는 의미이다. 우리는 모두 여기서부터 시작해야 한다. 1장에서 나는 우선 여러분이 자신과 자신의 행동을 새로운 방식으로 바라볼 수 있도록 도울 것이다. 이 초점은 결국 다음과 같은 중요한 관찰에서 비롯되

었다. **대부분까지는 아니더라도 많은 사람이 자신을 관찰하는 데 매우 서툴다.**

이런 경험을 해본 적이 있는가? 대다수의 사람이 자신이 정말로 무얼 하고 있는지 모르는 채로 자신에게 긍정적인 결과와 부정적인 결과를 초래하는 행동을 한다. 물론 꾸준히 좋은 결과를 내고 있다면 문제가 없다. 하지만 그렇지 않다면 문제가 된다. 또 상당수의 사람이 자신에 대해 의식하기보다 다른 사람, 특히 가까운 사람에 대해 의식하는 데 훨씬 더 능숙하다.

우리가 지금 하고 있는 일이 무엇인지 인식하지 못한다면, 무언가를 바꾸어 다른 결과를 얻기는 쉽지 않다. 무언가를 관찰하고,

의식하고 나서야 그것을 바꿀지, 그대로 둘지 **분명한 의도를 가지고** 선택할 수 있다.

따라서 첫 번째이자 가장 중요한 단계는 **의식하기**라고 할 수 있다.

이 책은 독자 한 사람 한 사람 안에 있는 '빅아이Big Eye' 근육을 키우는 데 중점을 두고 있다. 달리 말하면, 독자 여러분이 지금까지 보지 못했던 자신의 모습을 의식하고 지금까지와는 다른 방식으로 자신을 보는 능력을 강화하도록 도와주고자 한다. 자신을 관찰하고 의식하는 힘을 키우면 한 가지 중요한 이점이 생긴다.

바로 우리가 살면서 어떤 일을 하고 그에 따른 결과를 만들어낼 때 선택을 할 수 있고, 그 선택의 폭이 넓어지고, 더 많은 선택권이 있는 더 넓은 경기장에 설 수 있게 된다는 점이다.

그렇다면 우리가 지금부터 관찰을 시작해야 할 무지무지 중요한 것 중 하나는 바로…… 우리가 관찰하는 방식 그 자체다. 이를 '우리가 세상을 관찰하는 방식을 관찰하기'라고 부를 수 있고, 다음 그림처럼 나타낼 수 있다.

우리가 관찰에 서툰 모든 것 중에서도 특히 이 '관찰하는 방식을 관찰하기'는 가정과 일 양쪽에서 모두 우리 삶에 가장 큰 영향을 미칠 수 있다. 여러 면에서 이 능력을 키우는 것은 조금이라도 의미 있고 목적에 맞는 변화를 이끌어내는 출발점이다.

그에 따른 적절한 질문은 "나는 왜 이런 방식으로 세상을 보는 걸까?"가 아니라 "내가 세상을 보는 방식이 나 자신에게 도움이

되는가?", 즉 "내가 원하는 결과를 만들어내고 있는가?"가 되어야 할 것이다.

이 책을 읽어나갈 때는 계속해서 자신을 돌아보는 것이 중요하다. 지나치게 엄격한 잣대를 들이대거나 섣불리 비판하지 말고, 솔직하게 받아들이며 전체적인 의도를 의식해 보자. 그냥 '그래, 그렇구나.' 하고 알아차리는 것만으로도 충분하다. 그 후에 무언가를 바꾸고 싶다면 언제든 선택할 수 있다. 하지만 지금은 먼저 나를 관찰하는 빅아이를 단련하는 것부터 시작하자.

여기서 잠깐. 나는 지난 수십 년간 이 책에서 다루는 학습 방법을 조직 또는 개인의 의뢰로 많은 사람에게 전달해 왔다. 그리고 거의 모든 상황에서 사람들은 내가 가르친 식별과 원칙이 **다른 사람들의 인생에** 얼마나 도움이 될지 매우 빠르고 분명하게 간파했다. 예를 들어, 직원들은 그들의 상사가 이걸 알면 매우 큰 도움이 될 것 같다고 내게 분명히 이야기했다. 리더와 관리자들은 직원들이 이걸 일부라도 습득한다면 얼마나 도움이 될지를 귀신같이 알아차린다. 남편들은 자신의 아내가 이런 종류의 학습에서 도움을 얻을 수 있겠다는 사실을 아무런 어려움 없이 발견한다. 아내들은 남편이……. 내가 하고 싶은 제안은, 여러분은 이 책을 읽으면서 배운 것을 **자신**에게 어떻게 적용할지, 그리고 **자신**이 행동으로 옮길 수 있는 새로운 가능성과 새로운 선택지가 무엇인지에 계속 초점을 맞추라는 것이다. 그래야만 앞으로 나아갈 수 있다.

나를 관찰하기 위한 출발점

이제부터는 자신을 더 잘 관찰하는 데 초점을 맞추고, 앞으로 시작될 모든 일의 기초가 되는 기본적인 생각을 살펴보자.

첫 번째 전제: 우리는 다른 사람을 바꿀 수 없다

다른 사람을 바꾸려고 시도해 본 적이 있는가?(사춘기 자녀, 배우자나 연인, 동료, 친구, 친척을?) 만일 그런 적이 있다면 얼마나 성공적이었는가? 내가 진행한 수많은 워크숍에서 다른 사람을 변화시키는 데 성공했다고 말한 사람은 단 한 명도 없었지만, 우리는 확실히 다른 사람을 변화시키기 위해 시행착오를 겪으며 많은 에너지를 쏟아붓고 있다. 사실 어떤 종류든 부정적인 상황에 직면했을 때 우리의 첫 번째 반응은 종종 해결책이나 사태의 원인을 '외부'에서 찾는 것이다. 이 반응은 너무나 친숙한 나머지 어느 정도 자동화되어 의식하지 못하는 새에 나타난다.

다른 사람에게 영향을 줄 수 있는 방법이 전혀 없다고 말하는 것이 아니다. 우리 모두가 어떠한 방법으로든 다른 사람에게 확실히 영향을 미칠 수 있다고 믿는다. 내가 말하고자 하는 바는 근본적인 수준에서 우리가 **다른 사람**을 바꿀 수 없다는 것이다. 오직 **그 사람**만이 **그 사람 자신**을 변화시킬 수 있다. 그러나 다시 말하지만, 자신이 의식하지 못하는 것을 바꿀 수는 없다. 따라서 첫 번째 단계는 의식하는 것이고, 그 후에야 바꿀지 말지를 선택할 수 있다. 우리는 다른 사람을 관찰하는 데는 능숙하지만, 자신이 진정으로 바꿀 수 있는 유일한 사람(자기 자신)을 관찰하는 데는 매우 서툴다. 그리고 이것이 우리의 선택권과 가능성을 크게 제한한다. 이 전제는 이 책 전체를 관통하는 중심 주제 중 하나이기 때문에 지속적으로 언급할 것이다.

두 번째 전제: 우리는 항상 그리고 이미 다른 사람과 연결되어 있다

우리는 은둔자가 아니다. 이는 당연한 전제다. 우리는 평온함과 생산성을 만들어내는 방식으로 타인과 연결되어 있거나, 또는 그렇지 않은 방식으로 연결되어 있다. 우리는 근본적으로 사회적 존재다.

우리는 타인과 연결되어, 타인과 함께, 타인을 통해 행동한다. 나의 성공은 단지 특정 분야에서 오로지 나 혼자 뛰어난 능력을 발휘해 이룬 게 아니다. 나의 성공과 다양한 분야에서 거둔 결과는 내가 다른 사람들과 어떻게 스텝을 맞춰 '춤'을 추고, 어떻게 교류하고, 어떻게 행동을 조율하는가와 관련이 있다. **우리의 모든 행동은 다른 사람으로 구성된 어떤 공동체 안에서 이루어진다.**

세 번째 전제: 늘 하던 대로 하면 늘 얻던 것만 얻을 수 있다

이 책은 학교나 대학에서 가르쳐 주지 않는 영역의 학습에 초점을 맞추고 있다. 따라서 자동적으로, 또 직접적으로 **새로운 행동을 취하는 것**이 필수적일 수밖에 없다. 여러분이나 내가 가정이나 직장에서 **새로운 결과**(더 나은 인간관계, 더 나은 효과, 더 나은 균형, 더 적은 고통과 스트레스, 더 큰 평온함 등)를 얻으려면 새로운 행동을 취해야 한다. 다른 방법은 없다. 지금까지 없던 결과를 얻으려면 지금까지 없던 행동을 해야 한다. 우리는 이를 알고 있지만, 알고 있다는 사실을 잊고 있다. 또 한 가지 지적할 점은, 우리가 취하는 행동의 상당수가 곧 이 세상에서 우리가 만들어내는 언어 행동, 언어의 움직임, 언어 선택이라는 것이다.

네 번째 전제: 우리는 항상 선택의 기로에 있다

우리는 항상 선택의 여지가 있고, 삶의 문제를 다룰 때 끊임없이 선택을 내리고 있다. 살면서 일이 엉망으로 꼬일 때마다 **거기 내가 있었다**는 걸 의식해 본 적이 있는가? 우리는 각자의 이야기 속에서 반복해서 등장하는 존재다. 우리는 모두 자기가 지금 위치에 있는 것은 자신이 내린 선택 때문이라고 주장한다. 우리는 항상, 모든 순간에 선택을 하고 있다. 얼마 전에 들은 이 표현이 굉장히 인상 깊게 남아 있다. "우리는 태어날 때부터 승자도 패자도 아닌 선택자다."

내가 생각하는 이 책의 접근법의 진정한 가치는, 먼저 관찰하게 함으로써 이전에는 가능한 선택지가 전혀 보이지 않던 상황에서도 선택지를 발견할 수 있게 된다는 점이다. 이는 이전까지 선택지가 전혀 없었다는 의미가 아니다. 단지 우리가 선택지를 보지 못하고, 의식하지 못하고, 그래서 선택지가 존재하지 않는 것처럼 행동했을 뿐이라는 뜻이다. 어쨌든 행동하는 데 선택지와 가능성이 적은 편보다는 많은 편이 더 낫다는 뜻이다.

우리는 자신의 선택이 행동의 '출발점'이 될 수 있는 수많은 상황을 떠올릴 수 있다. 예를 들어, 다음과 같은 상황에서 균형, 행복, 기타 '원하는 결과'를 만들어내고자 할 때 '새로운 강력한 선택지들'을 가질 수 있다면 어떤 일이 벌어질지 생각해 보자.

- 배우자나 연인과 갈등을 해소하는 동시에 자신의 존엄성을 유지하며 관계를 공고히 한다.
- 사적인 관계나 업무 관계에서 비롯된 원망에서 벗어난다.
- 스트레스와 고민이 줄어든다.
- 개인적 또는 업무적 변화에 적절히 대응한다.
- 일하는 방식을 혁신하고 새로운 방식을 창조한다.
- '까다로운' 인간관계에 대응한다.
- 리더십과 팀워크 과제에 대응한다.
- 직원들로부터 초래된 어려움에 대응한다.
- 경제적 어려움에 대응한다.
- 새로운 제품이나 서비스를 고안한다.
- 아이를 양육한다.
- 과거에 배우자나 연인과 빚었던 오해를 해소한다.
- 어려운 관계를 효율적으로 해결하고 '마무리'를 향해 '앞으로' 나아간다.
- 스트레스를 덜 받으면서 생산성을 높인다.

즉, 이 책은 **선택**, 곧 그동안 보이지 않던 선택지를 발견하고, 자신이 가진 선택지를 더 잘 관찰하고, 자신이 내린 선택에 책임을

지는 일도 핵심적으로 다루고 있다.

다섯 번째 전제: 우리는 언어 속에서 살아간다

우리는 언어적 존재이며, 예외는 없다. 물고기는 물속에서 태어나고 물속에서 살아간다. 물고기의 모든 행동은 물속에서 이루어진다. 사방이 온통 물이다. 여기서 중요한 질문이 있다. 물고기는 언제 자신이 물에서 태어나고 물에서 살고 있다는 사실을 알게 될까? 어느 시점에 처음으로 그 사실을 의식할까? 답은 **물에서 건져졌을 때**다. 물고기가 뭍에서 펄떡거리는 행동은 자신을 둘러싼 환경이 확실히 달라졌음을 알아차렸다는 중요한 신호다.

마찬가지로 우리는 언어 속에서 태어나고 언어 속에서 살아간다. 사방이 온통 언어다. 그러나 많은 사람이 이 사실을 깨닫지 못한 채 맹목적으로 살고 있다. 이 책은 여러분을 (잠시나마) 언어에서 끌어내어 언어 자체와 언어 속에서 우리가 하고 있는 일을 객관적으로 들여다볼 수 있는 기회를 제공한다. 내가 하고자 하는 일은, 언어의 몇몇 식별과 언어를 바라보는 몇 가지 방식을 공유함으로써 여러분이 언어와 그로 인한 다양한 결과를 더욱 의식적으로 설계할 수 있도록 돕는 일이다. **그 둘은 서로 밀접하게 연관되어 있기 때문이다.**

예를 들어, 여러분이 이 책을 말없이 읽고 있어도 여러분은 여전히 '언어 속에' 있다고 할 수 있다. 무슨 뜻일까? 지금 여러분의 머릿속에서 울리는 작은 목소리가 들리는가? 지금 이 순간 '이 작자가 대체 무슨 소리를 하고 있는 거야?'라고 생각하는 사람이 있을 수 있는데, 내가 말하는 것이 바로 그런 생각이다! 그 머릿속 목소리, 일련의 내적 대화와 이야기는 우리 모두에게 존재한다. 그런데도 우리는 그 사실을 깨닫지 못한다. 그 목소리가 이미 우리가 상호작용하고, 느끼고, 살면서 많은 일을 하는 방식에 얼마나 큰 영향을 미치고 있는지 보지 못한다. 그리고 설사 그 사실을 깨닫는다 하더라도 실제로 상황을 바꾸기 위해 취해야 할 좋은 선택이 보이지 않을 수도 있다.

지금까지 살펴본 전제를 되짚어보자. 우리는 항상 그리고 이미 타인과 연결되어 있고(은유적으로 말하자면, 우리는 항상 타인과 '춤'을 추고 있고), 타인을 바꿀 수 없다. 하지만 만약 여러분이 자신을 관찰하는 더 강력하고 유능한 관찰자가 된다면 어떨까? 그러면 이전에는 보이지 않던 선택지가 보이기 시작할 것이다. 그리고 여기서부터 말 그대로 전례가 없는, 완전히 새로운 일을 시작할 수 있다. 이렇게 해서 여러분은 다른 사람과 새로운 춤의 스텝을 밟을 수 있다. 이 새로운 스텝은 종종 발을 전혀 사용하지 않는 **언어적 스텝**일 수도 있고, 상대방 또한 변화하기 시작하는 데 필요한 바로 그 시작점일 수도 있다. 만약 여러분이 이러한 사실을 깨닫지 못하고 첫 스텝을 내딛지 않는다면, 다른 사람이 변화하기를 평생 기다려야 할지도 모른다. 아니면 여러분의 첫 스텝이 촉매제가 되어 다른 사람들도 새로운 길로 인도할 수 있을지도 모른다. 새로운 춤은 여기서부터 시작된다.

이 접근법은 자신이 원하는 결과를 얻지 못했을 때 항상 '외부'로 눈을 돌려 책임을 전가하는 것과는 전혀 다른 방향이다. 이 모든 것은 '의식하기'에서 시작된다. 먼저 자신을 관찰해야 한다. 언제나 자신을 관찰하는 '빅아이'로 돌아가라.

요점 및 새로운 해석

● 많은 사람이 자신을 관찰하는 데 매우 서툴다. 우리는 자신의 행동이 자신의 경험과 결과에 어떤 영향을 미치는지 의식하지 못한 채 행동한다.

● 특히, 많은 사람이 자신이 언어 속에서 무엇을 하고 있는지, 무엇을 하려고 하는지를 관찰하는 데 어려움을 겪는다.

● 내가 유일하게 바꿀 수 있는 사람은 나다. 하지만 그 전에, 자신을 관찰하는 일이야말로 무엇이든 진정한 변화를 위해 필요한 출발점이라는 사실을 깨달아야 한다. 여기서는 이것을 '빅아이Big Eye'라고 부르며, 삶에 진정한 변화를 가져오고자 하는 모든 사람에게 이 눈이 핵심임을 계속해서 강조할 것이다.

● 우리는 항상 선택권을 가지고 있다. 우리는 매 순간 선택을 내리며, 그 선택의 대부분은 언어적 선택, 즉 우리가 세상에 표출하는 언어로부터 시작된다.

새로운 행동의 가능성을 찾아라!

1. **빅아이**: 자신의 작은 목소리, 즉 자동조종으로 움직이는 것처럼 보이는 내면의 대화에 더 많은 주의를 기울여 보자. 자신을 판단하거나 비난하거나 축복하지 말고, 단지 자신이 스스로와 어떤 종류의 대화를 주고받는지 의식해 보자. 어떤 패턴이나 공통점이 있다는 것을 알아차렸는가? 그렇다면, 그것은 무엇인가?

_____

_____

_____

_____

2. 이 장을 다 읽고 난 지금, 이 장과 이 책에 대해 자신에게 무슨 말을 하고 있는가? '이 작자가 대체 무슨 소리를 하고 있는 거야?'도 좋다.

_____

_____

_____

_____

2장

언어를 보는
새로운 관점

Language
and the Pursuit of
Happiness

말은 창조하는 힘이다.
말을 통해 우리는 자신의 창조력을 표현한다.
말을 통해 우리는 모든 것을 드러낸다.
어떤 언어를 쓰든, 우리의 의도는 말을 통해 드러난다.
말은 단순히 소리나 쓰인 기호가 아니다.
말은 원동력, 우리 인생에서 사건을 창조하는 힘이다.[1]

— 돈 미겔 루이스, 『네 가지 약속』

우리는 혀끝에 우주를 창조하는 능력을 달고 태어났다.[2]

— 닐 도널드 월시, 『신과 나눈 이야기』

언어에 대해 이야기해 보자. 영어, 스페인어, 이탈리아어, 마오리어 등이 아니라 **인간의 언어**라는 큰 주제에 대해 말이다. 이 장에서는 언어를 바라보는 새로운 방식, 특히 자신의 언어를 바라보는 새로운 방식을 소개할 텐데, 우리가 자라면서 배워온 통념에 반하는 부분도 있고 당연하게 느껴지는 부분도 있을 것이다. 언어에 대한 새로운 (또한 꽤 오래된) 해석, 새로운 사고방식, 새로운 패러다임을 소개함으로써, 여러분에게 자기 자신과 스스로의 삶을 설계하는 가능성에 대해 새롭게 사고하고 이해하는 방식을 보여줄 수 있기를 바란다. 여러분도 이러한 사고방식을 직접 시도해 보고, 삶의 다양한 영역에 어떻게 적용할 수 있을지 그려보시기를. 우선 다음과 같은 기본적인 질문부터 시작해 보자.

언어란 무엇인가

위 질문을 100명에게 던진다면, 그중 99명은 "의사소통을 위한 도구"라거나 "서로 무슨 말을 하는지 알 수 있도록 대상에 이름을 붙이는 방법"이라거나 혹은 그 비슷한 식으로 대답할 것이다. 이는 '언어란 무엇인가'에 대해 널리 받아들여지는 해석이며, 심지어는 많은 사람에게 해석으로 인식조차 되지 않는다. 그들은 이를 **사실**이나 **진리**로 받아들이며, 언어는 의사소통을 위한 도구이지 **해석**의 도구가 아니라고 주장한다. 하지만 내 생각은 다르다.

물론 우리는 언어를 사용해 소통하고 서술한다. 그러나 우리가 의식하건 못 하건 간에, 그보다 훨씬 더 많은 일이 그 과정에서 일어난다. 언어가 소통을 위한 도구라고 주장하려면, 적어도 이 한 가지만큼은 분명히 해야 한다. 언어는 **우리가 내려놓을 수 없는 도구**다. 언어는 우리가 사용하는 다른 모든 도구와 다르며, 다른 모든 도구를 사용하는 데 필요한 도구다. 우리는 항상 언어 '속'에 있으며, 언어 속에 있지 않는 일은 불가능하다.

이 책은 언어에 대한 새로운 해석을 토대로 삼고 있다. 지금부터 이야기할 모든 내용은 언어를 바라보는 새로운 방법, 새로운 이해에 기반하고 있음을 감안해 주기를. 그래야 그 새로운 해석의 결과로서 비로소 가능해지는 행동과 선택을 만날 수 있다.

나는 언어가 단순히 대상의 상태를 서술하는 수동적인 도구가 아니라고 주장한다. 언어에는 그보다 훨씬 더 많은 것을 가능하게 하는 힘이 있다. 우리가 언어를 사용해 서술하는 것은 맞다. 언어를 사용해 의사소통하는 것도 맞다. 그러나 무엇보다도 우리는 언어로 무언가를 창조하고, 생성하고, 행하고, 행동하고, 만일 입을 열어 말하지 않았다면 일어나지 않았을 사건이나 상황을 발생시킨다. 앞으로 보게 될 테지만, 바로 여기에 열쇠가 있다. 같이 살펴보자.

일상적인 예를 들어보자. 만약 내가 길을 가다 당신을 마주쳐서 내일 정오에 함께 점심을 먹자고 제안하고 당신이 동의한다면, 우리는 말 그대로 5초 전만 해도 존재하지 않았던 내일을 창조해 낸

셈이다. 내일은 원래 닥칠 일처럼 닥칠 것이다. 그런데 세상에, 오늘 우리가 말을 함으로써 무無에서 새로운 내일을 만들어냈다! 말로 서술한 것이 아니라 실행한 것이다. 말로 정보를 전달한 것이 아니라 창조한 것이다. 우리가 말하지 않았다면 일어나지 않았을 사건을 일으킨 것이다. 우리가 "내일 정오에 점심"이라고 말함으로써 그것이 존재하게 된 것이다.

"네"라고 대답하거나 "아니요"라고 대답하는 간단한 상황을 예로 들어보자. 살면서 "네"라고 말했던 모든 순간을 떠올려 보자. 진짜로 떠올려 보자. 그리고 이제 만약 그때마다 "아니요"라고 말했다면 어땠을지 상상해 보자. 인생이 달라졌을까? 아마도 유의미한 여러 면에서 삶이 근본적으로 달라졌을지도 모른다. 개인적으로나 직업적으로나 어마어마하게 말이다. "네"라고 말함으로써 우리는 특정한 가능성, 행동, 결과를 향해 앞으로 나아가고, 반대로 "아니요"라고 말함으로써 다른 상황이나 가능성, 행동, 결과를 향해 나아간다. "네" 또는 "아니요"를 선언하는 단순한 행위는 어떤 것을 서술하는 행위가 아니다. 그것은 어떤 가능성을 **열고** 다른 가능성을 **닫는** 행위이며, 어떤 상황으로 **들어가고** 다른 상황으로부터 **빠져나오는** 행위이다. 우리는 우리가 말한 것으로부터 무언가를 생성하고 창조하고 있는 것이다. 우리 대부분이 이미 아는 사실일 테지만, 너무 자명해서 보지 못한 채 지나쳤을 뿐이다.

언어가 어떻게 무언가를 생성하고 창조하는지를 보여주는, 내가 좋아하는 농담이 있다. 두 야구 심판이 앉아서 이야기를 나누는데 한 사람이 말했다. "조는 정말 훌륭한 심판이야. 볼이면 볼, 스트라이크면 스트라이크, 있는 그대로 판정하니까." 그러자 같이 있던 다른 심판이 말했다. "맞아. 조는 훌륭한 심판이야. 볼이면 볼, 스트라이크면 스트라이크, 보이는 그대로 판정하잖아." 그때 지나가던 조가 말했다. "자네 둘 다 틀렸어. 내가 판정하면 그제야 볼은 볼이 되고, 스트라이크는 스트라이크가 되는 거야!"

조가 말 그대로 볼 또는 스트라이크가 존재하도록 선언한다는 것을 이해하겠는가? 어떤 공을 볼 또는 스트라이크라고 부름으로써 볼 또는 스트라이크를 만들어내는 것이다. 만약 나나 여러분이 좌익수 뒤편 외야석에 앉아서 "볼넷! 볼넷!"이라고 소리친다면 어떨까? 그러거나 말거나, 심판이 "스트라이크아웃!"이라고 선언하면 타자는 아웃이 된다. 심판은 특정한 선언을 할 수 있는 권한이 있기 때문이다. 마찬가지로 우리 중 누군가가 이와 같은 선언을 한다면, 세상은 이전과 달라질 것이다.

언어는 어떻게 창조하는가

다음으로 우리가 사용하는 언어가 어떻게 무언가를 창조하고 생성하는지 살펴보자. 「미국독립선언문」 이야기로 잠시 돌아가서, 여러분이 막 배운 바에 따르면 이 문서는 기본적으로 서술적인 문서가 아니라고 할 수 있다. 단순히 기존의 상황을 서술하는 게 아니라 새로운 상황을 창조하기 때문이다. 「독립선언문」에는 영국의 식민 지배를 거부하는 내용이 서술되어 있지만, 그 문서를 작성할 당시 미국이 영국으로부터 '독립'하지 않은 것은 분명하다. 즉, 「독립선언문」으로 인해 이전의 맥락이 뒤집히고 새로운 가능성이 생겨났다. 말 한마디로 갑자기 어떤 것(독립국가의 탄생)이 가능해졌고, 어떤 것(식민 피지배의 지속)이 불가능해졌다. 더 중요한 사실은 선언된 이 새로운 맥락이 앞으로 일어날 사건을 해석하는 방식을 근본적으로 바꾸는 영향력을 갖게 되었다는 점이다. 만약 이 선언이 없었다면 식민지 군대와 영국군의 이동 및 군사행동은 한 가지 의미로 해석되었을 것이다. 하지만 선언이 있었기 때문에 똑같은 행위가 전혀 다른 의미로 해석되었다. 다시 말해, 새로운 해석을 만들어낸다는 것은 새로운 행동을 만들어낸다는 것이다. 그리고 다른 행동은 당연히 다른 결과를 가져온다.

일상적인 예를 들어보자. 금요일 저녁에 내가 초등학생인 아들 조니에게 "다음 주면 새 학기가 시작되니까 오늘부터 밤 10시 이후 게임 금지다."라고 선언한다. 그러나 돌아온 월요일 밤에 조니는 내 말을 까맣게 잊은 채 10시 30분까지 핸드폰을 붙들고 게임을 하고 있다. 지난 목요일에는 아무렇지 않았던 행동(밤 10시 이후 게임을 하는 것)이 신학기가 시작된 이번 주 월요일에는 '잘못된'

행동이 된다. 그 사이에 일어난 일이라곤 **누군가가 어떤 말을 했다**는 것뿐이다. 어떤 권한을 가진 부모라는 존재가 어떤 선언을 함으로써, 조니의 행동 자체는 변하지 않았지만 그 행동이 **해석**되는 방식이 근본적으로 달라진 것이다. 즉, 같은 행동이 인식되는 방식이 근본적으로 달라짐에 따라 행동의 **의미**가 근본적으로 달라졌다. 이는 언어가 수행하는 주요 기능으로서, 미래의 행동이 어떻게 해석되는지에 영향을 미치고, 그 해석을 의도함으로써 특정한 결과를 만들어낸다. 우리 집은 물리적으로 이전과 같은 집이지만 **맥락**이 바뀌었다. 하루 종일 게임이 가능했던 집에서 밤 10시까지만 게임이 가능한 집으로 말이다. 그 맥락을 바꾼 것은 내 선언, 즉 언어이다.

집단(조직, 팀, 동호회, 가족, 국가 등)의 경우에도 맥락은 언어를 통해 창조된다. 집단의 맥락은 강령, 예규, 목표, 우선순위 선포 등에 의해 제시되거나 바뀐다. 이는 특정 미래 행동이 '적절하고, 좋고, 옳다'고 해석되는 반면 다른 미래 행동은 '부적절하고, 나쁘고, 용납할 수 없다'고 해석되는 맥락, 배경을 만들어낸다. 이는 당연히 리더십과 직접 연결되어 있으며, 주목할 만한 강력한 작용이다.

그렇다면 한 집단의 리더가 어떤 선언을 한 뒤에 그 선언과 일관된 행동을 하느냐, 하지 않느냐는 이제 또 다른 창조적, 생성적 효과를 낳는다. 일관되게 행동한다면 '헌신적인', '한결같은', '진실한' 사람이라는 공적 정체성$^{public identity}$을 구축할 수 있고, 반대로 일관되지 않게 행동한다면 '불성실한', '변덕스러운', '위선적인' 사람이라는 공적 정체성이 구축될 수 있다.

만약 여러분이 리더이거나 권한을 가진 위치에 있다면, 이러한 이미지가 조직 문화와 분위기에 큰 영향을 미치리라는 사실은 어렵지 않게 상상할 수 있을 것이다. 이렇듯 우리는 어느 쪽으로든 창조를 하고 있다. 여기서 **핵심은 언어를 통해 무엇을 창조할 때 의식적으로 하느냐 또는 무의식적으로 하느냐**이다.

누군가와 관계를 바꾸고 싶다면

우리는 우리가 하는 말로 거의 모든 인간관계를 시작하고, 유지하고, 형성한다. 여러분의 인생에서 개인적 또는 직업적으로 맺어온 모든 인간관계를 생각해 보라. 신체적 접촉으로 시작된 관계가 얼마나 되는가? 아마 대부분의 관계는 상대와 나눈 대화로 쌓아 올린 것일 터이다. 이러한 관계들의 본질은 **대화**라고 할 수 있다.

혹시 누군가와 관계를 바꾸고 싶은가? 그렇다면 그 사람과 나누는 대화를 바꿔야 한다. 예를 들어, 내가 친구 밥과 항상 스포츠와 날씨 이야기만 한다고 가정해 보자. 만날 때마다 우리는 "날이 좋네, 안 그래 밥?", "어, 날씨 한번 끝내주네."라거나 "어젯밤 야구 봤어?" "미친 경기였지!" 같은 대화만 주고받는다. 반면 또 다른 친구 랜디와는 스포츠와 날씨 이야기를 하면서도 서로의 고민, 인생 계획, 꿈, 소중하게 여기는 가치에 대해서도 대화를 나눈다고 해 보자. 누가 나에게 밥과 랜디에 대한 생각을 묻는다면, 나는 이런 식으로 대답할 것이다. "밥은 좋은 친구지. 하지만 나는 랜디랑 더 친한 것 같아. 랜디랑은 더 끈끈하고 깊은 뭔가가 있다고." 실제로 그렇다. 다른 대화를 나누니까.

물론 사람과의 관계는 시간이 지나면서 변화한다. 우리 모두 한 번쯤은 인생의 어느 시점에 누군가와 친하게 지내다가 어떤 이유에서인지 멀어진 듯한 경험을 해보았을 것이다(직장 옆자리 동료라고 해도 말이다). 관계의 본질은 대화의 본질과 관계가 있다. 대면이든, 채팅이든, 통화든 마찬가지다. 어떤 관계는 변하고, 어떤 관계는 끝이 난다.

아직 한 번도 대화를 나눈 적이 없는 사람을 떠올려 보자. 새로운 사람과 대화를 시작한다는 것은 그 사람과 관계를 시작한다는 것과 같다. **누군가와 관계를 시작하고 싶을 때 여러분은 어떤 행동을 취하는가?** 아마도 자기소개를 하면서 말을 걸 것이다. 반대로 **누군가와 관계를 끝내고 싶을 때 취하는 행동은 무엇일까?** 그 사람과 더 이상 말을 섞지 않을 것이다. 다만 일상에서 워낙 흔하게 겪는 일이라 의식하지 못할 뿐이다.

출근해서 말하고 듣고 퇴근하는 게 일이다

개인적으로든 업무적으로든 누군가에 대해 이런 식의 말을 해 본 적이 있는가? "○○를 어떻게 하면 좋을지 모르겠어. 하는 일 마다 말썽인데, 아무리 생각해도 답이 안 나와." 이 말의 진짜 의미 는 ○○에게 무슨 말을, 어떻게 해야 할지 모르겠다는 것이다. 많 은 경우에 우리가 '무엇을 해야 할지 모르겠다'고 말하는 것은 '어 떻게 말해야 할지 모르겠다'는 것과 같다. 여기서 행동은 은유이 다. 실제 행동은 종종 대화적 행동, 즉 말하고 듣는 행동이다.

비즈니스에서 신뢰와 높은 목표를 향한 의지가 있는 팀 문화를 구축하고자 할 때, 여러분이 하는 일들을 영상으로 촬영한다면 어 떤 모습이 담길까? 바로 사람들과 교류하고 대화하면서 말하고 듣고 관계를 쌓는 모습일 것이다.

가정에서 신뢰와 상호 존중의 환경을 구축하고자 할 때도 마찬 가지다. 여러분이 하는 행동은 말하기와 듣기일 것이다. 우리가 일상적으로 사용하는 은유적 표현 때문에 실제 행동 자체가 가려 질 때가 많다. 하지만 수많은 경우에 우리가 **실제로 하는 행동**은 말 하고 듣는 것이다. 우리의 언어, 대화는 우리가 무언가를 생성하 고, 창조하고, 구축하고, 실행하기 위해 사용하는 도구다.

리더십, 경영, 코칭, 육아, 영업, 프로세스 관리 등을 생각해 보 자. 이런 일들을 할 때 우리가 실제로 **하는** 행동의 대부분은 무엇일까? 구체적으로는 동기부여, 솔선수범, 지시, 진행, 조정, 지원, 실현, 육성, 협상, 교육, 구축 등 우리가 하는 일이라고 말하는 모든 일을 할 때 카메라를 들이댄다면 어떤 장면이 포착될까? 칠레의 사회학자이자 철학자 라파엘 에체베리아가 처음 내게 일러주었듯이, 많은 사람이 효과적인 대화를 하는 것으로 돈을 번다. 한가지 결과를 낳고 다른 결과를 낳지 않는 대화 말이다. 그게 너무나 당연해서 알아채지 못할 뿐이다. 우리 가운데 상당수가 일어나 옷을 입고 출근해서 말하고 듣고 퇴근하는 하루를 보낸다. 내일도, 모레도, 이 일과가 매일 반복된다. 말하고 듣는 일이라고 할 때흔히 떠올리는 사무직뿐이 아니다. 안전모를 쓰고 안전화를 신고서 건물을 짓는 일을 생계로 하는 건설 노동자도 현장에서 말하고들어야 안전하고 성공적으로 작업을 수행할 수 있다. 우리가 얻는 결과는 대화와 불가피하게 연결되어 있다.

여기서 한번 생각해 보자. 원하는 결과도 얻지 못한 채 뱉어놓고 '아차!' 하고 후회하는 대화를 수습하고 이를 만회하기 위해 그 갑절의 시간을 들이는 수고를 하고 있지는 않은가? 한편으로 더 나은 결과를 얻을 수도 있었던, '그때 이렇게 말했어야 했는데⋯⋯.' 하고 아쉬워하는 대화, 이른바 '놓쳐버린 대화missing conversation'는 없었는가? 사생활과 일 모두에서 대화가 우리의 생산성, 관계, 그리고 광범위한 결과에 극적인 영향을 미친다는 사실은 분명하다.

언어에 관한 세 가지 새로운 주장

지금까지 살펴본 사례와 관찰은 이 책에서 언어와 인간을 바라보는 기본적이고 근본적인 세 가지 주장으로 집약할 수 있다.

1. 인간은 언어적 존재다. 우리 모두는 항상 언어 속에서 살아간다.
2. 언어는 (수동적이고 서술적이라는 주장과 달리) 생성적이고 창조적이다.
3. 언어는 행동이다. 말한다는 것은 행동한다는 뜻이다.

앞으로 이 책에서 제시할 내용의 기본 바탕이 되는 이 주장들을 간단히 살펴보자.

우리는 언어 속에서 살아간다

언어에 대한 첫 번째 주장은 인간은 언어적 존재이며, **언어 속에서 살아간다**는 것이다. 이는 물고기가 물속에서 태어나 물속에서 살고 있지만 스스로 이를 인식하지 못한다는 비유와 같다. 우리는 언어 속에서 태어나고 언어 속에서 살고 있지만 자주 그 사실을 의식하지 못한다.

이에 관해 내가 좋아하는 이야기가 하나 더 있다. 수사자 한 마리가 사바나에서 얼룩말을 사냥할 준비를 하고 있다. 그 사자 뒤편 왼쪽에는 이번에야말로 자신들이 사냥에 성공해서 주인공이 되기를 바라는 젊은 수컷들이, 오른쪽에는 수사자를 주시하는 암컷들이 자리하고 있다. 이 수사자는 무리 뒤쪽에 처진 느린 얼룩말 한 마리를 목표로 정하고 맹렬하게 달려나간다. 그리고 마침내 일격을 가하려 뛰어오르는 순간, 풀숲에 가려 보이지 않던 나무 밑동에 걸려 나동그라지고 만다. 수사자는 생각한다. '아, 이게 웬 망신이야. 엊저녁에 그 영양을 잡는 게 아니었는데. 배가 불러서 둔해진 거야. 저기 봐, 모두가 다 나를 비웃고 있어. 이런 꼴로는 영영 왕이 될 수 없을 거야. 내 삶에서 최악의 하루야. 너무 쪽팔려!'

글쎄, 과연 사자가 그런 생각을 하고 있을까? 내가 아는 한 아마 그런 일은 일어나지 않을 것이다. 대신 사자는 넘어진 즉시 벌떡 일어나서 다른 얼룩말, 다른 사냥감을 쫓을 것이다. 하지만 우리는, 인간은 그런 사고를 한다.

우리는 매일 수많은 사건에 직면한다. 그럴 때마다 우리는 자동적으로 이런 사고 과정을 거친다.

1. 사건에 걸맞은 이야기를 지어낸다.
2. 그 이야기를 진실로 받아들인다.
3. 그 이야기를 자신이 지어냈다는 사실을 잊어버린다.

그러지 않는가? 이러한 이야기, 해석은 모두 언어 속에 존재하는 것이다.

이 과정 자체가 문제가 되지는 않는다. 문제는 이 이야기를 자신이 지어냈다는 사실을 잊어버리고, 자신의 이야기, 자신의 해석이 마치 애초에 그 사건에 속한 듯 착각하며 살아간다는 것이다. 이러한 착각보다 진실과 먼 것은 없다. 이 책에서는 그 착각에 대해 "아니요"라고 말할 것이다. 그 이야기는 그 사건에 속한 것이 아니다. 여러분의 이야기는 여러분이 지어낸 것이고, 나의 이야기는 내가 지어낸 것이다. 우리는 쓰여 있는 이야기를 **읽는** 존재가 아니다. 우리는 이야기를 **쓰는** 존재다. 사건은 그 사건으로서 존재할 뿐이다. 이를 요약하자면 다음과 같다.

사건≠해석

이 두 가지를 구분해 내는 것은 자신을 진정으로 돌아보고 자신의 삶을 재설계하는 데 매우 중요한 관찰이다. 또 다른 중요한 질문은 내가 지어낸 이야기가 '옳은가?' 또는 '그른가?'가 아니라 **'내가 지어낸 이야기, 곧 내 해석이 내가 얻고자 하는 결과에 근접하는 데 효과적으로 작동하고 있는가?'**이다. 만약 대답이 "아니요"라면, 이 책에서 소개하는 새로운 사고방식과 연습을 통해 새로운 이야기, 이전보다 더 강력한 효과를 발휘할 해석을 스스로 만들어내는 일부터 시작해야 한다.

자신과 다른 누군가가 같은 사건을 겪고도 일어난 일에 대해 각자 전혀 다른 이야기, 다른 생각, 다른 해석을 한 적이 있는가? 이 책에서는 각자가 만들어낸 이 이야기가 매우 중요하다. 각자의 이야기가 사건을 해석하는 틀을 결정하고, 그 틀이 특정 방향의 가능한 행동으로 인도하며, 이는 당연히 특정한 결과로 이어지기 때문이다.

여기서는 '사건과 해석은 같지 않다.'는 주장에 대해 조금 더 살펴보고자 한다.

상황: 회사 휴게실에서 두 동료가 이야기를 나누고 있다. 내가 휴게실에 들어서자 두 사람은 잠시 이야기를 멈추고 나를 쳐다보더니 다시 이야기를 계속한다.

해석 1: 저 둘이 내 얘기를 하는 게 틀림없어. 분명 밥이 지미에게 내 연말 성과 평가를 은근슬쩍 흘리고 있는 거야. 이러다가 그 프로젝트에서 제외되는 거 아니야?

해석 2: 내가 휴게실에 들어온 걸 알아차리고 이야기를 멈춘 거 보니 나도 대화에 끼기를 바라는 눈치야.

해석 3: 둘이 사적인 이야기를 나누는 중인 것 같으니 A 프로젝트에 대해서는 나중에 대화가 끝나면 물어봐야겠다.

상황: 내가 학수고대하던 승진에서 미끄러졌다.

해석 1: 부장이 바버라를 편애해서 그런 게 분명해. 누가 봐도 내가 가장 우수한데, 부장은 바버라를 더 좋아하잖아. 여기서는 가망이 없으니 빨리 이직하자. 나를 인정해 주는 회사로.

해석 2: 안 될 줄 알았어. 괜히 지원해서 시간만 낭비했네. 언제나 이런 식이지. 승진은 내 몫이 아닌가 봐.

해석 3: 어쩌면 내 성과에서 내가 몰랐던 부정적인 평가로 이어진 부분이 있었을 수도 있겠네. 부장한테 물어보면 솔직하게 대답해 주려나?

해석 4: 그래, 바버라가 적어도 고객과의 소통만큼은 훌륭하지. 바버라의 접근법을 배울 수 있다면 분명 다음 단계로 나아가는 데 큰 도움이 될 거야.

상황: 아내가 오늘은 꼭 7시까지 집에 온다고 했다. 하지만 실제로는 9시에 귀가했다.

해석 1: 부득이한 사정으로 약속을 못 지킨 거겠지.

해석 2: 아내를 믿을 수 없다. 우리 관계에 불만이 있어 집에서 보내는 시간을 줄일 방법을 찾고 있는 게 아닐까?

해석 3: 직장에서 무슨 문제가 생겼나? 요즘 야근이 많잖아. 뭔가 어려운 일이 있나 보다. 내가 도와줄 수 있는 일이 없을까?

해석 4: 어차피 제시간에 들어오지 않을 줄 알았어. 아내가 마지막으로 약속을 지킨 게 언제였을까? 나하고 한 약속을 무시하는 데에 이제 질렸어.

　예를 들자면 끝이 없겠지만, 요점은 잘 전달되었을 것이다. 특히 각 해석이 미래 행동의 출발점으로 작용하여 특정 상호작용과 결과로 이어지리라는 점에 주목하자. 따라서 사건 자체가 아니라 해석이 중요한 것이다. 해석이야말로 우리를 특정 행동과 결과로 향하게 하고, 다른 행동과 결과로부터 멀어지게 하기 때문이다. 그리고 중요한 사실은 바로 여러분이 각자의 해석을 쓴 저자라는 점이다. 어떤 사람들(빅아이를 가진 사람들)은 이 사건과 해석의 차이를 다른 사람들보다 더 잘 알아차린다. 우리가 이 차이를 의식하는 한, 적어도 한 사건을 다르게 해석함으로써 발생할 다른 행동과 결과를 추측하기 시작할 수 있다. 이 새로운 인식은 **우리가 자신이 무엇을 원하는지 진정으로 알지 못한다**는 사실을 깨닫게 해줄 수도 있다. 이런 사고방식에 따르면, 우리가 원하는 결과를 명확히 표현하고 선언하느냐의 여부는 그 결과에 도달할 수 있느냐와 절대적으로 연관되어 있다. 언어를 통해 표현하고 선언하는 행위는, 원하는 결과가 발생할 가능성이 더 높은 맥락을 만들어내는 효과가 있다. 맥락, 타인에게 미치는 영향, 선언에 대해서는 뒤에서 자세히 살펴보기로 한다.

　사건과 해석에 관한 또 다른 중요한 관찰은 다음과 같다. 자신의 해석이 곧 실제 일어난 일이라고 생각하기 시작하는 순간, 사람은 더 이상 남의 말을 듣지 않는다. 듣기를 멈추는 것은 인간관계, 나아가 상대를 존중하고 유익한 방식으로 자신의 행동을 조정하는 능력에 직접적인 영향을 미친다. 그 순간, 인간관계에서 새로운 가능성의 싹은 잘리고, 새로운 해석에 따른 새로운 기회의 꽃 또한 피지 못한다. 또한 우리는 누군가와의 관계에서, 친밀한 사람들 사이에서 자신이 어떻게 행동하는지 모르는 경우가 많다. 내가 어떻게 행동하는지 모르는 채 관계를 잃어버리는 건, 우리가 의도한 결과와는 거리가 멀 것이다.

다시 한번 말하지만, 우리 모두는 항상 언어 속에 푹 잠겨 살고 있다. 이를 전제로 스스로에게 다음 질문을 던져보자.

- 애초에 내가 나만의 이야기를 지어낸다는 걸 알고 있는가?
- 만약 그렇다면, 내가 나를 위해 해석하고, 설명하고, 내면의 이야기를 구축하고 있으며, 살면서 지금까지 계속 그래왔다는 것을 알고 있는가?

애초에 자신이 항상 자신의 해석과 이야기를 만들어내고 있다는 사실을 깨닫지 못하면, 자신이 원하는 결과를 이루어줄 더 강력한 해석과 이야기를 만들겠다는 선택지 자체를 떠올릴 수가 없다.

우리는 습관의 동물이다. 신체만이 아니라 언어에 대해서도 마찬가지다. 태어나는 순간부터 부모로부터, 자라고 살아온 과정으로부터 이야기를 길어 올리며 매일 그 안에서 살아간다. 자신의 이야기와 사물을 바라보고 해석하는 습관에 너무나 익숙해진 나머지, 어느 순간부터는 자신이 해석하고 있다는 사실 자체를 전혀 인식하지 못한다. 사물을 '있는 그대로' 보고 있다고 믿기 시작하지만, 유감스럽게도 그렇지 않은 경우가 많다.

가능한 한 많은 사람이 이러한 의식을 갖도록 하는 것이(빅아이 그림을 떠올려 보자.) 이 책의 큰 목표 중 하나이다. 이를 위해 나는 여러분에게 자신의 이야기와 자신이 언어 속에서 무엇을 하려고 하는지를 적극적으로 관찰해 보라고 제안한다. 스스로에게 이런 질문을 던져보는 것이 가장 빠른 지름길이다. **내가 내 이야기를 하고 있는가, 아니면 내 이야기가 나를 이야기하고 있는가?**

언어는 생성적이고 창조적이다

언어에 관한 두 번째 새로운 주장은 언어가 수동적이고 서술적이기보다 생성적이고 창조적이라는 것이다. 이는 앞에서도 충분히 살펴보았지만, 다시 한번 강조하는 차원에서 언어가 만들어내는 것들의 예를 보자.

- 인간관계
- (개인이나 집단의) 기분·분위기
- 공적 정체성
- 맥락(특히 중요한 것은 학습 또는 경우에 따라 비학습과 관련된 맥락)

앞에서 언급했듯이 우리의 **인간관계**는 대부분 대화로 이루어진다. 관계는 대화의 내용과 방식에 의해 형성된다. 대화를 바꾸면 관계도 바뀌고, 대화를 멈추면 관계도 멈춘다.

인간관계뿐만 아니라 **기분·분위기와 감정**의 생성에도 말이 큰 영향을 미친다. 예를 들어, 한 조직이나 가족 내에서 다수가 끊임없이 불평이나 뒷담화를 늘어놓는다면 그 조직이나 가족의 분위기가 어떨까? 어쩌면 애초에 냉소적인 분위기가 그런 대화를 불러오는 것이 아니라, 그런 대화 자체가 냉소와 원망의 분위기를 조성하는지도 모른다.

그런데 만약 비슷한 상황에서 어떤 사람이 이렇게 반응하기 시작한다고 가정해 보자. "자리에 없는 사람 얘기를 하는 건 좀 불편해요. 하고 싶은 말이 있으면 직접 본인에게 피드백을 주면 어떨까요?" 만약 많은 사람이 이런 식으로 대화를 고민하고 실천하기 시작한다면, 조직이나 가족의 분위기가 달라지지 않을까? 새로운 분위기가 조성될 것이다. 결국 우리가 하고자 하는 바는, 인과관계를 뒤집어 분위기라는 것을 훨씬 쉽게, 의도적으로 다룰 수 있게 만드는 것이다.

타인과의 대화뿐만 아니라 자신과의 내적 대화 internal conversation 에서도 마찬가지다. 자기 자신과의 내적 대화는 기분이나 감정과 절대적으로 연결되어 있다. 예를 들어, 과거에 자신이 저지른 실수나 누가 자신에게 한 잘못에 대해서 똑같은 불평을 하고 또 하는 주변 사람이 있지는 않았는가? 두세 번까지는 맞장구치며 들어주다가 결국 나도 모르게 "아, 그만 좀 해! 그만 좀 흘려보내!"라고 외치고 싶었던 적은 없는가? 물론 여러분이 했던 말을 하고 또 하는 쪽이었던 적도 있을 것이다. 이런 상황에서 생기는 감정은 원망, 분노, 불만 등일 텐데, 이들이 우리가 원해서 의도적으로 만들어낸 감정이 아니라는 점은 분명하다. 다만 흘려보내는 일과 언어 사이에 무슨 관계가 있는지는 그보다 좀 모호하다.

무언가를 '흘려보낸다'는 것은 물론 실제로 물에 떠내려 보낸다는 의미가 아니다. 나쁜 기억을 흘려보내기 위해 실제로 필요한 일은 언어적 행동이다. 즉, 특정한 내적·외적 대화를 멈추고 다른 대화를 시작해야 한다. 기분이 대화에 영향을 미치는 만큼 대화는 기분에 영향을 미칠 뿐만 아니라 기분을 의도한 대로 바꿀 수 있다.

앞에서 이야기했듯이 우리는 항상 선택의 기로에 놓여 있다. 그때마다 어떠한 행동을 취함으로써 선택을 하게 되는데, 이 행동은 언어적 행동, 자신의 내면 및 타인과 나누는 대화를 포함한다. 즉, 우리가 자신의 내면 및 타인과 새로운 대화를 나누는 것은 새로운 선택을 한다는 의미다. 이에 대해서는 조금 뒤에 다시 살펴볼 것이다.

언어는 또한 우리의 **공적 정체성**을 생성하고 창조한다. 한번 생각해 보자. 내가 보는 나의 모습이 타인이 보는 나의 모습과 다를 수도 있지 않을까? 아마도 그럴 가능성이 높을 것이다. 타인이 보는 나의 모습을 이 책에서는 '공적 정체성'이라고 부르기로 한다. 여기서 주목할 점은 우리 각자가 자신의 공적 정체성 대부분을 언어로 만들어낸다는 사실이다.

타인과 단절된 상태로 살아갈 수 없는 사회적 존재인 우리 인간은 삶의 거의 모든 순간에 이미 타인과 연결되어 있다. 따라서 주변 사람들에게 보여주는 모습인 공적 정체성을 이미 가지고 있는 셈이다. 타인들이 나 혼자 간직한 꿈, 말로 표현하지 않은 기대 같은 걸 알 턱은 없다. 그들이 나에 관해 아는 것은 오직 말하기, 듣기, 타인과의 대화를 포함한 내 행동을 관찰하는 데서 비롯된다.

언어가 우리의 공적 정체성을 창조하거나 변화시키는 유일한 방법이라고 말하는 것이 아니다. 언어와 무관한 방법으로도 가능하다. 예를 들어, 어느 날 알몸으로 출근하는 것만으로도 새로운 공적 정체성을 만들어낼 수 있다. 한두 번 만취한 상태로 교회에 나가면 여러분의 공적 정체성은 분명 달라질 것이다. 또한 자신이 사는 문화권의 상식에서 벗어난 옷차림이나 헤어스타일을 하는 것도 변화를 가져올 수 있다. 그러나 우리의 공적 정체성을 생성하는 더 광범위하면서도 일반적인 요소는 우리가 말하고, 듣고, 대화를 나누고, 약속을 하며 지키고, 다른 사람들과 행동을 조율하는 방식이다.

공적 정체성은 심리학 분야에서 자주 쓰였던 선구적 모델인 '조하리의 창Jo-Hari Window'이라는 방법을 통해서도 파악할 수 있다.³ 나는 심리학 전문가는 아니지만, 여러분이 이 모델을 통해 공적 정체성의 개념과 결과를 좀 더 쉽게 파악할 수 있으리라 생각한다.

내가 서른일곱 살이고, 갈색 셔츠를 입었고, 키는 175센티미터라고 가정해 보자. 이들은 나와 다른 사람들이 똑같이 아는 정보로 왼쪽 상단에 속한다. 이른바 '자명한 영역'이라고 불리는 부분이다. 이 영역은 우리의 관심사가 아니다.

왼쪽 하단에는 다른 사람들은 모르고 나만 아는 나에 대한 정보가 속하며, 이 부분을 '비밀의 영역'이라고 부른다. 이 영역도 우리의 관심사가 아니다.

나에 대해 나도 아직 모르고 남들도 아직 모르는 부분인 오른쪽 하단은 '무의식의 영역'이라고 부른다. 우리가 프로이트가 아닌

	내가 나에 대해 파악하고 있는 정보	내가 나에 대해 파악하고 있지 못한 정보
다른 사람이 나에 대해 파악하고 있는 정보	자명한 영역	맹점의 영역
다른 사람이 나에 대해 파악하고 있지 못한 정보	비밀의 영역	무의식의 영역

이상, 이 영역도 우리의 관심사는 아니다.

　여기서 우리가 주목해야 할 부분은 내 눈에는 보이지 않지만 다른 사람 눈에는 보이는 나에 대한 정보가 교차하는 지점이다. 이 부분이 바로 '맹점의 영역'이다. 내 공적 정체성, 즉 타인의 눈에 비치는 내 모습 중 적어도 일부가 바로 이 맹점의 영역에 속한다. 예를 들어, 나는 스스로를 경청을 잘하고, 부하 직원들을 진심으로 아끼고, 부하 직원들의 성공에 방해가 되는 요소들을 제거하기 위해 노력하는 훌륭한 관리자라고 생각하는데, 부하 직원들은 하나같이 나를 감정적이고, 다가가기 어렵고, 제안을 받아들이지 않는 상사로 인식하는 경우가 생길 수 있다. 가능할 뿐 아니라 우리 주변에서 퍽 흔하게 일어나는 일이다. 주변 사람들의 평가에 의해 형성된 내 공적 정체성에 내가 인지하지 못하는 부분이 있는 것이다. 이 맹점의 영역 때문에 내 행동을 의도적으로 바꾸고, 그럼으로써 결과를 바꾸고, 새로운 정체성을 창조하는 데 어려움을 겪게 된다. 내 경력 개발, 생산성 향상, 승진의 기회 등 여러 결과가 달려 있는데도 나 혼자 화려한 착각에 빠져 있는 것이다.

　그렇다면 누가 자신의 공적 정체성에 책임을 져야 할까? 누구에게 그것을 인식하고, 관리하고, 개선하고, 유지할 책임이 있을까? 바로 나 자신이다. 내 공적 정체성에 대해 더 알고 싶지 않은가? 내가 세상에 어떻게 비치는지 더 정확하게, 혹은 더 깊이 이해하고 싶지 않은가? 그런 정보를 충분히 파악하면 새로운 가능성의 문이 열리지 않을까? 그러기 위해서는 지금까지 여러분이 살아오면서 한 번도 시도해 보지 않았던 새로운 종류의 대화를 시도해야 한다. 그러려면 먼저 주변 사람들에게 나를 어떻게 생각하는지 솔직하게 말할 수 있는 기회를 주어야 한다(나에 대해 '진실'을 말하는 것과는 다르다). 존엄성을 지키면서 더 나은 자신을 그리는 능력을 향상할 수 있는 방식으로 그러한 정보를 습득하는 데 도움을 주는 도구들도 필요하다. 우리는 앞으로 이 모든 영역, 그리고 그 이상의 영역까지 파고들 것이다

앞에서 이미 살펴본 바와 같이 언어는 **맥락**을 만들어낸다. 여기서 맥락이란 물리적으로 존재하지는 않지만 실재하는 것이다. 부모가 자식에게 하는 "밤 10시 이후 게임 금지" 선언도, 조직의 목표 실적 발표도, 개인이 새해에는 채소를 더 챙겨 먹겠다고 하는 다짐도 모두 맥락을 만들어내는 효과가 있다. 그리고 이 맥락은 아직 일어나지 않은 행동을 해석할 수 있는 배경이 된다. 맥락은 다양한 상황에서 매우 중요하다. 다음을 생각해 보자.

- 맥락은 의미와 관련이 있고, 의미는 우리 삶의 중심을 이루는 것이다. 우리 인간은 삶의 거의 모든 면에서 항상 사물의 의미를 이해해야만 하는 존재다. 그리고 우리가 어떤 사건이나 상황에 어떠한 의미를 부여하느냐는 그 사건이나 상황을 어떤 맥락에 놓느냐와 직결된다. 물론 여기서 '놓는다'는 것은 물리적 행동이 아니라 모두 언어 속에서 이루어지

는 행동이다.

- 하나의 사건이 어떤 맥락에서는 X의 의미를 가지고, 다른 맥락에서는 Y의 의미를 가진다. X의 의미에서 어떤 행동을 취하면 어떤 결과가 나오고, Y의 의미에서 다른 행동을 취하면 다른 결과가 나온다. 자기 자신, 배우자, 친구, 비즈니스 관계, 조직, 국가는 물론 전 세계와 인류의 차원에서도 마찬가지다.

- 개인이 자신이 어떤 사람이고 어떤 사람이 아닌지 선언하는 것은 개인적 맥락과 정체성을 만들어내고, 그를 바탕으로 각자 세상 속에서 행동을 취하게 된다. 우리는 각각 자신의 선언, 자신의 정체성의 저자인 셈이다. 이 책은 여러분이 '개인적 맥락'을 의도에 맞게 더 잘 관찰하고, 나아가 자신을 위해 새롭고 더 강력한 선언을 할 수 있도록 돕고자 한다.

- 조직 내에서 명확하고 일관된 맥락은 명확하고 일관된 의사결정과 결과를 가능하게 한다. 맥락은 조직이 효과적으로 힘을 발휘하고 작동할 수 있는지 여부와 밀접한 관련이 있다. 그리고 현장에 가장 가까운 사람들을 포함하여 모든 직급의 조직원이 보다 적극적이고 생산적으로 조직의 목표 달성에 참여할 수 있게 동기를 부여하는 능력은 오늘날 비즈니스의 지속 가능한 성공에 필수 요소다.

- 조직이나 개인에게 맥락은 특정 결과를 향하는 (또는 다른 결과로부터 멀어지는) 방향을 제시한다. 미션, 비전, 목표, 결과 등의 선언은 실제로 목표를 달성하기 위한 '무대장치'라고 할 수 있지만, 이때 우리가 흔히

간과하는 사실은 결과 이전에 선언이 이루어진다는 점이다. 이러한 선언은 수동적이고 서술적인 것이 아니라, 매우 생성적이고 창조적인 것이다.

- 리더십과 맥락은 밀접한 관계가 있다. 개인의 리더십뿐만 아니라 조직의 리더십도 마찬가지다. 리더는 비전, 목적, 우선순위를 선언함으로써 맥락을 만들어낸다. 조직의 측면에서 이는 '기업 문화'라고 부르는 것과 직결된다. 이 선언된 맥락에서 행동이 이루어지고, 미래의 선택과 상황이 평가된다.
- 맥락은 개인과 조직 모두에게 학습과 직결된다. 여기서 말하는 학습이란 평생 동안 배우고, 적응하고, 변화하는 능력이다. 목적의식을 가진 학습은 자신의 삶을 설계하려는 사람들에게 절대적으로 필요한 능력이다. 이는 정규교육에서 배우는 교과과정과는 차원이 다른 것이다.
- 우리가 개인으로서 또는 집단으로서 실제로 학습을 할 수 있는지는 학습을 지원하는 맥락을 만들어내는 능력과 깊은 관련이 있다. 그리고 이런 맥락은 언어를 통해서 만들어진다.

다음 장에서는 학습, 특히 학습과 언어의 연관성에 대해 더 깊이 파고들 것이다. 배우는 방법을 배우는 일은 우리 모두에게 가장 중요한 삶의 기술 중 하나라고 할 수 있다. 변화는 어디에나 있기 때문에, 끊임없이 배우는 능력은 우리의 행복, 건강, 평화, 성공과 직결된다.

언어는 행동이다

마지막 세 번째 언어에 대한 새로운 주장은 **언어는 행동이며, 말한다는 것은 행동한다는 것**이라는 주장이다. 만약 내가 무엇을 부탁하고 당신이 "알겠어요."라고 대답한다면, 우리는 약속을 한 것이다. 만약 내가 무엇을 제안하고 당신이 "네, 좋아요."라고 대답한다면, 우리는 합의를 한 것이다. 그리고 이 약속에 따라 내일은 전혀 다른 내일이 된다. 말을 하지 않았다면, 약속을 하지 않았다면 실행되지 않았을 사건과 행동을 방금 막 만들어낸 것이다.

언어는 단순히 정보를 전달할 뿐만 아니라 약속을 공유한다. 이 약속은 우리가 사회로부터 고립되지 않도록 해주는 근본적 방법이다. 타인과 협업하여 함께 무언가를 성취하기 위한 근본적 방법이기도 하다. 약속은 어디에나 존재한다. 비즈니스에서는 이를 '계약'이라고 부른다. 사회적 영역에서 모든 것을 유기적으로 굴러가게 하는 것은 약속이라는 이 근본적 언어이다. 주식, 옵션, 화폐에 이르기까지 현대의 금융 시스템 전체가 이 약속에 기반하고 있다. 회의, 스포츠 경기, 병원 진료 약속, 조직이나 공장의 업무에 이르기까지 모든 사건은 여러 수준에서 약속의 체결 및 이행과 관련이 있다.

직장에서, 가족과, 친구와, 자원봉사로 등등 우리가 하는 행동의 대부분은 타인과 서로 행동을 조율해 가는 과정이라고 볼 수 있다. 이 당연해 보이는 주장이 우리가 여기서 하려는 새로운 해석의 핵심적 가치다. 타인과 행동을 조율하는 방식은 우리가 살며 느끼는 다양한 감정과 다양한 분야에서의 성공에 큰 영향을 미친다.

　여기서 말하는 행동은 언어와, 약속을 만들고 관리하는 것과 밀접한 관련이 있다. 행동을 조율해 다른 사람들과 함께 일할 수 있으려면 특정한 언어적 행동이 필요하다. 나는 이러한 언어적 행동의 가짓수가 유한하며, 이를 이해하고 실천함으로써 극적으로 새로운 결과에 도달할 수 있다고 믿는다. 다양한 언어적 행동의 종류에 대해서는 다음 장부터 다룰 것이다.

　다시 말해, 인간에게 언어란 어떻게 행동을 조율할지를 조율하는 수단이다. 예를 들어, 회사에서 여러 부서가 공동 프로젝트를 진행하기 위해 회의실에 모인다고 할 때, 각자가 아무 때나 회의실에 가 있는다고 모일 수 있는 게 아니다. 사전에 그 모임을 계획하고 약속한 뒤에야 '목요일 오전 9시 회의실 미팅'을 실행에 옮길 수 있다. 반대로 이러한 약속을 통해 직장이나 가정에서 다른 시간에 다른 사람들과 다른 일을 할 수 있는 여지가 생긴다. 목적을 가지고 행동을 조율할 수 있는 능력이 없다면 혼자서 하는 일만 할 수 있고, 그만큼 자신의 가능성과 능력은 좁아질 수밖에 없을 것이다.

　한편으로 언어의 재귀적 특성으로 인해 반성적 행동이 가능해진다. 우리는 언어 자체를 돌아볼 수 있다. 즉, 우리가 나눈 대화에 대해 대화할 수 있고, 우리가 한 생각에 대해 생각할 수 있다. 이러한 반성적 행동은 자주 새로운 공적 대화 및 사적 대화, 새로운 약속과 행동 조율, 나아가 새로운 결과로 이어진다. 사실, 이것이 이 책의 핵심 목표 중 하나이다. 언어에 대한 새로운 해석과 식별을 제공함으로써 새로운 성찰, 새로운 선택, 새로운 행동, 새로운 결과를 여러분에게 선사하는 일 말이다. 그리고 이는 모두 언어 안에서 일어나는 일이다.

조직은 대화로 유지되는 언어적 구조다

다음의 저자들도 리더십, 사회변동, 조직에 관한 저서에서 언어의 강력하고 창조적이며 생성적인 특성을 지적했다. 이 책에서 내가 시도하려는 바는 우리가 암묵적으로 알고 있는 것을 명시적으로 드러내는 일이지만, 다음 저자들과 결국 같은 지적을 하고 있다.

> 리더의 궁극적 영향력은 그가 연관 짓거나 구현하는 특정한 이야기와 청중이 그 이야기에 어떻게 반응하는지에 가장 크게 좌우된다. (······) 가장 기본적인 이야기는 정체성 문제와 맞닿아 있다. (······) 따라서 리더십에 대한 내 분석은 그 조직의 대표가 전달하는 이야기에 초점을 맞추게 된다.[4]
>
> ― 하워드 가드너, 『통찰과 포용』

가드너가 말하는 이야기는 언어 속에 존재한다. 이야기에 대한 수용은 이야기를 듣고 해석하여 내면의 이야기로 재구성하는 것까지를 포함한다. 오늘날 어떤 리더십이 보다 효과적인가에 대한 견해는 크게 변화했는데, 명령과 통제로부터 영감과 동기부여로 무게중심이 옮겨간 것이다. 리더로서 구성원을 조직의 목표 달성에 동참시키는 수단, 그것이 바로 이야기다.

> 조직은 단어들로 구축되고 대화로 유지되는 언어적 구조다. 심지어 기계 시스템의 고장처럼 엄밀히 말해 의사소통과 무관한 문제라도 구성원들끼리 말을 했거나 하지 않았거나, 질문을 했거나 하지 않았거나, 대화를 시작조차 하지 않았거나 채 끝마치지 않았거나, 대안을 모색하지 않았거나 하는 소통의 부재에서 원인을 찾을 수 있다.[5]
>
> — 월터 트루엣 앤더슨, 『현실은 예전과 같지 않다』

조직의 '성과를 개선하기' 위한 효과적인 접근으로 조직 내에서 업무와 관련해 이루어지는 대화의 성격을 살펴봐야 한다는 사실이 점점 더 분명해지고 있다. 모든 물리적 프로세스의 근저에는 조직 구성원들이 어떻게 서로 약속을 하고 지속적으로 이행하는지를 포함하는 과정인 '약속 프로세스commitment process'가 있다.

냄비 생산에서 달 착륙에 이르기까지 인간의 조직적 활동은 모두 기본적이지만 상충되는 두 가지 사항을 요구한다.

- 필요한 다양한 작업을 분업화하는 것
- 그 활동을 달성하기 위해 이러한 작업들을 조정하는 것

조직 구조란 간단히 말해 조직의 인력을 명확한 업무로 나누고 업무 간 조정을 실행하는 방법의 총체라고 정의할 수 있다.[6]

— 헨리 민츠버그, 『조직의 구조』

민츠버그는 이 책의 기본 주장 중 하나인 '우리는 은둔자가 아니다.'와 동일한 지적을 한다. 조직의 성과는 개개인의 기술적, 기능적 능력만으로 도출되지 않는다. 그보다 훨씬 많은 경우에 구성원들이 서로 '스텝'을 맞추는 과정, 언어 속에서 서로 행동을 조율하는 과정으로부터 비롯된다. 이는 조직에서 두드러지지만, 규모와 형태가 다양한 인간관계에서도 마찬가지다.

요점 및 새로운 해석

이 장에서는 언어, 대화, 효과적인 커뮤니케이션을 이해하는 새로운 방법을 소개했다. 언어에 대한 새로운 해석, 언어를 이해하는 새로운 방법, 그리고 그에 따른 새로운 가능성을 살펴봤다.

낡은 해석	새로운 해석
● 언어는 의사소통을 위한 도구이자 사물의 상태를 서술하는 도구다.	● 언어는 매우 창조적이고 생성적이다. 개인 사이에서나 조직에서 우리는 언어를 사용해 서술하는 것 이상으로 관계, 기분, 공적 정체성, 맥락, 약속을 창조한다. 사건이 일어나게 하고 진행되게 한다.
● 우리는 때때로 말하고 때때로 듣기도 하지만, 그 외에는 언어와 관련된 일이 별로 일어나지 않는다.	● 우리는 항상 '언어 속에' 있다. 깊은 명상 상태와 같은 드문 경우를 제외하면, 우리는 계속해서 언어의 바다에 잠겨 살아간다. 우리 내면의 '작은 목소리'는 침묵하는 경우가 거의 없다. 다른 사람과 소통할 때나 그렇지 않을 때나 거의 모든 순간에 우리와 함께 있다. 그리고 그 목소리는 우리의 평온함, 생산성, 결과와 밀접한 연관이 있다.

● 우리는 사건을 있는 그대로 인식한다.

● 우리가 인지하는 것은 발생한 사건에 대해 우리 각자가 지어낸 이야기, 즉 해석에 가깝다. 이 해석은 언어 속에서 내적 대화로 존재하며, 내가 앞으로 어떻게 행동할지를 가르는 기초로 작용한다.

● 언어는 언어학자, 국어 교사 등 관련 '학계'만의 관심 분야다.

● 언어는 우리의 행복한 삶에 결정적 요소이며, 우리 모두는 이미 언어 '안에' 존재한다. 언어에 대해 배우는 것은 우리 모두에게 큰 도움이 될 수 있다.

● 커뮤니케이션은 정보를 전달하는 것이다.

● 효과적인 커뮤니케이션은 개인 사이에서는 물론 조직에서 다른 사람들과 행동을 성공적으로 조율하는 것이다.

● 행동은 주로 신체 활동을 의미한다.

● 우리가 '하는' 일의 상당수는 실제로 우리가 '말하는' 일을 통해 이루어진다. 행동은 항상 유한한 언어 행동의 집합에 의해 생성되는 약속을 기반으로 한다. 7장에서 더 자세히 다룰 이 언어 행동은 삶의 거의 모든 측면에서 우리가 할 일을 할 때 취하는 구체적 행동이다.

새로운 행동의 가능성을 찾아라!

1. **빅아이**: 이 장에서 배운 언어를 바라보는 새로운 시각, 새로운 해석, 그리고 그것이 열어준 가능성에 대해 스스로에게 어떤 이야기를 하고 있는가?

_____

_____

_____

_____

2. 현재 개선하고 싶은 인간관계나 상황을 떠올려서 적어보자. 이어지는 장들에서 이 책의 내용을 실생활에 적용하기 위한 샘플 사례 및 실험 케이스가 될 것이다.

_____

_____

_____

_____

3. 2번의 사례에서 자신이 원하는 구체적인 새로운 결과는 무엇인지 적어보자. 예를 들면 다음과 같은 것들이다.

- 더 나은 협력 관계 맺기와 남 탓 덜 하기
- 뒤끝이 안 좋은 논쟁 피하기
- 생산성 향상
- 마음의 평화
- 오해와 실수를 줄이기
- 보다 즐겁고 서로를 존중할 수 있는 관계 쌓기

_____

_____

_____

_____

4. **빅아이**: 2번의 사례를 초래하는 데 영향을 미친 외적 대화와 내적 대화를 최대한 구체적으로 하나씩 꼽아보자.

- 외적 대화: 무슨 말을 했는가? 어떤 식으로 말했는가? 어떤 결과로 이어졌는가?

_____

_____

_____

_____

• 내적 대화: 마음속으로 무슨 말을 했는가? 어떤 식으로 말했는가? 그것이 내 생각과 행동에 어떤 영향을 주었는가?

_____

_____

_____

_____

5. 내 마음속에서 반복되는 '부정적인' 대화는 무엇인가? 항상 기본적으로 품고 있으며, 내가 원하는 방향으로 나아가는 데 도움이 되지 않는 듯 보이는 내적 대화를 떠올려 보자. 여기서는 그런 대화를 '부정적 내적 대화'라고 부르기로 하고, 앞으로도 계속 이 표현을 사용할 것이다.

_____

_____

_____

_____

6. 어떤 공적 정체성을 갖고 싶은가? 현재 스스로가 생각하는 내 공적 정체성과 다르다면 이를 적어보자. 이 새로운 공적 정체성을 형성하는 새로운 행동을 취하기 위해 무엇을 배워야 할까?

_____

_____

_____

_____

7. 실제로는 어떤 공적 정체성을 만들어왔는가? 다시 말해, 주변 사람들(가정, 일, 기타 사회적 관계의)에게 어떻게 '보여지고' 있는가? 그것을 스스로 인식하고 있는가? 만약 현재 인식하고 있지 못하다면, 그것을 알 수 있는 방법을 생각해 보자.

_____

_____

_____

_____

3장

학습과 행복,
언어와 학습의 관계

Language
and the Pursuit of
Happiness

변화의 시기에는
배울 준비가 되어 있는 사람이
그 땅을 물려받을 것이고,
이미 알고 있다고 생각하는 사람은
더 이상 존재하지 않는 세상에 맞서기 위해
만반의 준비를 갖춘 자신과 남게 될 것이다.[1]
— 에릭 호퍼

늘 하던 대로 하면 늘 얻던 것만 얻을 수 있다.
— 미상

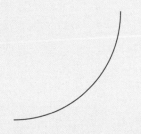

우리가 끊임없이 변화하는 시대에 살고 있다는 데 동의하는가? 너무 당연한 말이라 진부하게 느껴지는가? 오늘날 우리는 거대한 시대의 변화에 직면하고 있으며, 그 변화의 속도는 느려지키는커녕 점점 더 빨라지고 있는 듯하다.

　변화는 언제나, 어디에나 있다. 심지어 내가 이 책에서 새로운 결과를, 분노와 포기 대신 행복을, 타인과 함께 일하고 공존하기 위한 좀 더 생산적이고 평화적인 방법을 이야기할 때도 **변화**에 대한 믿음을 전제로 한다. 즉, 새로운 결과를 만들어내기 위한 어떤 대화도 뒷배경에서 현재 진행 중인 변화라는 맥락 속에서 이루어진다. 우리가 어떻게 변화에 관여하고, 어떻게 변화를 지향하고, 변화에 따라 어떤 행동을 취하느냐는 모두 새로운 결과를 만들어내는 일과 직결된다. 따라서 우리는 변화라는 현상에 주목해야 한다.

그렇다면 이러한 끊임없는 변화 속에서 **학습**은 어떤 의미를 가질까? 개인에게, 조직에, 우리 모두에게 학습은 얼마나 중요한 것일까? 달리 말해서, **끊임없이 변화하는 환경에서 학습하지 않는 사람들은 어떤 결과를 맞이할까?** 이 질문에 우리는 다음과 같은 가능한 결과들을 나열할 수 있을 것이다.

- 뒤처진다.
- 침체된다.
- 성공하기 어렵다.
- 성장하지 못하거나, 혁신하지 못한다.
- 따라갈 수 없다.
- 조직이 노후화된다.
- 융통성이 없다.

아마 여러분 각자가 생각하는 더 많은 예를 나열할 수 있을 것이다. 만약 어떤 회사의 모든 직원이 학습을 멈춘다면 어떻게 될지 상상해 보자. 어쩌면 스스로 학습을 멈췄을 수도 있고, 자신도 모르게 학습의 문이 닫혀버렸을 수도 있다. 그 직원들은 어떻게 될까? 그들의 경력은 어떻게 될까? 팀 프로젝트에 참여해 설정한 목표를 달성할 수 있는 능력은? 인간관계는? 행복은 어떻게 될까? 회사 차원의 영향도 생각해 보자. 고객과의 관계는 어떻게 될까? 협력 업체와의 관계는? 조직의 혁신 능력은? 국내외 시장에서 기업의 이미지는? 예상되는 미래는? 결과는 어떻게 될까?

학습하지 않는 개인과 학습하지 않는 조직의 결과가 나쁘고 바라던 바와 다르리라는 것은 어렵지 않게 예측할 수 있다. 이러한 결과는 우리가 만들어내고 싶은 결과가 아니며, 결코 우리가 가고자 하는 곳으로 우리를 데려다주지 않는다.

따라서 우리 모두에게 학습은 매우 중요하다. 힘, 행동력, 인생에서 결과를 만들어내는 (혹은 만들어내지 못하는) 능력과 직결되기 때문이다. 여기서 말하는 학습이란 과정으로서의 학습, 현상으로서의 학습 자체이지, 학교 수업에 국한된 것이 아니다. 학습 자체를 새로운 시각으로 바라보자. 대수학을 배우든, 자동차 수리를 배우든, 더 나은 리더나 부모가 되는 법을 배우든, 더 만족스러운 인간관계를 맺는 법을 배우든, 자신을 더 소중히 여기는 법을 배우든, 그 대상이 무엇이든 간에 **학습 자체를 탐구해 보자.** 학습은 우리가 살아가는 맥락 또는 배경에서 핵심적인 부분이다.

오늘날 많은 조직이 '핵심 역량', 즉 조직이 성공하기 위해 반드시 갖춰야 할 일련의 기술, 행동력, 자질을 이야기한다. 수년간 이 문제를 다루면서 나는 한 결론에 이르렀는데, 현재와 미래를 위해, 개인과 조직 모두에게 '모든 핵심 역량의 모체'가 되는 것은 바로 **학습하는 방법을 학습하기**라는 사실이다.

학습은 빤히 보이든 보이지 않든 언어와 엮여 있다. 나아가 학습은 뇌뿐만 아니라 그 밖의 신체, 기분, 감정과도 많은 관련이 있다. 이 장에서는 학습 과정을 살펴보는 강력한 방법, 특히 성인 학습, 정규교육 이외의 영역에서 이루어지는 학습에 적용할 수 있는 방법을 제시할 것이다.

이 장이 이 책의 다른 장으로 넘어갈 때 '무대장치'가 되기를 바란다. 이 내용이 여러분의 학습에 도움이 되기를, 이 책이 제시하는 변화의 방법들을 실생활에 적용하는 데 단단한 출발점이자 맥락이 되기를 희망한다.

학습 = 시간 + 연습

내가 지금까지 수많은 강연과 트레이닝을 통해 바꾸려고 노력해 온 관점은 학습이 **언제** 이루어지는가에 대한 것이다. 아마 많은 사람이 다음 그림의 왼쪽 원에 익숙할 것이다. 이는 매우 전통적인 사고방식으로, 그 기원은 아주 오래전으로 거슬러 올라간다. 이 개념에 따르면 학습은 인생의 초반에 전부 이루어진다. 이 학습이 향후 인생에서 맞닥뜨릴 모든 경우에 대응하는 데 충분하다고 믿는다. 학습이 끝나면 우리는 세상으로 나가 일을 하거나 가

정을 꾸리며 살아간다. 이때 일찍이 학습했던 내용을 일이나 생활에 활용한다.

반면 오른쪽 원은 목적의식을 가진 학습이 평생에 걸쳐 지속적으로 이루어져야 한다는 모델로, 오늘날 점점 더 많은 사람이 받아들이고 있다. 이제는 우리의 행동과 학습의 경계가 매우 모호해졌다. 해야 할 일을 계속하기 위해서는 계속 배워야 한다. **평생학습**이라는 말은 개개인에게도, 조직에도 해당되는 말이다. 무엇을 하든 원하는 결과를 얻을 수 있는 길은 계속 배우고, 적응하고, 재창조하는 능력에 달려 있다.

학습은 주로 '머리'보다 '몸'에서 이루어진다

한번 생각해 보자. 매우 많은 사람이 자전거 타는 법을 알거나 적어도 과거에는 알고 있었다. 그렇다면 우리는 어떻게 자전거 타는 법을 배웠을까? 『자전거 타는 법』이라는 책을 읽고 배운 사람이 있을까? 물론 있을지도 모르지만, 대부분은 몸으로 익혔을 것이다. 체중을 좌우로 옮기고, 몸을 기울이고, 회전하고, 페달을 밟고, 보조바퀴와 부드럽게 등을 밀어주는 누군가의 도움을 받으면서 말이다. 즉, 자전거를 타면서 자전거 타는 법을 배운 것이다.

글을 읽음으로써 어느 분야의 첫걸음을 떼는 학습이 지닌 가치를 폄하하는 게 아니다. 다만, 현실의 우리를 돌아보자. 10년 전, 20년 전, 30년 전에 비해 자신이 부모로서, 수영을 즐기는 사람으로서, 연사로서, 리더로서, 교사로서, 목수로서 더 발전했다고 말할 수 있는 사람이 얼마나 될까? 그리고 그들은 어떻게 더 발전할수 있었을까? 실제로 아이를 키우고, 수영을 하고, 강연을 하고, 현장에서 경험을 쌓고, 가르침으로써, 즉 몸을 움직여 실행함으로써 배웠을 것이다. 이를 우리는 '연습'이라고 부른다.

내가 생각하는 학습에 대한 가장 단순하면서도 가장 탁월한 정의는 **학습=시간+연습**이다. 우리는 연습하고 실행함으로써 배우고 더 발전할 수 있다. 구슬치기를 자주 하면 어떻게 될까? 실력이 향상된다. 이는 마술이 아니라 원인과 결과이며, 이 과정이 바로 연습이다.

글을 통해 첫발을 떼는 일도 물론 중요하지만, 시간과 연습 없이는 학습이 이루어지지 않는다. 만약 누가 나한테 충분한 시간과 연습 기회를 제공한다면, 나는 어떤 직업, 어떤 일이라도 할 수 있을 것이다. 만약 누가 나한테 엄청나게 많은 시간과 연습 기회를 제공한다면……? 마찬가지로 충분한 시간과 연습을 통해 여러분은 어떤 일이든 할 수 있다.

연습량과 시간에는 자주 또 하나의 요소인 '엄격함'이 동반된다. 여기서 말하는 엄격함이란 이를테면 '연습할 마음이 들지 않을 때에도 연습하는 것'이라고 정의할 수 있다. 많은 상황에서 **학습=시간+연습+엄격함**이라는 것을 뚜렷하게 볼 수 있다.

무언가에 대해 배우는 것은
무언가를 하는 법을 배우는 것과 같지 않다

무언가에 대해 배우는 것learning about과 무언가를 하는 법을 배우는 것learning to do은 모두 현실 세계에서 일어나는 일이다. 하지만 이 둘은 근본적으로 다른 활동이다. '무언가에 대해' 배우는 것과 '무언가를 하는 법을' 배우는 것은 서로 다른 행동(물리적 행동뿐 아니라 언어적 행동도)을 요구하며, 따라서 서로 다른 결과를 불러온다. 이러한 견해에 따르면 학습에 대한 관점은 오래된 은유, 즉 책이 가득 쌓인 어둑한 서재에서 홀로 등불을 밝히고 책을 읽는 학자의 이미지에서 행동을 동반하는 것으로 나아가게 된다.

동양에서는 지금 이 책을 통해 여러분과 함께 이해하고자 하는 학습 모델을 역사적으로 오래전부터 받아들여 왔다. 이 사고방식에서 학습은 다음과 같이 단계적 또는 수준별로 이루어진다고 본다.

1. 지적 이해, 무언가에 '대해' 배우는 것.

2. 실천하는 것, 경험을 쌓는 것, 행동하는 것.

3. 체화하는 것, 배움을 실현하는 것, 존재하는 것.

반면 서양 문화에서는 학습을 위의 1번 단계와 동일시하고 이를 여러 면에서 강조하면서 실천, 경험, 체화 부분은 무시하는 경향이 있다. 많은 학교와 조직이 학습을 다루는 방식, 또한 매스미디어가 학습을 묘사하는 방식은 이러한 경향을 강화한다. 학습을 방해하는 장벽에 대해서는 조금 뒤에 설명하겠지만, 다양한 장벽의 공통점은 결국 우리를 실천에서 멀어지게 한다는 것이다.

배우는 것은 행동하는 것이다

사실 우리는 이 사실을 이미 알고 있다. 일상 대화에서 '배우다'라는 단어를 사용할 때, 우리는 이미 이 행동, 실행, 결과라는 개념을 가리키고 있다. 예를 들어, "존은 자동차 정비를 배웠다."고 말할 때, 사람들은 무엇을 보고 그렇게 판단하는 것일까? 대부분의 사람은 존이 자동차에 대한 지식을 얼마나 알건 간에 실제로 자동차를 수리하는 모습을 보고서야 그렇게 판단할 것이다.

우리의 일상에서 다른 예를 생각해 보자. "존은 까다로운 고객을 대하는 방법을 배웠다." "수전은 그 상황을 전보다 잘 관리하고 있다." 이러한 말을 할 때 우리는 이미 학습과 행동이 연결되어 있다는 것을 알고 있다. 학습은 어떤 사람이 A 기간에는 하지 못했던 어떤 행동과 불러오지 못했던 어떤 결과를 B 기간에는 할 수 있고 만들어낼 수 있다는 평가와 관련됨을 이미 알고 있다. 그 차이가 보이지 않는다면 학습이 이루어지지 않은 것으로 보는 것이다.

배운다는 것은 그 일을 할 수 없는 상태에서 하는 것이다. 즉, 자전거 타는 법을 배우는 것=자전거를 탈 수 없는 상태에서 자전거를 타는 것이다. 좋은 관리자가 되는 법을 배우는 것=아직 '좋은 관리자'가 되지 못한 상태에서 관리자 역할을 하는 것이다. 더 나은 부모가 되는 법을 배우는 것=아직 '더 나은 부모'가 되지 못한 상태에서 부모 노릇을 하는 것이다.

우리에게 중요한 것은 학습에는 신체가 필요하며, 실제로 학습은 신체에서 구체적이고 물리적으로 이루어진다는 것이다. 신경생물학에 따르면, 우리가 새로운 행동을 할 때마다 새로운 신경회로가 활성화되고 새로운 미시적 구조가 형성된다고 한다. 우리의 뇌와 신체는 환경과 행동에 따라 형태를 바꾸고 유연하게 변화할 수 있는 놀라운 가소성을 가진 것으로 보인다. 우리는 행동에 따라 말 그대로 새로운 누군가가 되는 것이다. 그렇게 새로운 구조를 만들어냄으로써 다시 더 많은 새로운 행동이 가능해지게 된다.

칠레의 생물학자 움베르토 마투라나는 인간을 포함한 생명체의 본질에 대한 선구적 연구를 주도해 온 인물이다. 그의 핵심적인 첫 번째 결론은 생명체는 폐쇄된 체계이며 구조적으로 결정된다는 것이다. 즉, 생명체가 할 수 있는 일은 각 생명체가 가진 구조에서 비롯된다는 것이다. 우리가 환경에 어떻게 반응하는지는 모두 우리 자신과 관련이 있고, 환경과는 별 상관이 없다. 환경은 단지 계기일 뿐이다. 두 번째 결론은 인간의 구조는 고정적이고 영구적인 것이 아니라 (새로운 대화를 포함한) 새로운 행동에 의해 바뀔 수 있다는 것이다.

구조를 바꾸면 새로운 행동을 할 수 있는 가능성이 생긴다. 반면 구조를 바꾸지 않으면 새로운 행동을 취하기는 불가능할 수 있다. 그런 의미에서 학습은 말 그대로 '체화하는 것'이다.

'배움'과 '앎'의 흥미로운 관계

우리가 "X를 모른다." 또는 "Y를 모른다."라고 말할 때 알고 있는 사실은 무엇일까? 다시 말해, 우리가 "삼각법을 모른다."고 할 때, 우리는 무엇을 알고 있는가? '모른다'는 말에 어떻게 '안다'라는 개념이 포함되어 있을까?

정확히 내가 설명하려는 틀에 들어맞지는 않더라도, 많은 사람이 이와 같은 경험을 해보았을 것이다. 이 지점을 살펴보는 일은 매우 중요하다. 만약 내가 "우주과학을 모른다."고 말했다면 분명 이런 뜻이다.

나는 내가 우주과학을 모른다는 사실을 알고 있다.

즉, 나는 세상에 우주과학이라는 것이 존재한다는 사실을 알고, 내가 그것을 가르치거나 우주선 엔지니어가 될 만큼의 지식이 없다는 사실도 안다는 말이다. 우주과학이라는 영역의 존재를 인정하는 동시에, 그 영역에서 특정 행동을 취해 특정 결과를 낼 수 있는 능력이 없음을 인정하는 말이다.

이렇게 모르는 것을 **아는 것**이 가능하다면(이를 '무지ignorance'라고 한다), 모르는 것을 **모르는 것**도 가능할까? 물론 가능하다. 이를 '맹목blindness'이라고 한다. 우리 모두는 항상 어느 정도 맹목 상태에서 행동한다고 할 수 있다. 우리가 모르는 것을 모르는 것은 아주아주 많다.

소크라테스는 이 현상에 대해 오래전 지혜의 맥락에서 논한 바 있다. 그의 주장은 자신과 상대가 모두 어떤 사실 X에 대해 맹목이더라도 자신이 그 상대보다 더 현명하다는 것이었다. 상대는 사실 X가 무엇인지 모르면서도 자신이 안다고 생각한 반면, 자신은 처음부터 모른다는 것을 알고 있었기 때문이다.

이 차이는 학습에 어떤 영향을 미칠까? 만약 내가 대수학을 모른다는 사실을 모른다면, 대수학에 대해 얼마나 많은 질문을 하게 될까? 하나도 하지 않을 것이다. 애초에 대수학이 화두에 오르는 일조차 없을 것이다. 그렇지 않은가? 그러한 영역의 존재 자체를 인식하지 못하고 있기 때문이다. 지금까지 살펴본 내용을 정리하면 다음과 같다.

- 무지 = 나는 모른다(하지만 내가 모르는 것을 알고 있다).
- 맹목 = 나는 내가 모르는 것을 모른다.

즉, 우리가 "모르겠습니다."라고 말할 때, 우리는 무언가를 **서술하는** 것이 아니라 무언가를 **만들어내고** 있는 것이다. 그렇다면 무엇을 만들어내고 있는 것일까? 이 점이 핵심이다.

우리는 "모르겠습니다."라고 말함으로써 지금까지 없던 새로운 배움의 장을 만들어낸다.

아무것도 없는 무의 상태에서 선언을 함으로써 갑자기 무언가(학습)가 일어날 수 있는 맥락이 생겨난다. 이는 이 책의 핵심 주장, 즉 언어는 서술적일 뿐만 아니라 생성적이고 창조적이라는 주장을 다시 한번 강조한다.

여기서 더 나아가 우리는 스스로의 맹목을 인지할 수도 있고, 인지하지 못할 수도 있다. 이를 다음과 같이 정리할 수 있다.

- 맹목을 자각하는 것 = 나는 내가 모르는 것을 모른다는 것을 안다.

- 맹목을 자각하지 못하는 것 = 나는 내가 모르는 것을 모른다는 것을 모른다.

　너무 복잡하게 느껴지는가? 그렇다면 지금까지 살펴본 내용을 몇 가지 주장으로 정리해 보자.

- 무지('모른다'고 선언하는 것)는 어떤 일이든 배우기 위한 중요한 첫걸음이다.
- 무지는 학습의 반대가 아니라 시작이다. 학습의 시작에 필요한 '출발점'인 무지까지 가지 못하면 어떤 일이든 배우기 어렵다.
- 자신의 맹목을 깨닫지 못하는 것은 학습의 큰 장벽이 된다. 종종 새로운 것을 불가능하다고 부정하는 행위로 나타나기도 한다. "그럴 리가 없어."라고 말하면서 새로운 가능성을 스스로 차단해 버리는 것이다. 끊임없이 변화하는 사회에서 이는 결코 사소한 문제가 아니다.
- 이 변화무쌍한 세상에서 학습은 모든 사람에게 매우 중요하다. 순전히 학술적인 목적 때문이 아니라, 지속적으로 적응하고, 조정하고, 유연해지고, 개선할 수 있는 능력에 미치는 영향 때문이다. 이러한 영향은 우리가 살아가는 동안 일에서뿐만 아니라 사생활에서 만들어내는 결과도 좌우한다.
- 학습은 '몸 안에서' 이루어진다.
- 학습 = 시간 + 연습 + 엄격함이다.

• 학습은 언어와 밀접한 관련이 있다. 우리는 (외부 상황이나 사건에 관계없이) 학습을 지원하거나 방해하는 맥락을 스스로 '말을 함으로써' 만들어낸다.

마지막으로 중요한 포인트를 짚고 넘어가자. 얼마나 많은 사람이 '앎'에 대해 유언의 혹은 무언의 압박을 느낄까? 경험상 많은 사람이 모르는 것은 결코 괜찮지 않다고 해석한다. 우리는 일에서든 가정에서든 무언가를 모르는 모습을 보이고 싶어 하지 않는다. 여러분이 직장이나 사석에서 "모르겠습니다."라고 말할 때 무슨 일이 일어나는가? 그리고 다른 사람이 "모르겠습니다."라고 말할 때 여러분은 어떤 반응을 보이는가?

조직과 가족에게 이는 매우 중요한 문제이다. 모른다고 말하는 사람을 대하는 방식은 그 사람의 학습을 지원하거나 방해하는 맥락(또는 분위기나 환경)을 조성한다. 만약 모르는 것을 인정한다고 해서 체벌을 당하거나 꾸중을 듣는다면, 앞으로는 모르는 영역을 인정하지 않을 것이 분명하다. 이 장의 도입부에서 우리는 변화하는 환경에서 학습하지 않을 때 일어날 수 있는 나쁜 결과들을 살펴봤다. 그리고 모르는 것을 선언하는 것이 학습의 첫 단계라면, 자신이 모른다는 사실을 깨닫는 것은 중요하다.

이는 또한 개인의 행복과 건강, 그리고 다른 원하는 결과를 얻기 위해서도 중요하다. 우리가 반복되는 실패나 효과적인 방법 모색이 불가능한 상황에 직면할 때, 당장 할 수 있는 일은 자신의 무지를 선언하고 학습을 위해 자신을 여는 것이다. 즉, 어떤 학습의 영역에서 자신이 초심자임을 선언하는 것이라고 할 수 있다. 이것이 바로 변화와 향상을 위한 여정의 출발점이다.

학습의 적

특히 끊임없이 변화하는 세상에서 학습이 얼마나 중요한지 살펴봤으니, 이제 학습에 도움이 되는 방법과 학습에 방해가 되거나 도움이 되지 않는 방법을 알아보자.

학습의 적

- 모른다는 사실을 인정하지 못함
- 모르는 것을 모르면서도 아는 것처럼 행동함
- 우리가 맹목(오만) 속에 살고 있음을 인식하지 못함
- '진작 알았어야 되는데……'라는 체념
- 모든 일이 항상 명확해야 한다는 강박
- 감정의 영역과 감정이 학습에 미치는 영향을 망각함
- 불신distrust
- '앎'과 자신이 가진 의견 또는 정보를 혼동함

- 새로움에 집착하는 태도

- 답에 집착하는 태도

- 다른 사람의 가르침에 대한 거부

- 모든 것을 지나치게 의미심장하게 여김

- 모든 것을 사소하게 여김

- 자신의 평가나 판단을 영구히 바꾸지 않음

- '나는 원래 ○○를 못해'라는 믿음

- 학습 영역으로서의 '신체'를 망각함

학습의 친구

- "모르겠습니다."라고 기꺼이 선언할 의지

- 경청Listening

- 개방하고 수용하는 자세

- 존중과 존경

- 의문을 해결하려는 의욕

- 호기심과 탐구심

이 요약은 칠레의 동기부여 전문가인 훌리오 올라야가 정리한 것으로 학습의 주요 지지자(친구)와 비지지자(장벽 또는 적)를 구분한다. 여기서 제시된 학습의 장벽이 대부분 물리적 장벽이 아니라는 점에 주목해야 한다. 즉, 우리의 학습을 가로막는 장벽은 물리적인 것과 거리가 먼 우리 내면의 작은 목소리(언어)와 관련이 깊은 것 같다. 먼저 이 학습의 장벽 혹은 적부터 자세히 살펴보자.

모른다는 사실을 인정하지 못함

학습 상황에서 이따금 "모르겠습니다."라고 말하지 않으면 학습이 진행되지 않는다. "이미 알고 있습니다."라고 선언하는 것은 학습이 이루어지기 어려운 맥락을 (서술하는 일이 아니라) 만들어 내는 일이다. 예를 들어, 다른 사람에게 무언가를 애써 가르쳐주었는데 상대방이 "저도 알아요."라고 대답했던 경험이 있지 않은가? 그럴 때 여러분은 가르쳐준 사람으로서 어떤 기분을 느꼈는가? 아마 가장 흔한 답변은 "민망했다."일 것이다. 반대로 상대방은 이 대화를 통해 얼마나 많이 배웠을까? 당연히 배운 게 거의 없을 것이다. 자신이 무언가를 모른다는 사실을 인정하지 못하는 것은 학습을 가로막는 물리적 장벽은 아니지만, 커다랗고 강력한 장벽인 것만큼은 분명하다.

나는 이런 태도가 '오만함'이라는 감정과 관련이 있다고 보는데, 오만함이란 내 주변의 누구도 가치 있거나 유용한 지식을 가지고 있을 리 없고, 내가 모르는 것을 그들이 알 리 없다고 여기는 감정이다. 기분과 감정은 분명히 우리의 학습 능력에 영향을 미친다. 실제로 자신의 감정과 그에 따른 내적 대화를 잘 관찰하는 것은 학습 능력을 향상하고자 하는 사람들에게 중요한 출발점이 될 수 있다.

"모르겠습니다."라는 말은 '나는 지금 어떤 영역에서 어떤 기준에 따라 효과적인 성과를 낼 수 없다'는 자각의 표현이다. 성격적 결함이 아니라, 어떤 행동을 하고 어떤 결과를 낼 수 있는 능력이 부족하다는 것이다. 자신의 무지를 선언함으로써 우리는 목적의식을 가지고 보다 개방적으로 학습에 임할 수 있다. 이 선언이 없다면 결국 무슨 주제든 그다지 배울 수 없을 것이다.

모르는 것을 모르면서도 아는 것처럼 행동함

두말할 필요도 없이 이는 학습에 큰 장벽이다. 내가 모르고 있다는 것을 모르기 때문이다. 맹목을 인정하지 않기에, 앎과 배움이 가져올 무한한 가능성도 전혀 깨닫지 못하는 행복한 무지 상태에 머무르게 된다. 그래서 더 이상 나아갈 곳도, 나아갈 목표도 없다고 생각하며, 배움에 대한 열망도 전혀 없다.

우리가 맹목 속에 살고 있음을 인식하지 못함

이 무자각은 일종의 오만함을 의미한다. 우리 각자가 자라온 환경과 방식, 지금까지 쌓은 경험에 따라 고유한 관점과 전통과 능력을 가지고 있다는 사실을 인정하지 않는 것이다. 물론 우리가 모든 사람의 고유한 면을 알 수는 없고, 다른 사람의 관점과 능력이 우리의 것과 크게 다르지 않을 수도 있다. 하지만 우리의 오만은 새로운 구분, 새로운 관점, 새로운 개념이나 능력이 실제로 존

재하고 오랫동안 존재해 왔을 가능성 자체를 인정하지 않을 때 드러난다. 단지 자신에게 주어진 특수한 역사와 특수한 관점 때문에 그 사실을 깨닫지 못할 뿐인데도 말이다.

'진작 알았어야 되는데……'라는 체념

이러한 경향은 특히 조직에서 지위가 높아졌을 때, 혹은 나이가 들고 경험이 쌓였을 때 나타난다. 회사에서 승진을 한다거나 다른 조직에서 더 큰 책임을 떠안게 되었을 때, 이따금 자신의 내면에서 들려오는 소리다. 속으로 '진작 알았어야 되는데……' 하며 후회하고 또 후회하는 데 많은 에너지를 소모하는 대신, 간단히 '지금은 모른다'는 사실을 받아들이고 초심자임을 선언한 뒤에 학습에 매진하는 편이 훨씬 더 가치 있는 일이다.

모든 일이 항상 명확해야 한다는 강박

혹은 내 모든 질문에 반드시 답을 얻어야 한다는 강박. 만약 여러분이 일을 미루는 경향이 있다면 이 말이 친숙하게 들릴지도 모른다. 자신의 질문 하나하나에 대해 완전한 답을 얻지 못하면 첫걸음을 내디딜 수 없다는 믿음은 행동을 가로막는 장벽이자 곧 학습을 가로막는 장벽이다. 예를 들어, 내 수첩에 '할 일 목록' 열 가지가 적혀 있다고 가정해 보자. 그중 이미 해결할 방법을 알고 있는 일곱 가지 항목은 바로 착수할 수 있다. 그러나 결과나 진행 방식이 불확실한 세 가지 항목은 내일의 목록으로, 그리고 모레의 목록으로 점점 미뤄진다. 하지만 막상 움직이기 시작하고 행동을 취하기 시작했을 때 비로소 답이 보이는 경우가 있지 않은가? 이는 매우 흔하게 일어나는 일이다. 100% 확신이 들 때까지 움직이지 않으면 영원히 움직일 수 없을지도 모른다. 영원히 배우지 못할 수도 있다. 무엇보다 변화의 시대에는 100% 확신할 수 없는 일이 대부분이다.

감정의 영역과 감정이 학습에 미치는 영향을 망각함

감정은 학습과 매우 강하게 직접적으로 연관되어 있다. 감정을 고려하지 않는다면, 전체 그림에서 중요한 연결을 놓치게 된다. 예를 들어, 분노나 원망과 같은 감정 공간은 학습이 시작될 수 있는 맥락을 전혀 제공하지 않는다. 그보다는 어떠한 계기가 주어지면 처벌하고 보복할 가능성이 높은 맥락을 제공한다. 자신이 화를 내거나 누군가를 원망했던 상황을 떠올려 보자. 그때 여러분은 학습을 받아들일 마음의 준비가 되어 있었는가? 학습이 조금이라도 가능한 상태였는가? 우리 모두는 다양한 상황에서 감정이 자신의 행동과 그 방식에 영향을 미친 경험을 가지고 있다.

우리 각자는 자신의 기분과 감정을 더 잘 관찰할 수 있고, 그것을 보다 능동적으로 조절할 수 있다. 첫 단계는 우리 모두에게 기분이 있고, 우리가 항상 그 안에서 살아가며, 그것이 우리의 학습 능력 및 적응과 변화를 위한 새로운 가능성에 지속적으로 영향을 미친다는 사실을 인식하는 것이다. 기분과 감정에 대해서는 뒤에서 더 자세히 살펴볼 것이다.

불신

불신은 여러 가지 이유로 학습의 적이다. 신뢰와 불신은 사람이나 사물에 대한 평가(언어적 판단)와 마찬가지로 기분과 감정의 공간으로 볼 수 있다. 학습의 다른 장벽으로 넘어가기 전에 이 신뢰의 문제를 간단히 짚어보자.

신뢰가 없으면 학습자가 유능한 교사나 코치를 찾고 관계를 유지하는 일이 매우 어렵다. 또한 학습자가 새로운 행동이 왜 필요한지 충분히 이해하지 못한 경우에도 새로운 행동을 시작하기 위해서는 신뢰가 필요한 경우가 많다. 새로운 행동을 하지 않으면(연습하지 않으면) 새로운 결과가 나오지 않는다. 고전 무술영화들을 보면, 백발이 성성한 노스승이 새로 온 어린 제자에게 무술은 가르쳐 주지 않고 매일 물동이만 나르게 하는 일화가 흔히 등장한다. 그러면 제자는 으레 불평을 터뜨리는데, 물을 긷고 물동이를 나르는 일련의 반복 동작이 '근육기억'을 키워 앞으로 무술을 익히는 데 큰 도움이 되리라는 스승의 숨은 뜻을 알지 못하기 때문이다. 결국 이 제자에게 필요한 것은 새로운 행동을 하면 새로운 능력을 습득할 수 있다는 신뢰, 곧 학습을 위한 신뢰인 셈이다.

기분과 감정의 공간에서 신뢰와 불신은 행동(또는 비행동)의 배경이 되는 맥락이다. 이 배경은 모든 가능성을 고려해 결론을 내리는 틀이기도 하다.

불신은 모든 수준의 인간관계에 영향을 미치는데, 대부분의 학습은 타인과 함께하며 타인을 통해 사회적으로 이루어진다. 불신이 오래 지속되면 인간관계를 제한하거나 손상하게 되고, 따라서 타인으로부터 배우거나 타인과 함께 배울 수 있는 기회를 제한하게 된다.

이제 신뢰를 언어적 측면에서 살펴보자. "나는 너를 믿는다." 혹은 "나는 너를 못 믿는다."라는 말은 다음과 같은 종류의 판단과 평가를 바탕으로 하는 일종의 선언이다(평가와 선언에 대해서는 7장에서 더 자세히 살펴볼 것이다).

- 성실성에 대한 평가
- 역량에 대한 평가
- 신뢰성에 대한 평가

이 중 한 가지라도 부정적인 평가가 있을 때 우리는 그 사람을 '신뢰하지 않는다'고 선언한다. 우리가 누군가를 믿지 못할 때 그 이유를 자세히 들여다보면 이 중 적어도 한 가지 이상이 부족한 경우가 많다. 상대가 자신이 맡은 일을 성실하게 하지 않는다고 판단하거나, 그 일을 해낼 능력이 없다고 판단하거나, 과거에 여러 번 약속을 어겼기 때문에 이번에도 마찬가지이리라 판단하는 경우다.

나는 내 주치의인 존스 박사가 내 담낭을 치료해 주리라 믿지만, 내 자동차 브레이크를 고쳐주리라고는 기대하지 않는다. 이때 문제가 되는 평가는 '역량'이다. 혹은 내 사업 파트너 A가 성실하고 자신이 맡겠다고 한 일을 실행할 능력도 있다고 믿지만, 과거에 함께했던 세 번의 프로젝트에서 그가 약속을 지키지 않아 일이 잘 풀리지 않은 증거가 있다면, 이때 문제가 되는 평가는 '신뢰성'이다. 이런 서로 다른 평가에 따라 다른 대화를 나눌 수 있고, 다른 방식으로 행동을 조율할 수 있다.

신뢰에는 항상 위험이 따른다. 내가 사전에 아무리 세밀하게 판단하려 노력한다고 해도 상대방이 지금까지와는 다른, 예상치 못한 행동을 할 수도 있기 때문이다. 내가 신뢰하는 사람이 나를 실망시킬 수도 있다. 위험은 항상 존재한다. 신뢰 매트릭스Trust Matrix는 다음 두 가지 변수가 교차할 경우 우리가 도달하게 되는 지점을 요약해서 보여준다.

- 성실성, 역량, 신뢰성의 영역에서 얼마나 근거를 가지고 평가할 수 있는가?
- 신뢰에 내재된 위험을 얼마나 감수할 수 있는가?

다음 '신뢰 매트릭스'에서 믿을 만한 근거가 있어도 믿지 않는 왼쪽 상단의 태도를 우리는 '의심'이라고 부른다. 의심을 '잘'한다면 건전하고 효과적일 수 있다. 반면 의심을 '잘못'한다면 냉소에 가까워지고 인간관계나 성과에 도움이 되지 않을 수도 있다.

반대로 확실한 근거도 없이 믿거나, 믿지 않는 것이 좋다는 근거가 있음에도 불구하고 믿는 것은 이용당하는 꼴이나 마찬가지다. 매트릭스의 오른쪽 하단을 차지하는 이런 태도를 우리는 '안일함'이라고 표현한다. 낙관주의의 '그늘'이라고도 할 수 있다. 안

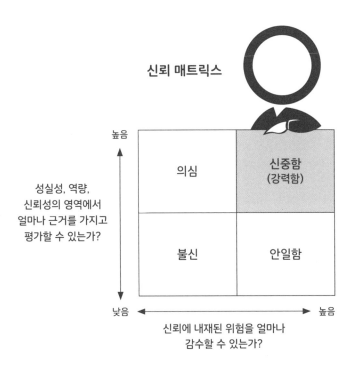

신뢰 매트릭스

성실성, 역량, 신뢰성의 영역에서 얼마나 근거를 가지고 평가할 수 있는가?

높음

의심

신중함 (강력함)

불신

안일함

낮음

높음

신뢰에 내재된 위험을 얼마나 감수할 수 있는가?

일함은 학습에 도움이 되지 않는다.

신뢰할 만한 근거가 있을 때 신뢰하는 것, 충분히 관찰한 뒤에 판단을 내리는 것은 '신중함'의 영역이다. 매트릭스의 오른쪽 상단에 해당한다. 신중함은 학습과 인간관계 형성, 타인과의 교류와 협력에 긍정적 방향으로 강력한 힘을 발휘한다.

하지만 '신중함'과 '불신'을 구분하지 못하는 것은 분명히 학습의 적이다. 신중함은 (자신의 의견을 사실과 연결하고 판단 기준을 세워) 근거를 기반으로 평가하되 신뢰가 깨졌을 때 발생할 위험을 감수하는 태도지만, 불신은 어떤 상황에서든 위험을 감수할 의사가 없으며 협력할 의사도 없는 상태다. 결국 불신이 깊어지면 그 뒤에 남는 것은 사회적 고립과 비자발적 은둔뿐이다.

불신의 가장 큰 문제는 자신도 모르게 벽을 쌓는다는 것이다. 예를 들어, 사적으로 알고 지내던 존스라는 사람에게 돈을 뜯긴 뒤부터, 단지 그의 직업이 배관공이라는 이유로 그 어떤 배관공도 믿지 않는 일반화의 오류에 빠지는 식이다. 또는 불신이 팽배한 조직에서 일하거나 가정에서 자라다 보면 점차 그런 분위기에 물들 수도 있다. 약속을 지키지 못한 것(신뢰가 문제가 되는 경우)과 암묵적인 기대에 부응하지 못한 것(신뢰와 무관한 경우)을 혼동하게 되기도 한다. 앤이라는 사람이 내 재무설계사로 믿을 만하지 않다고 해서 다른 모든 상황에서도 신뢰할 수 없다는 생각을 가지게 될 수도 있다. 매트릭스의 왼쪽 하단에 해당하는 이 영역

역시 학습에 도움이 되지 않는다. 내가 제안하는 바는, 빅아이 근육을 단련해서 강력한 관찰자가 되어 학습을 시작하고 원하는 결과를 만들어낼 수 있을 만큼 충분히 큰 '믿음의 창'을 새로 내라는 것이다.

'앎'과 자신이 가진 의견 또는 정보를 혼동함

여러분이 비행기 안에서 출발을 기다리며 착석해 있다고 상상해 보자. 승무원의 안내 방송이 나온다. "손님 여러분, 오늘 여러분을 목적지까지 안전하게 모실 기장님을 소개합니다. 파일럿 자격증은 없지만…… 비행에 관해 엄청나게 많은 의견을 가진 분이세요! 노을 질 무렵 하는 비행이 무척 황홀하고 기내식은 토마토 처트니를 곁들인 치킨이 최고라고 하십니다!" 비행기를 어떻게 모는지 '아는 것'과 비행에 대해 '의견이 있는 것'의 차이를 단번에 이해하겠는가? 비행기를 모는 법을 아는 것은 특정한 행동을 실제로 수행할 수 있는 능력이다. 하지만 주관적 의견은 수행과는 관련이 없다.

새로움에 집착하는 태도

어떤 일을 오래 진득하게 해내지 못하는 사람들이 있다. 이는 학습을 가로막는 큰 장벽이다. 어떤 학생이 대학에 입학한 뒤 2년 동안 전공을 아홉 번 바꿨다고 생각해 보자. 제대로 된 학습이 가능할까? 그렇지 않을 것이다. 조직이 경영이나 리더십에 있어서 매번 '유행'을 좇아가고, 당장 극적인 결과가 나오지 않으면 그 방식을 포기하고 다른 유행을 좇는 식이다. 개인의 경우에는 직업, 취미, 목표 등을 지나치게 자주 변경하는 것도 이런 태도에 해당한다. 학습=시간+연습인데, 이런 상황에서는 충분히 시간을 들여 연습할 수 없다.

답에 집착하는 태도

어떤 질문에든 반드시 답을 가지고 있는 사람이 있을까? 우리 사회에는 답을 찾는 것 자체를 목적으로 하는 시스템이 만연해 있다. 이 시스템은 교육과정 전반에 걸쳐 통념으로 자리 잡고 있다. 어떤 질문에 대한 '답'이 적합한지 평가하는 과정을 '채점'이라고 부른다. 이와 반대로 최고의 '질문'을 평가하는 것으로 시스템을 바꾸면 어떨까? 교사 혹은 리더들이 모여 학생 혹은 구성원들의 질문에 귀를 기울이고, '최고'라고 판단되는 질문을 뽑아 실행에 옮긴다면? 새로운 학습의 장이 열리고, 학습하기 쉬운 환경이 조성되지 않을까? '배움'과 '앎'을 '답을 가지는 것'이라고 생각하는 한, 그런 세상으로 나아갈 수 없을 것이다.

다른 사람의 가르침에 대한 거부

이것은 불신과 직결되는 문제일지도 모른다. 신뢰하지 않는 사람에게 나를 가르칠 수 있는 권한을 허락할 리 만무하기 때문이다. 교사와 학습자의 관계는 학습자가 교사에게 자신을 가르치도록 허락해야만 성립된다. 허락하지 않는 것은 오만함, 즉 '어차피 다 아는 건데 이 사람이 뭘 가르칠 수 있겠어?'라는 믿음이나 기분과 관계가 있다. 어느 쪽이든, 학습은 전혀 시작되지 않는다.

모든 것을 지나치게 의미심장하게 여김

내 과거와 역사의 모든 국면에 엄청난 드라마와 무게와 의미를 부여하는 태도다. 나에게 일어난 일은 다른 어느 누구에게도 일어날 수 없는 일이며, 나는 이 이야기를 대단한 드라마로 여기며 살아가면서 거기에 막대한 무게와 의미를 부여한다. 우리가 경험을 (물론 손이 아니라 언어로) 붙잡는 방식은 새로운 것을 설계하는 데 필요한 정서적 공간을 만들어낼 수 있는지 여부와 큰 관련이 있다. 이때는 약간의 가벼움이 큰 도움이 될 것이다. 자기 자신을 비웃을 수 있는 능력은 학습의 좋은 친구다. 물론 앞으로 나아가기 위해 목적의식을 가지고 행동하는 진지함은 중요한 자질이다. 하지만 이때 말하는 진지함은 모든 일에 의미를 부여하는 의미심장함과는 다르다.

모든 것을 사소하게 여김

의미심장함의 반대말은 '사소함'이며, 진짜 문제를 다룰 수 있을 만큼 대화가 진지해지는 것을 꺼리는 태도다. 누가 중요한 이야기를 꺼내려는 순간에 농담을 하거나, 유머를 섞어 끊임없이 화제를 돌리는 식으로 드러난다.

자신의 평가나 판단을 영구히 바꾸지 않음

자신과 타인, 그 밖의 모든 것에 대한 평가(의견)를 업데이트하지 못하는 것도 학습을 가로막는 장벽이다. 이런 태도는 보통 의견을 해석이 아니라 진실이라고 믿기 때문에 비롯된다. 다른 말로 하면, 무언가에 대한 의견을 '갖는 것'과 무언가가 내 의견이 '되는 것'의 차이를 모르는 것이다. 마치 20년 전에 지구온난화에 대해 가졌던 의견을 새로운 데이터를 보거나 자신과 다른 의견에 귀 기울이지 않은 채 고수하는 것과 같다. 자신의 의견을 하나의 의견으로 인식조차 못 하기 때문에 바꿀 수 없는 것이다. 특히 빠르게 변화하는 시대에 이런 태도는 학습의 높은 장벽이 된다.

'나는 원래 ○○를 못해'라는 믿음

우리 각자가 생물학적 선천성을 가지고 이 세상에 태어났다는 사실을 부정할 생각은 없다. 하지만 많은 경우 그것이 학습에 방해가 되지는 않는다. 반면 '나는 결코 기하학을 배울 수 없다.'는 믿음은 기하학의 영역에서 새로운 행동을 취할 수 없다는 확고한 선입견으로 실생활에서 나타난다. 그 믿음은 내 새로운 행동을 제약하는 맥락이 된다. 학습에는 시간과 연습이 필요하기 때문에, 이런 믿음을 가진 내가 기하학 분야에서 성과를 내지 못하리라는 것은 쉽게 예측할 수 있다. 이 믿음이 "거봐, 내가 기하학은 절대 못 배운다고 했잖아."라고 말하는 핑계가 될 수 있을까? 결코 아니다. 나는 사실 **아무것도 하지 않았기 때문**이다.

믿음과 결과, 어느 것이 먼저일까? 나는 믿음이 먼저라고 생각한다. 그리고 이 믿음은 언어 속에서 생명을 얻는다. 믿음은 이야기이자 해석으로 우리 기분에 영향을 미친다. 우리가 행동을 취하지 않는 뿌리 깊은 맥락으로 작용해 학습을 가로막는 큰 장벽이 된다. 행동이 없으면 결과도 없다. 마술이 아니라 인과다.

또 다른 예를 들어보자. 연로한 부모님께 스마트폰 사용법을 가르쳐 드리다가 이런 말을 들어본 적이 있지 않은가? "나는 늙어서 그런 거 못해. 이런 건 젊은 사람들이나 하는 거지. 늙은이가 뭘 알겠어." 이러한 해석은 무언가를 학습하는 데 필요한 실제 연습과 행동에서 우리를 멀어지게 한다. 스마트폰 사용법을 배우려면 우선 화면을 터치해야 한다. 반대로 생각하면, 아이들은 사용법을 배우지 않고도 바로 화면을 여기저기 터치하고 마음대로 만지작거리면서 오히려 더 빨리 습득할 수 있는 것이다.

물론 이런 현상은 비단 수학이나 스마트폰에만 국한된 것이 아니다. 우리는 항상 새로운 결과를 얻기 위해 이전에 해보지 않은 일을 해야 하는 상황에 직면하게 된다. 믿음은 우리가 세상을 바라보는 매우 강력한 필터다. 믿음은 우리가 어떤 행동을 지향하거나 지양하는 데 영향을 미친다. 다시 '빅아이'로 돌아가서, 우리 대부분은 이 사실을 잘 인식하지 못한다.

이런 종류의 믿음은 겉으로 잘 드러나지 않는데, 그러는 한 우리는 아무것도 할 수 없다. 우리가 그 믿음을 알아채고 자세히 들여다보기까지, 우리가 믿음을 지배하는 것이 아니라 믿음이 우리를 지배한다. 삶의 변화를 돕는 코치로서 나의 역할은 이런 점에서 사람들을 돕는 것이다. 오랫동안 숨어 있거나 보이지 않던 믿음을 발견하고 구체화하는 과정은 다른 설계를 할 수 있는 강력한 출발점이 된다.

학습 영역으로서의 '신체'를 망각함

우리는 앞에서 이미 학습은 머리보다 몸에서 이루어진다는 것을 살펴보았다. 학습의 정의 중 하나인 '학습=시간+연습'을 떠올려 보자. 연습을 하지 않는 것은 몸을 움직이지 않는 것과 같다. 연습이 없으면 결과도 없다. 지금까지 우리는 '머리로 배우는 것'과 '암기하는 것'에 지나치게 집중한 나머지, 학습은 새로운 행동을 하는 능력이며, 배워야 할 것을 '실행'하는 과정이 필요하다는 사실을 잊고 있었을 뿐이다.

여러분 각자의 삶에서 지금까지 살펴본 학습의 적들을 찾아보자. 여러분의 앞에 나타나 여러분의 길을 가로막는 학습의 장벽을 나열해 보는 것만으로 가치가 있을 것이다. 이 책의 이어지는 장들에서 어떻게 새로운 행동을 취하며 앞으로 나아갈 수 있는지를 탐구하면서 이 장벽들을 다시 언급하게 될 것이다.

학습의 친구

이제 몇몇 학습의 친구들을 살펴보자. 학습의 유형과 관계없이 큰 도움을 줄 수 있는 방법들을 소개한다.

"모르겠습니다."라고 기꺼이 선언할 의지

"모르겠습니다."라고 선언하는 능력은 아마 학습의 가장 소중한 친구일 것이다. 이 적극적인 선언 행위를 통해 학습이 가능한 맥락이 생겨난다. 앞서 말했듯이, 이 '모른다'는 선언은 학습의 반대가 아니라 출발점이자 첫걸음이다. 어른이 되면 이것이 어렵게 느껴진다. 나도 컨설팅 커리어를 시작한 초창기에는 그랬다. 대형 컨설팅 회사의 컨설턴트로 한동안 일하다 보니, 모든 사람이 묻는 것을 다 알고 있어야 한다고 생각했다. 당연히 내가 모든 것을 알 수는 없기 때문에 상당히 괴로웠던 기억이 있다. 하지만 몇 년이 지나니, 업무 관계에서든 사적인 관계에서든 '아직 모르는 것'을 솔직하게 인정할 때 더 강한 신뢰가 쌓일 수 있다는 것이 더욱 분명해졌다. 실제로 무언가를 배울 수 있는 가능성도 높아진다. 또 한 가지 부수적인 장점은 이 방법이 편안함을 준다는 것이다.

그런데 여기에 한마디를 더해서 "잘 모르겠으니 다음 주 토요일까지 알아보겠습니다."라고 한다면 말의 성격이 완전히 달라진다. 이 말은 약속이기 때문에 내 공적 정체성을 손상하지 않으려면 반드시 이행해야 한다. 그러므로 약속 이전에 내가 모른다는 것을 처음 인식한 바로 그 순간에 "모르겠습니다."라고 말할 수 있는지가 중요하다. 그러나 우리 대부분은 이런 상황에서 이 간단한 한마디를 잘 꺼내지 못한다. 연습해 본 적도 없고, 선언하는 능력을 개발한 적도 없기 때문이다.

내가 좋아하는 표현이 있다. "성공은 학습을 가로막는 장애물이다." 무슨 뜻일까? 어떻게 성공이 마냥 좋은 게 아닐 수 있을까? 그러나 우리 주변을 둘러보면, 어느 분야에서 성공한 뒤로 학습과 완전히 담을 쌓고 사는 사람들을 어렵지 않게 찾을 수 있다. 그들은 결코 모른다고 말하지 못하는 저주에 걸렸다. 자신이 알아야 할 모든 것을 이미 알고 있다고 자부한다. 자신이 현재 위치에 오를 수 있도록 과거에 했던 일이 미래에도 자신을 원하는 곳으로 데려다주리라 확신한다. 그럴 수도 있지만, 끊임없이 변화하는 시대에는 그렇지 않을 가능성이 높다.

경청

무언가를 배우고 싶다고 선언하고는 주변 사람들의 이야기를 전혀 듣지 않고, 관심도 보이지 않는 사람을 상상해 보자. 그런 사람이 배우는 모습을 상상하기란 매우 어렵다. 다양한 상황에서 경청의 여부와 그 방법은 학습과 밀접한 관련이 있다. 다음 장에서 경청에 대해 자세히 다루겠지만, 여기서는 경청이란 단순히 객관적인 정보를 수동적으로 받아들이는 것이 아니라 능동적이고 생성적인 것으로서 학습에 대한 강력한 동기부여로 작용할 수 있다는 점을 우선 염두에 두자.

개방하고 수용하는 자세

'학습에 대한 개방성'이 '학습에 대한 폐쇄성'보다 더 효과적이다. 여기서 말하는 '개방'과 '폐쇄' 역시 물리적 개념이 아니라, 내적 대화, 경청, 마음의 유연성, '털어버리는' 능력, 새로운 것을 배울 기회를 제공할 수 있는 타인의 관점을 받아들이는 능력 등의 은유이다. 이런 태도에서는 무언가를 더 깊이 안다고 해서 자동으로 거기에 동의한다는 뜻은 아니다. 더 많은 질문을 던지고 가능성을 추측하며 탐구하는 행동에는 개방성이 필요하다.

존중과 존경

존경하거나 동경하는 사람에게서 배우는 것이 그렇지 않은 사람에게서 배우는 것보다 더 효과적일까? 대부분이 그렇다고 대답할 것이다. 그렇다면 '존경하는 사람'의 수를 늘릴 수 있을까? 나는 가능하다고 생각한다. 우리는 원하는 목적에 맞게 학습을 위한 태도, 기분, 마음가짐을 설계할 수 있다. 이에 대해서는 나중에 자세히 설명하기로 한다.

의문을 해결하려는 의욕

나는 이 태도가 특히 마음에 든다. 여러분의 모든 의문이 이미 스스로 가정하거나 전제하고 있는 사실을 기반으로 하고 있다는 것을 알아차린 적이 있는가? 어떤 질문도 그 자체로 '객관적'이거나 '유효'하지 않고, 항상 그 밑에는 우리가 이미 가정하고 있는 사실이 깔려 있다. 이를 직관적으로 깨닫는 법을 나는 훌리오 올라야에게 배웠다. "태양이 지구 둘레를 공전하는 데 걸리는 시간은 얼마입니까?" 이 질문에서 나는 무엇을 전제하고 있을까? 태양이 지구 둘레를 공전한다고 전제하고 있다. 오랜 시간 동안 인류의 대부분이 사실로 받아들였지만 틀린 전제다. 또 다른 예를 들어보자. "대체 존한테 무슨 문제가 있는 거지?" 이 질문에서 나는 무엇을 전제하고 있을까? 존이 무언가 잘못되었다고 전제하고 있다. 무의미하거나 사소한 전제도 있지만, 때로는 전제가 전부이기도 하다.

의문에 의문을 제기하는 능력, 의문의 전제를 당연하게 여기지 않고 의도적으로 명시적이고 명백하게 검토하는 능력은 학습의 강력한 친구다. 관찰자인 나, 내 어떤 부분에서 이런 의문이 기인할까? 나와 같은 상황에 있는 너는 왜 다른 질문을 할까? 이것이 흥미로운 지점이다. 여기까지 도달했다면 우리는 학습에 큰 도움이 되는 공간에 있는 셈이다.

호기심과 탐구심

기분 또는 분위기에 관해서는 앞에서 잠깐 살펴보았다. 사람에게는 기분이 있다. 조직, 가족, 인간관계에는 기분이 있다. 지역, 국가, 시대에도 기분이 있다. 기분은 학습과 매우 밀접한 관련이 있다. 예를 들어, 낙관적인 기분과 냉소적인 기분은 학습에 대한 태도와 '지향점'에서 큰 차이를 낳는다. 그에 따라 우리가 실제로 취하는 (혹은 취하지 않는) 행동, 나아가 우리가 달성하는 (혹은 달성하지 못하는) 결과에 절대적인 영향을 미치게 된다. 중요한 사실은 우리가 이를 인식조차 하지 못하는 경우가 많다는 점이다.

예를 들어, 이 책을 읽을 때 여러분의 기분은 책의 내용을 해석하고 방향을 잡는 방식, 물러나서 자신을 관찰하고 자신의 행동이 특정 결과에 영향을 미치는 상황을 인정할 수 있는지 여부 등을 좌우한다. 여러분의 기분이 학습 정도에 직접적으로 영향을 미치는 것이다. 한편 내가 이 책을 구성하고 집필할 때의 기분은 개요를 설계하는 방식, 타인의 피드백을 수용하고 건설적인 비판을 활용해 가독성 있고 유용한 책을 만들려는 시도와 더불어 글을 계속

써나갈 수 있는 능력에 큰 영향을 미친다.

기분은 거의 모든 행동을 수행하는 데 절대적인 영향을 미치는데, 이에 대해서는 뒤에서 좀 더 자세히 설명할 것이다. 행복에 대해 이야기하려면 이 주제를 다루지 않을 수 없다. 우선 여기서는 몇 가지 특정 기분과 그것이 배움에 미치는 영향을 살펴보자.

지루함을 느끼는 사람의 내면에서는 어떤 대화가 이루어지고 있을까? 아마 이런 식일 것이다. '여기서는 새로 배울 게 하나도 없어. 재미도 없고 나한테 쓸모도 없는 것들뿐이야. 뭐든 나는 관심 없어.' 지루함을 느끼는 사람이 학습 능률이 떨어지는 것은 전혀 우연이 아니다. 그들의 내면에서 이루어지는 대화가 학습에 전혀 도움이 되지 않기 때문이다.

한편 **혼란**은 다음과 같은 내적 대화에서 비롯된다. '무슨 일이 일어나고 있는지 모르겠어, 그냥 다 싫다. 내가 이해 못 하는 건 별

기분과 학습

비학습 ← 혼란 · 야망 → 학습

지루함 · 당혹감 · 경이로움과 경외감

로야. 납득할 수 없어. 이러면 안 되는데⋯⋯.' 이 기분 상태에서는 자신이 무언가를 이해하지 못하는 것이 얼마나 '잘못'됐는지 생각하는 데 많은 에너지를 쏟는다. 그러면서 학습은 자연히 뒤로 밀려난다.

지루하거나 혼란스러워서는 안 된다고 말하는 것도, 지루하거나 혼란스러운 것이 나쁘다고 말하는 것도 아니다. 둘 모두 우리가 흔히 겪는 기분 상태다. 다만, 중요한 사실은 이런 기분으로 많은 시간을 보내는 것이 학습에 도움이 되지 않는다는 점이다.

학습에 도움이 되는 기분을 살펴보자. 우선 **당혹감**은 '주어진 주제나 상황에 대해 모든 것을 알고 있지는 않지만, 몰라도 괜찮다고 생각하는 상태'라고 정의할 수 있다. 이는 '혼란'에서 학습 쪽으로 한 단계 더 나아간 것이다. 내가 무언가를 모른다는 사실을 아는 것은 혼란과 같지만, 그래도 괜찮다고 생각하는 상태라는 점에서 혼란과 다르다. 모른다고 스스로를 비난하지 않는다. 모르는 것을 스스럼없이 받아들이는 태도는 다음 단계로 넘어가기 위한 출발점이다. 혼란보다 누그러진 태도인 당혹감은 학습의 문을 열게 한다.

혼란과의 차이를 알겠는가? 이 방향성, 기분 상태, 내적 대화는 개방성, 수용성을 가져오고 학습의 가능성을 높여준다. 많은 사람이 혼란에서 당혹감으로 전환되는 과정을 직접 경험해 보았을 테지만, 둘을 명확히 구분해 부르지 않았을 수도 있다. 이해할 수 없는 새로운 것에 당황하고 짜증이 날 때, '그래, 지금부터 알아가면 돼. 우선 긴장을 풀고 천천히 살펴보자. 분명 괜찮을 거야.'라고 생각하면 된다. 모른다고 자신을 탓하거나, 다른 사람이나 사물이나 자신의 처지를 탓하거나, 너무 심각하게 받아들이거나 하는 일을 모두 그만두면 된다. 혼란에서 당혹감으로의 전환은 '몰라도 괜찮다'는 수용에서 시작된다. 이러한 기분 변화는 내적 대화의 변화로 직결되며, 학습 가능성의 변화로 이어진다.

여기서 한 단계 더 나아가면 **경이로움과 경외감**으로 이어진다. 이 단계의 내적 대화는 이런 식일 것이다. '무슨 일이 일어나고 있는지 모르겠다. 이 얼마나 멋진 일인가! 나는 아직 완전히 이해하지 못했는데, 이 얼마나 멋진 기회인가?' 이 둘은 가능성과 미지의 세계를 받아들이고, 거기서 깊은 기쁨과 존재 자체에 대한 큰 감사를 느끼는 기분 상태라고 할 수 있다. 어린이들이 세상을 어떻게 바라보는지 생각해 보자. 그리고 그들이 얼마나 지식을 스펀지처럼 흡수하는지도 생각해 보자. 이는 우연이 아니다.

알면 보이고, 보이면 가능성이 생겨난다

식별의 개념과 그 힘

'학습'에 관한 이 장의 마무리로 '식별distinction'을 소개하고자 한다. 여기서는 우리 각자가 가지고 있는 특별한 식별이 어떻게 특정 대상을 관찰하고 특정 행동을 취하는 능력과 직결되는지에 초점을 맞춘다. 그런 다음 몇 가지 새로운 차이점을 공유하면서 계속 살펴볼 것이다.

이 개념은 우리가 눈을 떴을 때 보는 것이 사실 '외부'에 있는 것보다 우리 '내부'에 있는 것에 훨씬 더 가깝다는 사실을 이해하는 매우 강력한 해석이다. 그리고 우리가 보는 것이 중요한 이유는 이러한 관찰을 통해 행동을 취하고, 행동을 통해 결과를 만들어내기 때문이다. 여기서 우리는 학습과 언어 사이의 또 다른 강력한 연관성을 분명하게 확인할 수 있다.

출발점으로서 식별은 사물에 대한 단순한 정의나 이름 붙이기로 보기보다는 개념이나 아이디어 또는 용어로 볼 수 있다. 식별의 힘은 다음과 같이 요약할 수 있다.

- 어떤 영역에서든 다른 사람이 보지 못하는 것과 우리가 이전까지 보지 못했던 것을 보게 해준다.
- 그 영역에서 남들이 보지 못하는 것을 보면, 남들이 할 수 없는 일을 할 수 있다.
- 주어진 영역에서의 식별 = 그 영역에서 효과적인 행동을 할 수 있는 능력.
- 식별 없음 = 효과적인 행동을 할 수 없음.
- 새로운 식별 = 새로운 행동력.

• 새로운 결과를 얻기 위해서는 새로운 행동이 필요하다.

산림관리, 자동차 정비, 리더십 등 어떤 분야에서든 식별은 그 이전에는 불가능했던 행동과 결과를 가능하게 한다. 우리 각자가 진정으로 완전히 새로운 행동을 할 수 있는 능력을 키운다. 다음 표에서 몇 가지 예시를 살펴보자.

식별	가능한 행동들
산림관리의 영역	
소나무, 참나무, 단풍나무, 작살나무, 칼루나, 팔손이나무, 다양한 번식 방법, 부식토, 지의류, 깍지벌레, 밀웜, 양날 전지가위	• 2년생 팔손이나무의 효과적인 원추형 가지치기 • 비료를 사용하지 않은 칼루나의 성공적인 번식 • 첫 봄철 부화한 밀웜 개체를 적절히 방제함(팔손이나무에 피해를 입히지 않고)
자동차 정비의 영역	
전자식 트랜스퍼 케이스, 퓨즈 릴레이 박스, 토크 락, 브레이크 변속 인터록 시스템, 연료 솔레노이드 밸브, 인젝터, 퓨즈 블록 버스바	• 토크 락으로 인한 소음을 효과적으로 감쇄함 • 퓨즈 블록 버스바를 정상적으로 재장착함 • 전자식 트랜스퍼 케이스를 안정화함 • 연료 솔레노이드를 점검하고 필요 시 수리 또는 교체함

언어의 영역
평가, 단언, 선언, 요청, 제안, 약속, 분위기 또는 기분, 경청, 듣기, 공적 정체성, 관찰자, 학습, 초심자, 결과 중심 대화	• 효과적인 관계를 형성하고, 관계를 '깔끔하게' 유지함 • 관계, 분위기, 미래의 상호작용이 더 긍정적으로 발전할 수 있도록 문제를 해결함 • 자신의 공적 정체성 관리: 세상에서 자신이 어떻게 '보일지'를 주도적으로 설계함

효과가 보이는가? 어떤 분야든 새로운 식별을 배우고 익히면 이전에 보이지 않던 것을 볼 수 있고, 이전에 할 수 없었던 일을 할 수 있다. 이는 이전에는 보이지 않던 것을 말 그대로 '볼' 수 있다는 의미다. 반대로 말하면 보이지 않는 세계에는 어떠한 개입이나 영향을 미칠 수 없다는 뜻이기도 하다.

앞에서 예시로 든 산림관리라는 영역을 좀 더 살펴보자. 한 방에 많은 사람이 있고, 그중 한 사람이 전문 산림관리자라고 가정해 보자. 그리고 그 방에서 모두가 유리창 너머로 눈앞에 펼쳐진 광활한 숲을 바라보고 있다고 해보자. 내 생각은 이렇다. 산림관리자의 눈과 우리의 눈은 구조적으로 차이가 없다. 그러나 산림관리자가 보는 것은 여러분과 내가 보는 것과 완전히 다르다. 즉, 나에게는 단순히 작은 나무, 큰 나무 등이 보일 뿐이지만, 산림관리자에게는 이차림에서 성장한 단풍나무의 울창하게 우거진 가지 아래 덜 자란 팔손이나무와 붉은참나무 외피에 충해를 입히는 깍지벌레의 창궐 가능성, 다 자란 중간 키의 낙엽송과 바닥을 덮은 양치류가 조화롭게 어우러진 모습 등을 볼 수 있을 것이다.

이는 매우 중요한 차이다. 왜냐하면 산림관리자는 나무의 영역에서 내가 보지 못한 것을 보고, 따라서 내가 할 수 없는 일을 할 수 있기 때문이다. 내가 나무를 베어버릴 줄이나 알 때, 산림관리자는 수령 2년인 병든 단풍나무를 적절한 조치로 살릴 수 있다. 이 것이 그 산림관리자가 다른 사람보다 모든 면에서 더 똑똑하다는 의미는 아니다. 하지만 적어도 나무에 관해서는 다른 사람보다 더 효과적인 행동과 바람직한 결과를 만들어낼 수 있는 능력이 있는 것만큼은 분명하다. 그게 바로 식별의 힘이다.

어떤 영역에서든 관찰 내용의 차이는 관찰자가 가진 식별에서 비롯된다. 그리고 이러한 식별은 언어 속에 살아 있다. 만약 여러분이 내게 여러분의 일을 어떻게 하는지 가르쳐 준다면, 그게 바로 식별을 가르쳐 주는 것이다. 모든 분야의 학습은 교사가 학습자에게 식별을 제공하고, 학습자가 식별을 습득하는 과정이라고도 할 수 있다. 지금까지 살펴본 내용을 정리하면 다음과 같이 나타낼 수 있다.

어떤 분야에 대한 식별이 없다＝그 분야에서 목적에 맞게 행동할

수 있는 능력이 없다.

어떤 분야에 대한 새로운 식별이 있다 = 그 분야에서 목적에 맞게 행동할 수 있는 새로운 능력이 있다.

만약 내가 앞의 산림관리자에게 식별을 새롭게 배운다면, 다음에 숲을 걸을 때는 숲이 다르게 보일 것이 분명하다. 나무들은 변하지 않았지만, 내가 바깥을 바라볼 때 보이는 것이 완전히 달라지는 것이다. **내 '세계'가 바뀐 것이다. 내 '가능성'이 바뀐 것이다.** 이것이 바로 식별의 힘이고, 식별이 우리의 행동력에 미치는 영향이다.

평소에 우리는 '지식이 없어서 못한다'는 식의 표현을 종종 쓰는데, 엄밀하게 말하면 부족한 것은 식별이다. 그러므로 그 영역에서 어떤 행동을 취하고자 할 때 첫 번째 단계는 당연히 식별을 익히는 것이다. 그래야만 내 능력에 대한 기준을 설정하고 학습에 들어갈 수 있다.

식별과 혁신의 관계

우리는 '눈으로 본다'고 말하지만, 어쩌면 '식별을 통해 관찰한다'는 표현이 더 알맞을 것이다. 서로 다른 식별을 가진 사람들은 서로 다른 세상에 살고 있다. 여러분과 내가 나란히 길을 걸어가더라도 같은 것을 보지는 않을 것이다. 우리가 무엇을 관찰하고 무엇을 알아차리느냐는 우리의 식별에 달려 있기 때문이다. 그리고 이러한 식별은 언어 속에 있다.

혁신innovation도 식별과 관련이 있다. 가파르게 변화하는 오늘날, 개인과 조직 모두에게 혁신이 중요하다는 점은 많은 사람이 인정할 것이다. 혁신한다는 것은 기존의 식별을 새로운 식별로 대체해 반복적으로 발생하는 문제나 지금까지 대처할 수 없었던 상황에 대처할 수 있도록 하는 것이다. 그리고 그 새로운 식별에 적응해서 그것을 한동안 활용하다 보면 새로운 문제나 상황이 발생하게 되고, 그러면 다시 새로운 식별을 고안하는 식으로 혁신의 과정이 반복된다.

지금까지 우리는 언어적 식별, 즉 언어 속에서 만들어지고 살아 있는 식별에 대해 이야기했다. 그러나 한편으로 식별은 시간과 연습을 통해 우리의 신체로 익히는 것이기도 하다. 예를 들어, 내 친구 마이크가 낚시 경험을 들려준 적이 있는데, 친구는 물고기를 낚아 올릴 때 느껴지는 감각의 차이로 연어와 무지개송어를 구별할 수 있다고 했다. 두 종류의 물고기를 모두 잡아본 나도 이 말에 동의하며, 낚시를 해본 사람이라면 대부분 비슷한 말을 할 것이다. 몇 초 만에 우리 몸은 그 둘의 식별을 몸으로 학습하게 되는 것이다.

낚시할 때, 수동변속기 차량을 운전할 때, 지진이 잦은 지역에서 살 때, 악기를 연주하거나 춤을 출 때, 수술을 할 때, 야구를 할 때 등 수많은 상황에서도 마찬가지다. 식별은 학습되어 우리 몸 안에 살아 있다. 그리고 시간과 연습을 통해 우리는 그 식별을 인식하고 무의식적으로 사용할 수 있게 된다. 어떤 분야에서 매우 뛰어난 능력을 가진 사람이 "초보자를 가르치기가 제일 어렵다."고 토로하는 것은 바로 이 때문이다. 그들은 그 식별을 깊이 체득하여 무의식적으로 사용하기 때문에 자신들이 실제로 '어떻게' 하고 있는지를 명확히 알 수 없는 것이다.

내가 이어질 장에서 하려는 일은 산림관리보다, 자동차 정비보다 더 거대하고 포괄적인 영역, 즉 **언어**라는 영역에서 식별을 제공하는 것이다. 내 주장은 다음과 같다.

언어에서의 식별, 즉 언어 자체를 생성적이고 창조적으로 바라보는 해석은 우리 삶의 거의 모든 측면에서 새로운 결과를 설계하고 창조할 수 있는 토대가 된다.

북아메리카 원주민 소설가 레슬리 마몬 실코는 『의식』에서 이 힘, 즉 새로운 세계와 새로운 가능성을 불러오는 식별과 언어의 창조적 힘에 대해 보다 보편적인 인식을 보여주며 다음과 같이 썼다. "생각하는 여자, 거미가 사물에 이름을 붙이자, 그 사물이 비로소 나타났다."[2] 이 책에서 우리가 어떤 대상에 이름을 붙이면, 그 과정에서 새로운 가능성이 생기는 것이다!

요점 및 새로운 해석

● 학습은 인생에서 새로운 결과를 만들어내고자 하는 사람들에게 반드시 필요하다. 평생에 걸쳐 계속 배우는 것은 개인의 행복과 직결된다.

● 학습은 우리의 언어와 중요한 방식으로 연결되어 있다.
  - 마음속으로든 소리 내서든 "모르겠습니다."라고 말할 수 있는 능력은 스스로 학습의 계기를 만드는 첫 번째 단계다. 그것은 새로운 맥락, 이전보다 더 학습이 활발히 이루어질 수 있는 맥락을 만들어낸다.
  - 학습의 많은 장벽은 물리적 장벽이 아니다. 우리를 마비시키고 실천에서 멀어지게 하는 해석과 믿음이라는 형태의 언어적 장벽이다.
  - 학습이란 어떤 영역에서든 새로운 식별을 습득하는 것이다. 이러한 식별은 언어 속에 살아 있다.

● 학습은 우리 몸과 중요한 방식으로 연결되어 있다.
  - 학습＝시간＋연습이다.
  - 학습은 몸에서 이루어진다.
  - 무언가 '하는 것'을 배우기 위해서는 몸으로 체화하는 과정이 필요하다. 무엇에 '관해' 배우는 것은 이 과정이 필요치 않다는 점에서 다르다.

● 학습은 우리의 기분이나 감정과 중요한 방식으로 연결되어 있다.
  - 학습에 도움이 되는 기분이 있고 도움이 되지 않는 기분이 있다.
  - 당혹감, 수용, 야망 등은 지루함, 원망, 혼란 등의 기분이나 감정보다 훨씬 더 학습에 도움이 된다.

새로운 행동의 가능성을 찾아라!

1. **빅아이**: 학습에 대해 스스로에게 어떤 이야기를 하고 있는가? 자신의 변화하는 능력, 즉 새로운 분야에서 경쟁력을 쌓는 능력, 적응하는 능력, 새롭고 더 나은 결과를 만들어내는 능력에 대해 스스로 어떻게 평가하고 있는가?

_____

_____

_____

_____

2. 2장 2번에서 적은 사례에서, 인간관계나 상황을 개선하기 위해 무엇을 배울 수 있을까?

_____

_____

_____

_____

3. 마음속으로든 혹은 다른 사람에게든 특정 영역에서 자신이 초심자임을 선언했던 적이 있는지 떠올려 보자. 그 결과로 무엇을 배웠는가? 그런 적이 한 번도 없다면 지금부터 초심자 선언을 할 수 있는 영역이 무엇일지 생각해 보자. 그로 인해 어떤 결과를 얻을 수 있을까?

_____

_____

_____

_____

4. 앞에서 살펴본 학습의 장벽들 중 자신에게 해당되는 것들은 무엇인가? 목록을 작성하고 구체적인 내용을 기록해 보자. 이 답변은 다음 장에서 참고할 것이다.

_____

_____

_____

_____

5. 앞에서 살펴본 학습의 친구들 중 자신에게 해당되는 것들을 떠올려 보자. 주변에 도움을 청할 만한 사람들도 떠올려 보자.

_____

_____

_____

_____

6. 여기서 배운 것, 깨달은 것을 주변 사람들과 공유하고 그들의 관찰과 관점에 귀를 기울여 보자.

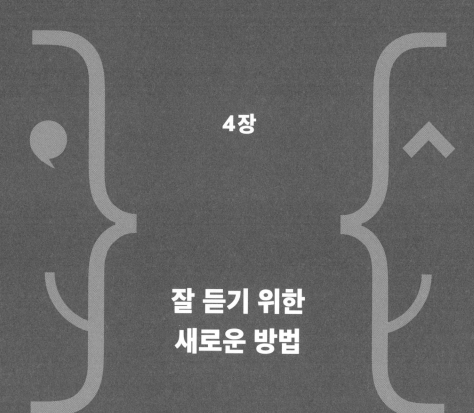

4장

잘 듣기 위한
새로운 방법

Language
and the Pursuit of
Happiness

"우리가 여기서 얻은 것은······ 소통의 실패다."[1]

— 보스 맨, 「쿨 핸드 루크」

대화는 우리가 의사소통을 하고, 일을 진행하고, 서로 관계를 맺는 방법, 즉 '말하기'와 '듣기'로 이루어진다. 말하기와 관련된 새로운 해석을 살펴보기 전에 '경청listening'과 '듣기hearing'에 대해 알아보자. 이 둘의 차이점을 살피는 일은 우리가 지금 보이지 않는 것을 봄으로써 지금 할 수 없는 일을 할 수 있도록 도와줄 것이다. 이런 상황에서 자신을 바라보고 자신에게 무슨 일이 일어나고 있는지 파악하는 '빅아이' 근육을 계속 단련하는 것을 잊지 말자.

먼저 몇 가지 예시를 생각해 보자. 팀원이든 자녀든 여러 사람에게 한자리에서 똑같은 지시를 내렸는데 누군가는 이런 방향으로 하고 누군가는 저런 방향으로 한 일이 있었는가? 왜 그런 일이 일어날까? 또는 반대로 여러분과 직장 동료가 같은 회의에 참석해 상사로부터 어떤 공지나 지시를 들었는데, 회의가 끝나고 이야기를 나누어 보니 두 사람이 상사의 말을 완전히 다른 시각으로 다르게 이해한 적은 없었는가? 어머니나 아버지가 한 말을 다르게 기억했던 적은? 남에게 오해를 받거나 여러분이 남을 오해한 적이 있는가? 왜 이런 일이 일어날까? 이런 일들을 어떻게 설명할 수 있을까?

그렇다면 이런 상황에서 누군가는 들었고 누군가는 듣지 않았다는 뜻일까? 누군가는 '바르게' 알아듣고 누군가는 '잘못' 알아들은 것일까? 누군가는 '이해'하고 누군가는 '오해'하고 있을까? 아니면 이 현상을 다르게, 좀 더 강력하게 바라볼 수 있는 방법이 있을까? 이 질문에 답하기 위해 나는 다음과 같은 중요한 차이를 여러분에게 소개하고자 한다.

'경청'과 '듣기'는 전혀 다른 것이다!

우리는 이미 이 사실을 알고 있다. 하지만 여기서는 다른 방향으로 조금 더 살펴보려고 한다. '경청'과 '듣기'는 둘 다 현실이며, 둘 다 존재하지만 같은 것은 아니다.

- '경청'과 '듣기'는 전혀 다른 현상이다. 이 책에서 우리가 둘을 어떻게 부르느냐는 중요하지 않다. '타코'와 '브리토'라고 불러도 그만이지만,

분명한 사실은 하나는 '생물학적' 현상이고, 다른 하나는 '언어적' 현상이라는 점이다.

• 이 책에서 말하는 듣기란 생물학적인 경험으로, 고막이 공기의 진동을 속귀로 전달할 때 일어나는 것이다. 듣기는 음파와 몸의 구조, 즉 물리학과 생물학에 관한 것이다. 청각에 장애가 있는 사람은 장애가 없는 사람과 다른 생물학적 특징을 가지고 있다.

• 이 책에서 말하는 경청이란 언어적인 현상이며, 언어 속에 존재한다. 경청은 능동적 해석이며, 스스로에게 들려주는 능동적 스토리텔링이다. 객관적인 정보를 수동적으로 받아들이는 것이 아니라 이야기를 구성하고, 전개하고, 주어진 말이나 행동에 대한 해석을 만들어내는 것이다. 경청은 의미가 만들어지는 곳이며, 의미는 중요하다.

• 많은 상황에서 중요한 것은 무엇이 말해지느냐가 아니라 무엇을 듣느냐다. 어떤 해석이 나오느냐가 중요한 것이다. 생각해 보자. 앞서 예시로 든 상황에서 상사나 부모님이 실제로 어떤 말을 했는지보다 중요한 것은 듣는 사람들이 그 말을 어떻게 해석했느냐다. 그리고 그 해석은 우리 각자에게 달려 있다.

잘 듣는다는 것은 무엇인가

계속해서 '경청'에 대해서 알아보자. 혹시 다른 사람의 이름을 잊어버린 경험이 있는가? 처음 만난 사람의 이름을 듣고는 몇 초 만에 잊어버린 적은? 왜 그런 일이 일어날까? '주의력이 부족했다.', '관심이 별로 없었다.', '다른 생각을 하고 있었다.' 등 여러 가지 이유를 들 수 있다. 그런 견해에 반대하진 않지만, 나는 다른 관점을 소개하고자 한다. 많은 경우 우리가 **엉뚱한 대화**를 듣고 있기 때문이다! 자신의 내적 대화에 귀를 기울이느라 상대방의 이름조차 듣지 못하는 것이다. 우리는 누군가와 대화를 나눌 때도 머릿속으로 끊임없이 생각을 한다. '그가 내 헤어스타일을 어떻게 생각할까?', '오늘 밤 야구 경기는 어떻게 될까?', '아, 배고프다.', '어, 저기 실라가 오고 있잖아.', '만만하게 보이면 안 되는데.'…….

이런 경우 대화하는 사람은 두 명이지만, 사실상 세 가지 대화가 이루어지고 있는 셈이다. 하나는 공적 대화, 즉 녹음기로 녹음해서 나중에 재생할 수 있는 외적 대화다. 나머지 둘은 사적 대화, 즉 각자가 자신의 내면과 나누는 내적 대화다. 외적 대화는 우리가 **듣는** 것이고, 내적 대화는 우리가 **경청하는** 것에 가깝다고 할 수 있다.

경청에 관한 또 하나의 관찰을 소개한다. 응답할 의도로 하는 경청과 이해할 의도로 하는 경청은 다르다는 것이다. 누군가 하는 말을 들을 때, 이미 머릿속으로 어떻게 대답할지를 짜맞추고 준비하는 사람이 얼마나 많은가? 이를테면 상대가 이야기를 하는 도중에 반쯤 듣고는 스스로에게 이렇게 말하는 식이다. '네가 입을 다물자마자 내가 하고 싶은 말을 할 수 있는데…… 네가 조용히만

하면 내가 아주 좋은 지적을 할 수 있는데…… 어서, 어서, 끝내라고!' 그러다 보면 상대의 말을 완전히 놓치기 십상이고, 정작 내가 대답할 때쯤에는 속으로 준비했던 말이 무의미해졌을 가능성이 크다. 이해하려는 의도를 가지고 경청을 시작하는 첫 번째 단계는 우리가 마음속으로 이야기를 만들어내는 자동적 과정을 알아차리고, 그 목소리를 잠재우는 것이다. 연습하면 충분히 가능한 일이지만, 연습하지 않으면 불가능하다.

또 다른 경청법은 이른바 '상대방이 틀렸음을 증명하기 위한 경청'이다. 그렇게 경청하는 사람은 상대가 무엇이든 하나라도 틀린 말을 하기만 웅크리며 기다리다가 기회를 포착하자마자 덮칠 준비를 하는 식이다. 이러한 경청 방식은 화자의 발언 내용을 해석하는 데 큰 영향을 미친다. 또한 내적 대화로 바쁜 경우만큼이나 상대의 말을 완전히 놓칠 가능성이 높다. 게다가 반복해서 대화 중 상대의 실수를 지적해 버릇하는 사람은 시간이 지나면서 부정적인 공적 정체성을 형성할 위험이 높다.

이해를 위한 경청을 방해하는 또 한 가지는 신념belief이다. 여기서 말하는 신념이란 '어떤 사실에 대해 더 많은 정보를 찾아보는 것=그것에 동의하는 것'이란 생각이다. 나와 다른 의견을 열린 자세로 경청하고, 상대방이 자신의 의견을 자유롭게 공유할 수 있는 여지를 만들려면 노력이 필요하다. 다시 말하지만, 훈련이 중요하다. 그러면 설사 상대방의 이야기에 동의할 수 없을지라도, 내가 그 의견에 왜 동의하지 않는지에 대해 분명히 더 많은 정보를 얻을 수 있다.

이는 자신의 삶을 설계하는 데 관심이 있는 우리에게 매우 중요한 관찰 포인트다. 다시 한번 말하지만, 우리 각자가 경청하는 방식, 해석하는 방식, 내면의 이야기를 지어내는 방식은 실제로 발화된 말이나 일어난 사건보다 관찰자인 우리 자신과 더 큰 관련이 있다. 같은 말을 듣고, 같은 사건을 보고도 서로 다른 이야기로 받아들이는 것은 바로 이 때문이다. 무엇을 '경청하는가'가 중요하다. 경청은 어떤 상황을 해석하는 '틀'을 제공하고(물론 물리적 틀이 아니라 언어적 틀), 우리를 어떤 행동으로 이끌거나 그로부터 멀어지게 함으로써 특정 결과를 낳는다. 칠레의 철학자이자 정치가인 페르난도 플로레스는 경청의 힘을 이렇게 요약한다. "중요한 점은 아무런 힘도 만들어내지 못하는 해석을 멈추는 것이다."

우리는 서로 다른 말을 듣는다

이제 말하기 측면으로 넘어가서 효과적인 커뮤니케이션 모델에 대해 살펴보자. 아마 우리 중 상당수가 자라면서 원래 공학 분야에서 개발된 위 커뮤니케이션 모델에 익숙해졌을 것이다. 이 모델은 TV나 컴퓨터·디지털 커뮤니케이션에 적합하다.

이 전통적인 모델에서 발신자는 수신자에게 직접 신호를 보내고, 수신자는 전송된 신호를 수동적으로 받는다. 수신자가 신호를 복제할 수 있다면 효과적인 커뮤니케이션이 이루어졌다고 할 수 있다. '노이즈'나 왜곡 또는 데이터 손실 없이 전송된 신호를 정확하게 수신할 때 효과적인 커뮤니케이션이 이루어진 것으로 본다.

하지만 이 모델에는 큰 문제가 있다. 인간 현상을 이해하기 위해 점점 더 많은 기계적 은유를 사용하고 있지만, 이 모델은 '의미'에 대해 아무것도 말하지 않는다. 의미라는 요소를 빼고 어떻게 효과적인 인간 커뮤니케이션에 대해 이야기할 수 있겠는가? TV도 핸드폰도 의미에는 관심이 없다. 이러한 수신기의 관심사는 오로지 신호의 복제다. 그렇지만 우리 인간은 의미라는 것을 매우 중요하게 생각한다. 의미는 지금 우리가 이 책에서 함께 나누고 있는 이야기의 핵심이다.

인간은 화자speaker 또는 청자listener이지, 발신자와 수신자가 아니다. (적어도 아직까지는) 두뇌와 두뇌를 직접 연결해 데이터를 전송하지 않는다. 공학 기술의 데이터 전송 모델과 같은 직접적이고 선형적인 커뮤니케이션은 우리에게 불가능하다. 그렇다면, 즉 인

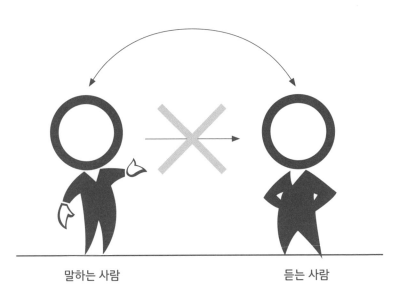

해석

말하는 사람   듣는 사람

류가 직접적인 방식으로 소통하지 않는다면, 우리는 무엇을 하고 있는 것일까? 어떻게 의사소통을 하는 것일까? 인간 커뮤니케이션의 핵심은 위 그림에서 보듯이 **해석**이다.

우리는 태어나서부터, 모든 상황에서, 항상 해석을 한다. 예외는 없다. 그렇다면 왜 나는 여러분과 다른 해석(경청)을 하게 되는 것일까? 화자의 말을 같은 공간 안에 있는 사람들이 서로 다르게 듣는 이유는 무엇일까? 똑같은 말을 듣고 사람마다 전혀 다르게 받아들일 때 무슨 일이 일어나는 것일까? 적어도 다음 세 가지가 우리가 듣는 방식에 직접적이고 강력한 영향을 미친다.

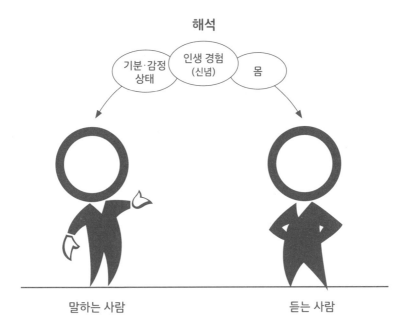

해석

기분·감정 상태 / 인생 경험(신념) / 몸

말하는 사람 　　　　　　　　듣는 사람

- 우리의 인생 경험(더 정확하게는 경험에서 나온 신념)

- 우리의 기분과 감정 상태

- 우리의 몸

신념이 해석에 미치는 영향

첫 번째 요소는 우리의 인생 경험이다. 아마 많은 사람이 자신의 인생 경험이 '사물을 보는 방식'(우리가 지금까지 배운 대로 물리적인 눈으로 보는 방식이 아니라 언어 안에서 외부의 정보를 받아들이고 해석하는 방식)에 절대적인 영향을 미친다는 사실을 직관적으로 알고 있을 것이다. 나이, 인종, 성별, 직업, 학교, 전공, 좋아하는 스포츠 등 모든 것이 우리가 경청하는 방식과 그것을 해석하는 방식에 영향을 미친다. 여기서 중요한 질문이 하나 있다. 완전히 똑같은 경험을 한 두 사람이 있다고 할 때, 이들이 전혀 다른 사고방식을 가지는 것이 가능할까?

대답은 '가능하다'이다. 심지어 항상 일어나는 일이다. 그러나 어떤 경험 자체가 나중에 무언가를 해석하는 방식에 직접 영향을 미치는가 하면, 그렇지는 않다. 그 경험의 결과로 스스로 도출해낸 '신념'이 영향을 미치는 것이다. 그리고 이 신념은 언어 속에 존재한다. 신념은 스스로 지어낸 이야기로서, 앞으로 일어날 일을 어떻게 해석하고 그에 따라 어떻게 행동할지에 영향을 미친다.

이와 관련해 한 이야기가 떠오른다. 몇 년 전 어느 TV 프로그램에 뉴욕에 사는 한 여성이 소개되었는데, 그녀는 심한 우울증에 시달리며 가족, 친구, 이웃과 단절된 생활을 하고 있었다. 가족들은 최후의 수단으로 낚시가 취미였던 그녀를 위해 플로리다로 떠나는 대물낚시 여행을 계획했다. 그들은 보트를 전세 내어 출발했다. 그런데 놀랍게도 이 여성은 커다란 창꼬치를 낚아 올렸다. 창꼬치는 어뢰처럼 생긴 대형 물고기로 날카로운 이빨이 있다. 그녀가 낚싯대를 그러잡고 창꼬치를 끌어올리려 안간힘을 쓸 때, 창꼬치가 화살처럼 물 밖으로 튀어 올라 곧장 그녀를 향해 날아왔다. 그다음 순간 창꼬치가 그녀의 다리에 꽂히면서 날카로운 이빨이 허벅지에 아주 깊고 치명적인 상처를 입혔다. 그녀는 해안경비대 헬리콥터로 이송되어 생명을 건 응급수술을 받았다. 나중에 회복되어 가족들과 대화할 수 있게 되었을 때, 그녀는 이렇게 말했다. "이번 일을 계기로 내가 아직 살아갈 가치가 있고 내 인생에 무언가 남아 있다는 믿음이 생겼어요." 그로부터 2년 뒤 우울증에서 벗어난 그녀는 자신의 삶, 가족, 교회, 지역 공동체의 일에 활발히 참여했다. 그녀의 행복 수준, 건강한 삶, 여정의 질이 분명히 달라진 것이다.

사고와 입원으로 인해 이 여성의 신념이 달라졌을 가능성이 있을까? 충분히 그럴 수 있다. 한편으로 이런 신념을 강화할 가능성도 있었다. '거봐, 내가 이 여행 가지 말자고 했잖아! 내 인생이 늘 이 모양이지 뭐. 나한테 좋은 일이라곤 하나도 일어나지 않을 거야.' 임상적 우울증을 과소평가하거나 낚시 사고로 우울증을 극복할 수 있다고 말하려는 것이 아니다. 여기서 내가 주목하는 중요한 점은 이 여성이 사물을 해석하는 데 영향을 미친 것이 경험 자체라기보다는 그 경험의 결과로 (언어로) 만들어낸 신념이라는 사실이다. 우리는 각자가 자기 신념의 저자이며, 그 신념은 우리가 외부의 정보를 받아들이고 아직 일어나지 않은 행동을 해석하는 방식에 절대적으로 영향을 미친다. 그 해석을 바탕으로 우리는 행동하고, 그 행동으로 결과를 만들어내는 것이다.

내가 신념이라고 할 때, 종교나 영성에 대해서만 이야기하는 것이 아니다. 우리는 말 그대로 모든 것에 대해 신념을 가지고 있다. 여자, 남자, 돈, 키가 큰 사람, 키가 작은 사람, 흑인, 백인, 중국인, 일본인, 노동조합, 투자, 포드 자동차, 참나무……. 심지어 신념에 대한 신념도 가지고 있다. 신념을 갖는 일이 잘못되었다거나, 어떤 신념은 항상 틀리고 어떤 신념은 항상 옳다고 말하는 것이 아니다. 우리가 무수한 영역에서 신념을 가지고 있으며, 그 신념이 우리가 외부의 정보를 받아들이고 해석하는 데 영향을 미친다는 게 내가 이야기하고자 하는 핵심이다.

자신의 신념이 가능성을 열기도 하고 닫기도 한다는 사실을 우리는 자주 깨닫지 못한다. 우리는 자신의 신념을 '통해' 세상을 보는 경향이 있고, 자신의 신념 자체는 보지 못할 때가 많다. 신념은 세상을 바라보는 안경 렌즈의 일부라고 할 수 있다. 때로는 안경을 벗고 렌즈 자체를 보는 것이 매우 중요하다.

더 강력한 질문은 '나의 신념이 옳은가 그른가?'가 아니라 '나의 신념이 내가 원하는 결과를 향해 나아가는 데 도움이 되는가?'일 수 있다. 예를 들어, 내가 '나는 절대 대수학을 배울 수 없다.'거나 '나는 부서를 운용하는 방법을 배울 일이 결코 없을 거야.'라고 생각한다면, 이는 향후 대수학이나 부서 운용에 관한 행동에 큰 제약으로 작용할 것이다. 특히 '나는 절대 ……을 할 수 없다.'는 신념은 거의 대부분 관련 영역에서 어떤 행동도 취하지 않는 방향으로 우리를 이끈다. 그 결과는 이제 여러분도 알 것이다.

한번 신념을 갖게 되면, 그것을 바꾸거나, 갱신하거나, 버리기가 어려워진다. 여러분도 이런 경험을 해보았을 것이다. 나도 마찬가지다. 애초에 신념 자체를 '사물의 존재 방식 그 자체'로 믿고 의심하지 않기 때문이다. 나는 '여성 운전자'에 대해 매우 강한 신념을 가진 한 남자의 이야기를 들은 적이 있다. 이 남자는 여성 운전자를 싸잡아서 주의력도 부족하고, 도로교통법이나 자동차에 관한 지식도 부족하고, 돌발 상황에 대처할 수 있는 신체 능력도 부족하기 때문에 도로에 차를 몰고 다니게 하면 안 된다고 주변 사람들에게 떠벌리곤 했다. 어느 날, 그 남자가 시내에서 운전을 하고 있는데 앞차가 매우 느린 속도로 엉거주춤 움직였다. 그는 "이런 XX! 하여간 여자들은 제대로 운전하는 법이 없어. 저것 봐, 도대체 안 가고 뭘 하는 거야?"라며 화를 냈다. 앞차가 드디어 정차하자, 남자는 그 옆을 지나치면서 운전석을 쳐다보았다. 그 차의 운전자는 여자가 아니라 남자였다.

이제 우리 각자가 이런 사람이라고 상상해 보자. 이 일을 겪고 여러분은 '내가 믿었던 것과 반대되는 증거가 여기 있군. 여성 운전자에 대한 내 신념을 훨씬 더 개방적으로 바꿀 수 있는 좋은 기회야.'라고 생각하는 쪽일까? 아니면, "야, 저 자식 꼭 여자처럼 운전하네!"라고 말하는 쪽일까?

인간관계에서 흔히 놓치기 쉬운 중요한 대화는 '신념에 대한 대화'다. 규율에 대해 어떤 신념을 가지고 있는가? 돈에 대해서는?

결혼에 대해서는? 출산과 자녀 양육에 대해서는? 건전한 인간관계의 조건은? 이런 대화를 하는 것과 하지 않는 것은 다른 결과, 다른 인간관계를 만들어낸다. 앞서 말했듯이, 우리는 우리가 말하는 것으로부터 창조한다.

그렇다면 신념은 어디에서 비롯될까? 우리는 어디에서 신념을 얻을까? 대부분 부모나 어린 시절에 관계를 맺은 사람들로부터 얻었을 것이다. 나도 마찬가지였다. 예를 들어, 크라이슬러 자동차에 대한 내 신념은 어릴 적 그 자동차를 몰았던 아버지의 생각과 그 차를 타고 함께한 경험의 영향을 받아 형성되었다. 우리의 문화적, 종교적 혹은 영적 신념은 언제, 어디서, 어떻게 자랐는지와 큰 관련이 있다. 성장하면서 배우고 변화하며 새로운 신념을 받아들일 수도 있지만, 그 뿌리는 대부분 어린 시절과 성장한 사회에 있다.

나는 부모님으로부터, 아마도 어머니보다 아버지로부터 많은 신념을 물려받았다. 아버지도 부모님으로부터, 아마도 아버지로부터 많은 신념을 물려받은 것 같다. 하지만 인생의 어느 시점에서 아버지는 "이건 **내** 신념이다."라고 말씀하셨다. 몇 년 전, '언제쯤이면 나도 **내** 신념이라고 말할 수 있을까?' 하고 고민했던 기억이 난다. 언제쯤이면 아버지나 다른 사람의 신념과 무관하게 어떤 신념이 나 자신의 것이라고 공언할 수 있을까? 주위를 둘러보면, 스물다섯 살에 자신만의 신념을 확립한 사람도 있고, 쉰이 넘어서도 자신만의 신념이랄 게 없는 사람도 있다. 새로운 정보를 접하면서 기존의 신념을 갱신할 수 있는 사람도 있고, 그렇지 않은 사람도 있다. 여러분의 신념은 여러분이 원하는 목표를 달성하는 데 도움이 되는가? 그리고 애초에 그것이 **자신의** 신념인가?

MIT 교수이자 시스템 연구자인 피터 센지의 『제5의 규율 필드북』에서는 '추론의 사다리The Ladder of Inference'라는 개념을 개괄적으로 설명한다. 여러 면에서 그가 제시하는 내용은 우리가 여기서 논의해 온 내용을 뒷받침한다. 그리고 그것은 모두 언어 안에서 일어나는 일이다. 다음은 『제5의 규율 필드북』에서 발췌한 내용이다.

> 우리는 거의 검증되지 않은, 스스로 만들어낸 신념의 세계에 살고 있다. 우리가 그런 신념을 갖게 된 것은 관찰한 사실과 과거의 경험에서 추론한 결론에 근거한다. 우리가 진정으로 원하는 결과를 얻을 수 있는 능력은 다음과 같은 사고의 흐름으로 인해 손상된다.
>
> • 내 신념은 진실이다.
> • 진실은 명명백백하다.
> • 내 신념은 실제 데이터에 기반한다.
> • 내가 선택하는 데이터는 실제 데이터다.

피터 센지에 따르면, 우리는 이 신념의 사다리를 매우 빠르게 오른다. 이 사다리는 "점점 더 추상화되어 자주 잘못된 신념에 도달하는" 매우 일반적인 정신의 경로다. 이 사다리를 발생하는 순서대로 정리하면 다음과 같다.

1. 관찰 가능한 데이터나 경험이 발생한다. 즉, 어떤 '사건'이 일어난다.
2. 관찰한 내용에서 '데이터', 즉 어떤 세부 사항과 행위를 선택한다(그리고 다른 세부 사항과 행위를 놓친다).
3. 선택한 데이터에 의미(문화적, 개인적 의미)를 부여한다.
4. 스스로 부여한 의미를 바탕으로 추정한다.
5. 추정을 통해 결론을 내린다.
6. 그 결론을 자신의 신념으로 채택한다.
7. 자신의 신념에 따라 행동한다.[2]

그리고 자신이 취한 행동에 따라 인간관계의 질, 건강한 삶, 효율성, 효과, 행복 등의 결과가 좌우된다는 것은 이제 더 강조하지 않아도 알 것이다.

우리는 우리가 믿는 것의 결과다

다음 저자들 또한 신념의 힘을 강조한다. 더불어 신념이 우리의

몸, 기분과 감정, 그리고 궁극적으로 인생에서 만들어내는 결과와
어떻게 연관되어 있는지 지적한다.

신념의 힘이 당신의 행동, 경험, 그리고 결과를 만들어낸다. 믿는
다는 것은 당신의 온몸을 동원하는 것이다. 당신의 신념은 생각
속에만 있는 것이 아니라, 자세의 미묘한 형태와 움직임의 역동성
등 몸 곳곳에 있다. 사람, 사건, 감정을 대하는 당신의 습관적인 반
응은 당신의 신념에 대해 말해준다. 당신이 원하는 변화를 일으키
기 위해서는 신념의 힘을 활용해야 한다.

당신은 믿는다, 고로 행동한다. 당신은 행동한다, 고로 된다. 당신
은 된다, 고로 세상도 그렇게 된다.³

— 스튜어트 헬러, 『운행 중 재정비하기』

우리의 모든 것은 우리가 생각한 것의 결과다.

— 부처

당신은 당신 자신의 생각의 산물이다. 당신이 믿는 것이 바로 당
신이다.⁴

— 클로드 브리스틀, 『믿음의 마법』

할 수 있거든이 무슨 말이냐 믿는 자에게는 능히 하지 못할 일이 없느니라.

— 『마가복음』 9장 23절

당신이 가지고 있다고 믿으면 가진 것이다.

— 라틴어 속담

다음 질문을 생각해 보자. 화가 났을 때와 기쁘고 즐거울 때 우리가 어떤 사실을 다르게 받아들인다고(해석한다고) 말할 수 있을까? 여러분은 이처럼 완전히 다른 기분 상태일 때 사실을 같은 방식으로 해석하는가? 같은 사건이 발생하더라도 화가 났을 때와 기쁠 때 내 해석은 근본적으로 달라진다. 여러분도 마찬가지이리라 생각한다. 빅아이로 돌아가 말하자면, 많은 사람이 자신의 기분을 잘 관찰하지 못한다. 우리는 자기 기분을 보지 못한다. 내 아내는 가끔 내게 "차머스, 왜 기분이 별로야?" 혹은 "무슨 기분 좋은 일 있어?"라고 묻고는 한다. 하지만 나는 어리둥절하게 "무슨 기분?"이라고 대답할 뿐이다. 아내는 보고, 나는 보지 못하는 것이다. 그리고 이 차이는 무슨 일이 일어나고 있는지를 해석하고, 경청하고, 내면의 이야기로 구성하는 방식에 영향을 미친다. 다시 말하지만, 이는 그 자체로 나쁜 것은 아니다. 그저 더 유능한 관찰자가 되자는 것이다.

우리의 신념, 언어, 기분과 감정뿐만 아니라 우리의 **몸**도 우리의 경청과 해석에 큰 영향을 미친다. 예를 들어, 교실이나 세미나에서 수업이나 강연을 들을 때 앉는 자세는 경청과 상관관계가 있다. 허리를 똑바로 펴고 꼿꼿하게 앉아서 듣는 것과 의자에 미끄러지듯이 기대앉아서 듣는 것은 완전히 다른 경청의 방식이다. 도덕적으로 '옳다', '그르다'가 아니라 확실히 '다르다'. 서 있는 자세, 걷는 자세, 머리, 등, 팔, 어깨의 위치도 마찬가지다. 기억하자, 우리는 말뿐만 아니라 사건도 듣는다. 여러분이 그룹에서 대화를 주도하거나 그룹 앞에서 프레젠테이션을 한 적이 있다면, 누가 듣고 있고 누가 듣지 않는지 알 수 있지 않았는가? 우리 대부분은 이미 이 영역에서 대략적인 구분을 할 수 있으며, 이때 '보디랭귀지'가 중요하다는 사실도 어느 정도 알고 있다. 우리가 물리적으로 움직이는 신체 영역은 우리가 말을 듣고, 해석하고, 사물을 보고, 살아가는 방식에 중요한 영향을 미친다. 이에 대해서는 다음 장에서 더 자세히 살펴보기로 하자.

'나는 옳다'는 믿음을 부수고 나아가기

우리 대부분이 '내 신념이 나에게 도움이 되는가, 되지 않는가?'를 묻는 대신 '내 신념이 옳은가, 그른가?'를 묻는다는 것을 알겠는가? 우리 모두는 '배경 대화' 속에서 성장한다. 배경 대화란 사회적 대화 또는 신념이며, 여러분이나 내가 개인적으로 만들어낸 것이 아니다. 그것은 우리가 존재하는 곳에 존재하며, 우리는 그것을 그저 집어 들 뿐이다. 나와 같은 미국인에게는 특히 강력한 배경 대화가 있다. 이 배경 대화, 즉 신념은 다음과 같다.

나는 옳다(I'am right).

내 비즈니스 파트너인 마크가 들려준 일화는 이런 사고방식을 보여준다. 마크와 나는 예전에 같은 글로벌 컨설팅 회사에서 일했다. 그 회사는 지속적인 학습과 교육 및 훈련을 무척 중요시해서 시카고 교외에 대단지 규모의 교육 시설을 갖추고 있었다. 전 세계에서 온 수천 명의 사람이 이곳에서 다양한 교육과정을 장시간에 걸쳐 이수했다. 어느 날 밤 마크는 한 친구와 교육 센터 내의 바에서 한잔하다가 남아프리카에서 온 젊은 여성과 대화를 나눌 기회가 있었다. 그 시기는 마침 남아프리카의 인종격리정책인 아파르트헤이트가 막 끝나고 여러 변화가 일어나던 때여서, 자연스레 미국 언론에 보도된 내용이 사실인지, 실제 현지 상황은 어떤지 등에 대한 이야기가 오갔다. 그녀는 몇 주 동안 미국에 머물면서 여러 주를 방문하고 관광했다고 말했다. 마크는 그녀에게 미국과 미국인에 대해 어떻게 생각하는지 물었다. 그러자 그녀는 즉시

"미국인들은 너무 오만해요!"라고 대답했다. 마크와 그의 친구는 깜짝 놀라서 반문했다. "무슨 뜻이죠?" 그녀는 "당신들은 당신들이 세계 최고의 나라에 산다고 생각하잖아요."라고 답했다. 마크와 친구는 서로 마주 보았다가 그녀를 돌아보며 한목소리로 외쳤다. "당연하죠!"

내 생각에 이 대화는 '나는 옳다' 식의 대화가 미국인인 우리에게 지나치게 익숙한 나머지 스스로는 정작 그 사실을 깨닫지 못하는 일례처럼 느껴졌다. 다른 문화권에서 온 사람에게는 우리가 보지 못하는 이 배경 대화가 아주 뚜렷하게 보였던 것이다.

우리는 자신의 신념을 인정해 주는 의견에 귀를 기울이는 경향이 있는데, 여기에는 자신에 대한 신념도 포함된다. 우리는 자신이 옳은 것을 좋아한다. 앞에서 예로 든, 여성 운전자에 대한 그릇된 신념을 가진 남자가 그의 신념과 다른 데이터를 보려 하지 않는 것은 '내가 옳다'는 믿음 때문이다. 새로운 가능성을 발견하고, 새로운 길을 개척하고, 새로운 행동을 시도하는 것을 방해하는 것은 '옳음'에 대한 집착이다.

이 집착이 극단으로 치달았을 때 어떤 일이 벌어질 수 있는지는 역사가 보여준다. 히틀러가 수백만 명의 유대인을 죽이라고 명령했을 때 그의 마음속에서는 어떤 대화가 이루어지고 있었을까? 노예무역상들이 수백만 명의 아프리카인을 아메리카대륙으로 강제이송 했을 때 그들은 스스로에게 무슨 말을 하고 있었을까? 오늘날 지구의 수많은 지역에서 전쟁을 일으켜 수백만 명의 삶을 위협하는 지도자들은 자신에게 무슨 말을 하고 있을까?

이는 무시할 수 없는 중요한 배경 대화다. 우리가 앞으로 어떤 방향으로 나아갈 것인가는 개인, 가족, 조직, 그리고 국가적 차원에서 우리의 인간관계, 결과, 행복에 큰 영향을 미친다. 우리 모두가 윤리적이며 성공적으로 미래를 향해 나아갈 수 있는지 여부는 흑백 또는 양자택일의 이해를 넘어 다면적인 사고가 가능한 공간을 만들 수 있느냐에 달렸다고 생각한다.

이 주제, 즉 옳음에 대한 집착과 그것이 삶에 나타나는 방식에 대해 예전에 한 친구가 내게 건넨 강력한 질문이 떠오른다. **"네 삶이 옳다면 누가 틀렸을까?"** 당장 답을 찾을 수 있는 질문은 아니지만, 이 질문의 진정한 가치는 시간을 두고 되돌아보며 지속적으로 의문을 품는 데에 있는지도 모르겠다. 이 질문은 여러분에게 고착 상태에 빠진 대화를 멈추고 더 강력한 새로운 대화를 시작하는 훌륭한 출발점이 될 수 있다. 그리고 그 답은 여러분을 놀라게 할 수도 있다.

그렇다면 다면적인 이해와 대화는 어떻게 가능할까? 다음 그림에 그 힌트가 숨어 있다. 동양의 전통에서 '음과 양'으로 알려진 이 그림은 세계 곳곳에 퍼져 있는 상호보완성과 순환적 움직임을 나타낸다.

이 음양 그림을 지금 우리가 나누는 논의에도 유용하게 적용할

수 있다. 옳은 일을 잘하면 성취감, 높은 기준에 대한 헌신, 규율 (그림의 한쪽 면)이 생겨난다. 반면, 옳은 일이라도 잘못하면 오만함이나 기타 '부정적인' 결과를 낳는다(그림의 다른 쪽 면). 그러나 나를 오만하게 만드는 배후의 에너지를 완전히 제거하려는 것은 해결책이 될 수 없다. 왜냐하면 그 에너지가 나를 확고하게 만들고 나 자신과 타인을 일정한 기준에 따르게 하는 배후에도 존재하기 때문이다.

또 다른 예를 들어보자. 겸손함이 잘 작동하면 포용력, 경청하려는 자세, 다른 사람의 아이디어와 도움에 열려 있는 태도를 낳는다. 반면, 지나치게 겸손하면 언제까지나 주위의 눈치를 보며 살게 된다. 같은 에너지지만, 잘 작동하느냐 잘못 작동하느냐에 따라 결과가 갈린다. 많은 경우에 우리는 동전의 양면을 가지고 있는 셈이다. 모든 에너지를 완전히 제거할 수는 없다. 자신에게 더 나은 결과를 가져다줄 수 있도록 수정하고 개선해서 방향 전환을 하는 것이 필요하다. 많은 경우, 신뢰할 수 있는 사람으로부터 진실한 피드백이나 코칭이나 지원을 받는 것이 변화를 위한 강력한 도구가 될 수 있다.

해석이 전부다

지금까지 살펴본 새로운 커뮤니케이션 모델은 우리가 항상 해석하고 있으며, 삶의 경험(그로 인해 형성된 신념), 기분과 감정, 몸이 해석하는 방식에 영향을 미친다고 강조한다. 다음 두 장에서 이러한 연관성을 다시 한번 살펴볼 것이다. 이 모델을 사용하면 우리 모두가 공통적으로 가진 또 다른 맹점을 발견하게 된다. 이런 종류의 맹점은 개인이나 조직 모두 피할 수 없다. 옳거나 그른 게 아니라 그냥 그런 것이다. 적어도 사물을 이해하는 전통적인 방식으로는 누구도 사물을 '있는 그대로' 볼 수 없다는 것이다. 오히려 우리 각자는 자신의 몸이 어떤지에 따라 생물학적으로 제한을 받으며, 있는 그대로의 환경에 접근할 수 없다. 우리는 지배적인 기분과 식별, 사회적·역사적 배경 및 신념에 따라 특정 방식으로 경청하거나 해석하거나 인식하도록 되어 있다. 이러한 인간의 소통 방식을 이해하는 방법은 다음과 같은 중요한 면에서 발신자-수신자 모델보다 더 강력하다.

- 타인의 관점을 존중하는 데서 출발해 타인과 새롭게 관계를 쌓을 수 있다. 타인의 해석도 나의 해석과 마찬가지로 그의 경험, 신념, 감정에서 비롯된 것이기 때문이다. 우리 중 누구도 진실에 접근할 수 있는 특권을 부여받지 않았다. 모두가 나름의 해석을 통해 진실에 접근해 갈 뿐이다. 어쩌면 우리 중 많은 사람이 인간 커뮤니케이션에 대한 이해가 부족하여 나와 다른 사람을 너무 쉽게 '틀린 사람'으로 단정 지으면서 관계의 형태를 제한하고 있을지도 모른다. 과학기술의 진보와 더불어 날로 작아지는 세상에서 이러한 방향성은 개인, 공동체, 조직, 그리고 국가 간에 보다 윤리적인 관계를 맺고 유지하는 데 도움이 될 수 있다.

- '내가 관찰을 통해 신념에 도달한 방식과 타인이 관찰을 통해 신념에 도달한 방식의 차이'에 대한 대화를 통해 학습을 심화할 수 있다. 이 모델은 모든 사람이 사물을 '있는 그대로 객관적으로 보지 않는다'고 가정하기 때문에, 이러한 대화가 이루어질 가능성이 훨씬 더 높다. 그 결과, 장기적인 성공을 위한 기반을 마련하고, 서로에 대한 이해가 깊어지고, 관계가 풍요로워지며, 눈앞의 상황을 더 잘 이해하고, 효과적인 행동을 취할 수 있는 선택지가 늘어날 가능성 또한 훨씬 더 높아진다.

- 토론discussion과 담화dialogue를 구분할 수 있다. 토론은 특정한 목적을 가진 일련의 행동에 대한 합의를 이끌어내기 위한 대화라고 정의할 수 있다. 여러분도 일상에서 흔히 경험했을 것이다. 반면 담화는 토론과는 다른 유형의 대화로, 서로의 입장을 더 잘 이해하는 것이 궁극적 목적인 대화라고 할 수 있다. 서로의 의견에 반드시 동의할 필요는 없고,

처음 대화를 시작할 때보다 서로를 더 깊이 이해하게 되었다면 족하다. 담화를 통해 우리는 더 생산적인 방향으로 나아갈 수 있으며, 생각지도 못한 일들을 해낼 수 있다.

- 우리 각자는 자신이 만들어내는 해석, 즉 경청하는 방식에 대해 보다 능동적으로 책임질 수 있다(빅아이 근육을 단련해 자신을, 즉 자신을 바꿀 수 있는 유일한 사람을 돌아볼 수 있다). 만약 내가 해석하는 방식이 내가 원하는 행동이나 결과와 연결되지 않는다면, 그 기저로 들어가서 더 강력한 방법을 모색할 수 있다. 분명한 목적을 가지고 자신의 신념, 이야기, 해석을 살펴볼 수 있다. 지배적인 기분과 감정의 굴곡이나 몸도 마찬가지다. 새로운 학습을 시작하고, 신념을 새롭게 갱신하고, 다른 사람들과 대화를 나누며 그들을 내 아군으로 만들 수도 있다.

듣는 방식에 습관적인 경향이 있는가? 자신의 존재 방식과 일치하는 방식으로 듣고 충분히 예측 가능한 방식으로 해석하는 경향이 있는가? 이는 모든 사람에게 일어나는 일이다. 그래서 주의해야 한다. **연습은 완벽함을 만든다, 그러니 무엇을 연습하는지에 주의하라.** 시간이 지나면서 우리는 각자 자기만의 듣는 방법의 달인이 된다. 반대로 충분한 훈련을 통해 다른 방식으로 듣는 능력을 기를 수도 있다. 물론 자신이 원하는 결과를 얻는다면 문제가 되지 않는다. 특정 듣기 방식이 잘 작동하고 있다는 뜻이다. 하지만 지금 듣는 방법으로 원하는 결과를 얻지 못한다면, 다른 듣는 방법을 익혀야 한다. 다시 한번 기억하자.

늘 하던 대로 하면 늘 얻던 것만 얻을 수 있다.

우리 각자가 듣는 방식이 얼마나 다른지, 그것이 인간관계와 우리의 공적 정체성에 얼마나 강력하게 작용하는지 알겠는가? 듣는 방식이 달라지면 그로부터 습득하는 종류와 질과 양이 달라진다. 삶의 거의 모든 부분에서 타인과의 행동을 조정하고 개인적, 업무적 관계를 맺는 방식이 우리 인간의 행복에 영향을 미친다면, 이러한 깨달음은 매우 중요한 의미를 갖는다.

우리는 각자 고유한 청자이자 고유한 관찰자다. 그리고 우리의 경청 능력은 무엇보다도 타인이 나와 다른 존재라는 것을 받아들이는 능력과 큰 상관관계가 있다. 움베르토 마투라나는 "타인을 나와는 다른 정당한 존재로 받아들이는 능력은 우리가 귀를 기울이고 경청하는 방식과 밀접한 관련이 있다."라고 말했다.[5] 여러분의 삶에서 그의 해석을 뒷받침하는 상황을 반드시 만나게 될 것이다. 자신의 방식이 가장 좋고, 옳고, 유일한 방식이라 믿고 의심하지 않을 때마다 우리의 듣는 방식은 영향을 받는다. 그 결과 우리의 인간관계와 의도했던 결과도 필연적으로 달라질 수밖에 없다.

요점 및 새로운 해석

● '경청listening'과 '듣기hearing'는 전혀 다른 현상이다. 듣기란 청각과 관련된 생물학적인 경험으로 고막이 공기의 진동을 속귀로 전달할 때 일어나는 것이지만, 경청은 해석과 관련된 경험으로 논의하거나 관찰한 사실에 대해 자신만의 이야기를 구축하는 것이다. 따라서 '경청'은 능동적이고 창조적인 것이지 수동적이고 설명적인 것이 아니다.

● 우리는 자신의 듣는 방식을 잘 관찰하지 않거나 못한다. 우리는 스스로 '투명하게' 해석하고 있다. 즉, 자신이 해석하고 있다는 사실조차도 전혀 알지 못한다. 우리 각자의 관점에서는 마치 사실을 '있는 그대로 받아들이고 있는' 것처럼 보이지만, 사실은 그렇지 않다. 우리는 자신과 자신의 이야기, 자신의 기분을 정당화하기 위해 듣는 방식을 고안해 내고 있다.

● 전통적인 커뮤니케이션 모델에서 메시지나 정보는 의미의 손실 없이 발신기에서 수신기로 100% 전달된다. 그러나 이 장에서는 '화자'와 '청자'가 있는 다른 모델을 제시했다. 인간 커뮤니케이션은 해석, 즉 상호 간 이해의 증진과 의미의 공유를 목표로 한다. 발신기와 수신기는 의미를 신경 쓰지 않는다. 그러나 사람들은 신경 쓴다.

● 인간은 각각 고유한 청자이자 고유한 관찰자다. 우리의 독특한 관찰과 해석 방식은 적어도 세 가지의 상호 연결된 주요 요소와 관련이 있다.

- 우리의 삶의 경험(더 정확히는 경험에서 발전시킨 신념). 우리는 모든 것에 대해 신념을 가지고 있고, 이 신념은 언어 속에 존재한다.
- 우리의 기분 공간 또는 감정 공간, 감정의 폭.
- 우리의 신체, 생리작용, 자세 및 움직임.

● 우리 모두는 어떤 영역에서는 맹점을 가지고 있다. 좋고 나쁨의 문제가 아니라 그냥 그런 것이다. 왜냐하면 우리의 경청은 우리의 식별, 개인적·사회적 역사, 기분과 신념 등과 깊은 관련이 있기 때문이다. 우리는 필요에 따라 어떤 것은 아주 잘 보고 어떤 것은 완전히 놓친다. 누구도 사물의 본질에 접근할 수 없다. 언제나 해석을 통해 '나에게 사물이 어떤 존재인지'에만 접근할 수 있다.

● 우리가 어떤 인간관계를 맺을 수 있는지는 경청하는 방식에 크게 좌우된다. 사회적인 존재로서 우리의 인간관계는 우리 삶의 평온함과 생산성, 곧 행복에 큰 영향을 미친다.

새로운 행동의 가능성을 찾아라!

1. **빅아이**: 누구도 사물을 '있는 그대로' 파악하지 못하고, 듣기는 곧 해석이며, 모두가 해석을 하고 있다는 개념에 대해 스스로에게 어떤 이야기를 하고 있는가?

_____

_____

_____

_____

2. **빅아이**: 많은 영역에서 '옳다/그르다'의 관점이 아니라 '유효하다/유효하지 않다' 또는 '강력하다/강력하지 않다'의 관점으로 해석하자는 이 장의 제안에 대해 어떻게 생각하는가? 평소에 '나는 옳다'라는 믿음에 기초한 대화에 익숙한가? 그렇다면 어떤 상황과 맥락에서 그런 대화를 하는가? 이런 대화를 계속함으로써 어떤 대가를 치르리라 생각하는가?

_____

_____

_____

_____

3. 2장 2번에서 적은 샘플 사례를 복기해 보자. 새로운 경청 방식과 커뮤니케이션 모델을 배운 후, 그러한 상황을 개선할 수 있는 새로운 가능성이나 선택지가 보이기 시작했는가? 어떤 새로운 시도를 해볼 수 있을까?(이런 시도는 즉시 다른 사람의 눈에 띌 수도 있고, 그렇지 않을 수도 있다.)

_____

_____

_____

_____

4. 3장 4번에서 적은 학습의 장벽들을 복기해 보자. 이 장벽들은 이 장에서 배운 변화를 만들어내고 앞으로 나아가는 데 방해가 될 수 있다. 그 장벽들을 어떻게 극복할 수 있을까? 어떤 새로운 이야기, 새로운 행동, 새로운 교류가 내게 가장 큰 도움이 될까?

_____

_____

_____

_____

5. 지금까지 배우고 깨달은 내용을 주변 사람들과 공유해 보자.

5장

나 자신을 이해하는
가장 강력한 방법

Language
and the Pursuit of
Happiness

우리는 세상을 있는 그대로 보는 것이 아니라
보고 싶은 대로 본다.[1]
— 알베르트 아인슈타인

말로 표현된 모든 것은
반드시 말로 표현한 누군가가 있다는 뜻이다.[2]
— 움베르토 마투라나, 『지식의 나무』

우선 기본적인 다음 두 가지 질문으로 시작해 보자.

1. 우리가 달성한 결과들을 실제로 어떻게 달성하는가?
2. 개인으로서나 조직으로서 때때로 우리가 원치 않는 결과를 낼 때 우리
   가 취할 수 있는 조치는 무엇일까?

우리 각자가 이 근본적인 질문을 어떻게 받아들이고 이해하느냐에 따라 실행 가능한 것과 불가능한 것이 크게 달라진다. 이 장에서는 개인과 조직으로서 우리가 어떻게 목표를 달성하고 결과를 창출하는지를 보여주는 내가 가장 좋아하는 모델을 소개하고자 한다. 이는 우리 자신과 행동을 이해하는 가장 단순하면서도

가장 강력한 방법이라고 할 수 있다. 우리가 추구하는 결과가 행복(또는 마음의 평화, 더 나은 인간관계, 생산성 향상, 더 명확한 의사소통)이라면, 이 모델은 많은 가능성을 발견하고 효과적인 행동이 무엇인지 탐색하는 데 매우 효과적이다.

이 모델은 관찰자Observer-행동Action-결과Result 모델이라고 불리며, 맨 처음 경영이론가 크리스 아지리스와 정치과학자 로버트 퍼트넘에 의해 개발되었다. 두 사람의 논문과 책에 여러 번 등장하며 매우 영향력 있는 모델이기도 하다. 다시 말하지만, 이 모델은 우리가 어떻게 행동하고 어떻게 결과를 얻는지에 대한 설명이다. 그리고 실제로 우리의 삶에서 우리가 어떤 결과를 만들어내는지 이해할 수 있는 매우 간단하면서도 놀랍도록 강력한 방법이다.

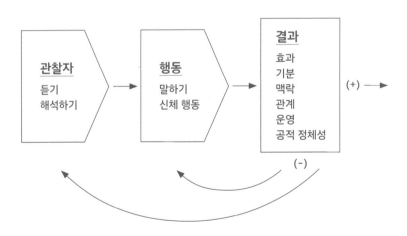

서 있는 곳이 바뀌면 풍경이 달라진다

먼저 모델의 관찰자 부분을 건너뛰고 행동과 결과에만 집중해보자. 첫째, 우리가 만들어내는 결과는 우리의 행동과 큰 관련이있다고 말할 수 있을까? 대부분이 이 말에 동의할 것이다. 우리가만들어낸 결과는 우리의 행동 혹은 비행동과 강력하게 연결되어있다. 여기서 말하는 결과에는 행복, 인간관계, 경제적 성과, 생산성 등 우리가 달성하고자 하는 모든 결과가 포함된다. 우리는 개인이나 조직으로서 행동을 취하여 어떤 결과를 만들어낸다.

둘째, 우리의 행동에는 필수적으로 자신 및 타인과 나누는 대화가 포함된다. 이 책은 언어와 대화의 능동적이고 생성적인 성격을전제로 쓰였고, 지난 장들에서 이에 대해 살펴봤다. 물론 우리의행동에는 순전히 신체적인 행동도 포함된다.

그런데 이때 우리가 만들어낸 결과들은 긍정적(+) 또는 부정적(-) 결과로 나눌 수 있다. 즉, 우리의 행동으로 인해 원하는 결과가 나올 수도 있고, 원하지 않는 결과가 나올 수도 있다는 뜻이다.이는 개인이나 조직 모두 마찬가지다.

긍정적 결과가 나오면 내가 취한 행동에 확신이 생기고, 다시시도해 보려고 할 것이다. 원하는 결과가 나오지 않으면 또 다른행동을 취해 다시 도전한다. 그래도 안 되면 또 다른 행동을 취해다시 시도한다. 그렇게 원하는 결과가 나올 때까지 계속하는 것이다. 크리스 아지리스는 이를 '일차 학습First Order Learning'이라고 부르며, 다음 그림과 같이 더 잦거나 새롭거나 다른 행동을 암시하는 화살표로 표현하고 있다.

일차 학습은 새로운 결과를 창출하기 위해 행동을 바꾸는 것(물론 말투를 바꾸는 것도 포함)이다. 어떤 의미에서 일차 학습은 문제 해결에 대한 전통적인 접근 방식을 상징한다. 객관적인 문제가 있고, 그 문제를 해결하기 위해서는 바람직한 결과를 만들기 위해 효과적인 행동을 취해야 한다. 원인과 결과의 영역이다.

이제 모델의 관찰자 부분을 살펴보자. 여러분은 어떤 문제에 직면하여 어떻게 해야 할지 고민하다가 더 이상 선택의 여지가 없는 경험을 한 적이 있는가? 몇 가지 방법을 시도해 보았지만 모두 실패하고 더 이상 나은 가능성을 찾지 못한 경우 말이다. 그런데 다

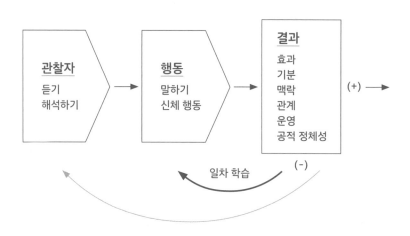

른 사람이 회의에 들어와서 한참 동안 대화를 나눈 후 눈 깜빡할 사이에 새로운 대안을 제시했다고 가정해 보자.

이것은 새로운 '관찰자'가 나타났기 때문에 일어난 일이다. 여기서 관찰자라는 은유는 시각적 은유로서, 사람이 자신의 렌즈를 통해 세상을 관찰한다는 의미로 쓰인다. 결과는 행동이나 행동의 부재와 밀접한 관련이 있지만, 그보다 잘 알려지지 않은 사실은 행동 자체는 자신의 관찰자, 즉 자신이 어떤 '관점'을 가지고 있느냐와 밀접하게 관련되어 있다는 점이다.

우리는 좀처럼 알아채지 못하지만, 행동을 취하기 전에 관찰하고, 해석하고, 경청하는 방식, 즉 '사물을 보는 방식'이 있다. 주어진 상황을 어떻게 바라보느냐에 따라 특정한 가능성이 연달아 생겨나는 것이다. 최종적으로 어떤 행동으로 이어질지는 알 수 없지만, 그 행동이 최초의 가능성으로부터 나오리라는 것은 안다. 상황을 다르게 보는 다른 사람들은 다른 가능성을 보고, 이는 다른 행동으로 연결된다.

눈에 보이는 모든 가능성을 다 써버렸다고 해서 가능성이나 선택지가 전혀 남아 있지 않다는 의미는 아니다. 다만 자신의 관점, 자신의 신념으로 지어낸 이야기를 통해 상황을 구축하는 방식, 내가 사물을 바라보는 방식에 한해 가능성이 없다는 뜻이다.

우리는 각자 고유한 관찰자이자, 고유한 경청자이자, 고유한 해석가이다. 그래서 우리가 보는 것, 관찰하는 것은 외부의 사실보다 우리 자신에 대해 더 많은 것을 알려준다. 중요한 사실은 많은 사람이 이 사실을 깨닫지 못한다는 점이다. 빅아이 이야기로 돌아가 보자. 우리는 애초에 자신이 특정한 방식으로 세상을 관찰하고 있다는 사실조차 인지하지 못한다. 우리는 세상을 '있는 그대로' 보고 있다고 믿지만, 두 가지 수준에서 이는 사실이 아니다.

먼저 생물학적 수준에서 우리는 사물을 있는 그대로 보지 않고, 볼 수도 없다. 우리는 오직 우리가 인지하는 만큼만 사물을 보고 관찰할 수 있다. 움베르토 마투라나와 여러 학자가 지적했듯이, 인간의 생물학에는 사물의 실체를 안다고 주장할 만한 근거가 없다. 우리가 아는 전부는 사물이 우리에게 어떻게 보이는가뿐이다. 우리 모두는 처음부터 해석을 하고 있는 것이다. 그리고 언어의 수준에서 우리의 식별, 전통, 판단, 신념이 어떻게 다음과 관련이 있는지 알 수 있다.

- 우리가 주변을 둘러볼 때 보이는 것, 우리가 볼 수 있는 것
- 그것이 개인에게, 그리고 우리가 속한 집단의 일부에게 갖는 의미

이 관점으로 보면, 우리 각자가 바라보는 '현실'은 객관적인 '외부'보다는 우리 자신, 즉 관찰자인 우리 자신의 '내면'과 관련이 있다는 것을 알 수 있다.

그랜드캐니언은 강에서 올려다볼 때와 절벽에서 내려다볼 때

가 다르다. 내가 어디에 서 있는지가 중요하다. 이 모델의 관찰자 부분은 이 점을 분명히 보여준다. 이제 우리는 자신이 어떻게 사물을 보고 있는지를 관찰할 수 있다. 목적을 가지고 자신이라는 관찰자의 관찰자가 될 수 있다. 만약 자신이 내놓은 결과가 마음에 들지 않는다면, 자신의 관찰 방식을 이 모델에 도입할 수 있다. 빅아이 근육을 단련하여 자신의 특정 관찰 방식을 의식적으로 바라볼 수 있다. 크리스 아지리스는 이를 '이차 학습Second Order Learning'이라고 부르며, 다음 그림과 같이 '관찰자'로 돌아가는 화살표로 표현했다.

나는 이차 학습이 진정한 변화를 가능케 하는 학습, 우리가 만들어내는 결과에 근본적인 변화를 가져올 수 있는 학습이라는 아

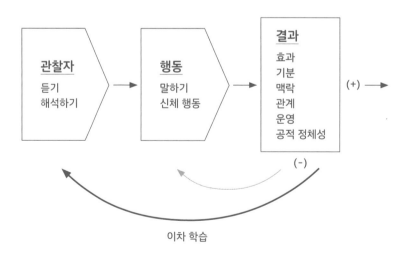

지리스의 의견에 동의한다. 이차 학습은 자신의 특정 관찰 방식이 자신의 행동에 미치는 영향을 인식하게 되는 과정이다. 그렇게 함으로써 이전에는 접근할 수 없었던, 보이지 않거나 볼 수 없었던 새로운 행동을 보다 의식적으로 설계할 수 있게 된다. 자신의 관점, 자신의 사물을 보는 방식을 도입함으로써 '사물을 보는 오래된 방식'에는 존재하지 않았던 가능성을 열어갈 수 있다.

물론 자신이 사물을 보는 방식=진정으로 사물을 보는 방식이라고 생각한다면 이차 학습이라는 개념은 성립하지 않는다. 왜냐하면 애초에 자신이 '객관적'이고 '현실적'으로 사물을 보고 있다고 확신하고 의심하지 않는다면, 사물을 보는 관점을 재검토한다는 생각 자체가 거의 의미가 없기 때문이다.

새로운 행동을 계속 시도하는 것보다 사물을 바라보는 관점을 천천히 검토하는 것이 더 용기가 필요한 일이다. 기본적으로 자신의 모든 행동은 어느 정도 비슷비슷하다. 같은 장소, 같은 위치, 같은 관찰자, 같은 관점에서 나온 행동이기 때문이다. 하지만 마침내 내가 사물을 어떻게 바라보고 있는지를 바라보면, 사실 자신이 항상 특정한 '시각'을 가지고 있었음을 깨닫게 된다. 여기에 도달하기 위해서는 대부분의 사람에게 용기가 필요하다고 생각한다. 활동 반경을 조금 더 넓혀서 우리 행동의 기저에 있는 실제 이야기와 해석에 가까워진다는 것, 내가 누구인지, 내가 어떻게 '존재하는지'를 마주하는 것은 두려움이 따르는 일이기 때문이다.

우리는 매일 다른 관찰자가 된다

지금까지의 내용을 요약하면, 우리 삶에서 원하는 결과를 얻었을 때(+), 우리는 보통 그 효과나 원하는 결과를 가져다준 행동을 계속한다. 그러나 만약 원하는 결과를 얻지 못했다면(-), 우리는 주로 다음과 같은 선택지를 갖게 된다.

1. 부정적인 결과가 내가 통제할 수 없는 외부의 요인에 의해 발생했다고 가정한다. 아무것도 하지 않는다. 분명히, 이는 강력한 동기부여 방법은 아니다.
2. 말하기를 포함한 행동을 바꾼다(일차 학습). 이는 대체로 전통적인 문제 해결 모델이나 접근 방식에 가깝다.
3. 사물을 보는 시각을 바꾼다. 자아라는 관찰자에게 질문을 던진다(이차 학습). 이를 통해 진정한 변화가 가능한 학습의 장을 발견하고, 행동의 가능성을 크게 확장할 수 있다.

이 기본적인 관찰자-행동-결과 모델은 우리 각자가 자신을 위해 무엇을 만들어내는 과정에서 맡은 역할을 이해하는 데 전환점이 될 수 있다. 관찰자에 대해 몇 가지 더 살펴보기로 하자.

여러분은 여러분이 열여덟 살이었던 때와 같은 관찰자인가? 지금도 열여덟 살 때와 똑같이 '사물을 보고' 있다고 말할 사람이 몇

명이나 될까? 대부분은 "나는 열여덟 살 때와 같은 관찰자가 아니다.", "사물을 그때와 같은 방식으로 보지 않는 것이 확실하다."고 말할 것이다.

나는 분명히 과거와 사물을 다르게 본다. 과거에는 우체통을 야구 방망이로 치고 다니는 사람들을 그저 장난꾸러기로 생각했지만, 지금은 사형에 처해야 한다고 생각한다.(농담이다!) 하지만 같은 일로 몇 개의 우체통을 잃고 나면 시각과 관점이 바뀌게 마련이다. 지금 똑같은 일을 당한다면, 나는 결코 예전과 같이 그 사건을 '볼' 수 없을 것이다. 나는 이제 **다른 관찰자**가 된 셈이다.

그렇다면 **언제부터 이런 변화가 일어났을까?** 우리는 언제부터 지금처럼 세상을 바라보게 되었을까? 어느 날 아침에 눈을 떴을 때 세상이 뒤바뀌었을까? 아니다, 대부분의 사람은 점차적으로, 매 순간 조금씩 변해왔을 것이다. 나라는 관찰자는 끊임없이 변화하는 가운데 점차적으로, 때로는 점프하듯이 진화하고 성장하고 있는 것이다.

'인간 존재human being'라는 표현보다 어쩌면 '인간 되기human becoming'라는 표현이 우리와 더 알맞을지도 모른다. 우리는 매일 매 순간 새로운 관찰자가 '되어가고' 있으니 말이다. 이는 단지 말장난이 아니라 우리의 경험을 반영하는 관찰에 불과하다고 생각한다. 나는 여전히 차머스이지만, 5년 전과 같은 관찰자는 아니며, 5년 후에도 같은 관찰자가 아닐 것이다. 여러분도 마찬가지다. 이 해석에 따르면, 우리는 각각 영구적으로 되어가는 상태에 있다고 할 수 있다. 끊임없이 변화가 일어나는 세계를 고려하면, 나는 이 해석이 "나는 나일 뿐이야. 그게 전부야."라는 대사로 유명한 만화 주인공 뽀빠이의 해석보다 훨씬 마음에 든다.

이 관찰자-행동-결과 모델은 뽀빠이의 슬로건을 거부한다. "글쎄, 나는 과거의 내가 아니야. 내일의 나도 아니야. 너도 마찬가지야."라고 말할 수 있겠다. 인간은 자기 변화, 학습, 성장을 위한 놀라운 능력을 가지고 있다. 학습을 통해 과거에는 없었던 능력을 습득하고, 과거에는 할 수 없었던 행동을 하고, 과거에는 할 수 없었던 결과를 만들어낼 수 있다. 자신의 생각에 대해 생각하고 다른 생각을 선택할 수 있다. 자신의 말에 대해 말하고 새로운 대화를 선택할 수 있다. 인간은 언어를 사용함으로써 인간다움을 재설계할 수 있는 능력이 있다. 매우 현실적인 방식으로, 우리는 말함으로써 창조하고 있는 것이다.

라파엘 에체베리아는 이에 대해 다음과 같은 강력한 견해를 공유했다. "우리는 존재하는 대로(혹은 행동하던 대로) 행동한다. 그러나 동시에 우리는 행동하는 대로 어떤 존재가 되기도 한다." 여기에 순환적인 영향이 작용하고 있음을 알 수 있다. 우리가 과거의 역사에 근거해 행동하고 있는 것은 틀림없다. 그러나 우리는 과거의 역사를 벗어나 행동할 수도 있다. 이는 다른 방식으로 관찰하고, 새로운 식별을 학습하고, 새로운 행동을 위한 다른 가능성을 발견함으로써 가능하다. 이 세상에서 새로운 행동을 함으로써 우리는 우리 자신의 새로운 정체성을 만들어낼 수 있다. 우리의 역사와 상반되는 행동을 취함으로써 전례가 없는, 완전히 새로운 결과를 만들어낼 수 있다. 이전과는 다른 내가 될 수 있다.

또한 신경생물학자 움베르토 마투라나가 내린 놀라운 결론에서 알 수 있듯이, 세상에서 새로운 행동을 취하는 것은 말 그대로 우리 안에 새로운 구조를 만들어내고, 이를 통해 미래의 사건에 대해 새로운 방식으로 행동하고 반응할 수 있게 해준다. 새로운 행동을 취한 후 우리는 은유적인 의미로서가 아니라 문자 그대로 다른 사람이 된다. 말 그대로 새로운 관찰자가 되어가는 것이다. 우리는 결코 뽀빠이가 아니며, 이는 생물학적으로 증명된 사실이다. 생명체로서 우리는 구조적으로 결정된다는 점(세상에서 우리가 하는 모든 일과 할 수 있는 모든 일은 우리의 구조가 허용하는 한에서 이루어진다)을 감안할 때, 이는 우리가 삶에서 움직이고 결과를 창출하는 방식에 환상적인 의미를 더한다.

문제가 아니라 문제를 바라보는 나를 바꾸자

나는 문제, 가능성, 해결책이 전부 나라는 관찰자의 기능이라고 배웠다. 이에 대해 생각해 보자. **세상 자체에는 아무런 문제가 없다.**

인간, 즉 관찰자에게 문제가 있는 것이다. 어떤 관찰자에게는 문제가 되는 것을 다른 관찰자는 전혀 눈치채지 못할 수도 있다. 무엇을 문제로 보느냐는 다른 관찰자의 다른 관심사, 다른 관찰자의 다른 식별 및 신념에 따르기 때문이다. 다른 관찰자들은 근본적으로 다른 가능성을 만들어내고, 그 가능성으로부터 근본적으로 다른 해결책(행동)을 만들어낸다. 이는 어떤 상황이 객관적·독립적으로 존재하고, 미리 문제로 주어져 있으며, 이를 먼저 객관적·합리적으로 '있는 그대로' 바라보고 해결해야 한다는 일반적인 생각과는 다른 것이다. 가능성이나 해결책이 '이미 존재'하고, '발견되기를 기다리고 있다'는 생각과는 다르다.

내가 기억하는 라파엘 에체베리아의 요점 중 하나는 다음과 같다. 많은 사람이 함께 곤란한 상황에 처한 상대가 나와 비슷한 관찰자라고 생각한다. 다만 상대가 나쁜 의도를 가지고 있다는 점만 빼고 말이다. (익숙하게 들리는가?) 하지만 그들은 나와 매우 다른 관찰자일 가능성이 훨씬 더 높고, 매우 다른 관심사와 매우 다른 식별을 가지고 있으며, 우리가 사물을 보는 방식으로 사물을 보지 않을 가능성이 훨씬 더 크다. 돈 미겔 루이스는 그의 저서 『네 가지 약속』에서 이렇게 말했다.

> 우리는 모든 사람이 자신과 같은 방식으로 삶을 바라본다고 추정한다. 우리는 다른 사람들이 우리가 생각하는 것처럼 생각하고,

우리가 느끼는 것처럼 느끼고, 우리가 판단하는 것처럼 판단하리라고 추정한다. 이것은 인간이 하는 가장 큰 착각이다.[3]

이 책은 우리가 '보는 것'이 보는 주체, 즉 특정 관찰자와 어느 정도 관련이 있는지에 방점을 두고 있다. 이 사고방식에 따르면, 나와 당신이 많은 것을 똑같이 볼 수 없는 것은 당연하고 정상적인 일이다. 나는 이 관점이 우리가 다른 사람을 재빨리 비난하고 그들에게 나쁜 의도를 돌리는 정도를 줄이는 효과가 있다고 생각한다. 그런 이유로 이 관점을 더 강력하고 효과적인 맥락, 차이를 해소하고 다른 사람들과 함께 나아가기 위한 더 강하고 정확한 출발점으로 본다. 이 효과가 개인, 가족, 조직, 심지어 국가에도 해당한다고 믿는다.

이러한 관점을 통해 앞서 언급한 맹목의 식별을 강화할 수도 있다. 다른 청자는 사물을 다르게 보고 다른 사물을 보는 다른 관찰자와 같다. 이는 우리 각자가 배경, 경험, 식별, 전통, 학습의 차이로 인해 어떤 가능성에 대해 맹목인 것을 의미한다. 매우 현실적인 의미에서, 우리는 이러한 것들을 알지 못한다는 것을 알지 못한다.

이러한 유형의 맹목은 매우 널리 퍼져 있으며 비교적 정상적인 것으로 간주된다. 이런 맹목이 있다는 것 자체가 나쁜 것이 아니라 그것을 깨닫지 못하는 것이 문제다. 이를 깨닫게 되면, 깨닫지 못하던 때와는 다른 행동을 하고, 다른 유형의 관계를 맺을 수 있다. 사람과 관계 맺는 방식도, 문제를 해결하는 방식도 달라진다. 이런 맹목이 다른 사람들과 관계를 맺고 함께하는 맥락을 바꿔놓는다는 사실을 알겠는가? 이것이 바로 진정한 새 출발점이다.

요점 및 새로운 해석

● 우리의 결과는 개인적으로나 업무적으로나 행동의 유무와 큰 관련이 있다. 이는 잘 알려진 사실이다. 우리가 '행동'이라고 할 때는 신체 행동뿐 아니라 언어 행동, 즉 대화를 포함한다. 하지만 그보다 잘 알려지지 않은 사실은 우리 개개인의 '사물을 보는 관점'이 우리가 애초에 가능하리라 여기는 행동에 큰 영향을 미친다는 점이다. 또한 우리가 실제로 어떤 행동을 취하는지에도 큰 영향을 미친다. 이는 '관찰자 - 행동 - 결과Observer-Action-Result' 모델로 설명할 수 있다.

● 우리 각자는 고유한 관찰자다. 또한 우리 각자는 고유한 청자이자 고유한 해석가라고 할 수 있다. 나라는 관찰자는 고정되어 있거나 영구적이지 않으며, 끊임없이 변화하고, 학습하고, 새로운 관찰자가 되어가는 과정 속에 있다. 만약 가정이나 직장에서 자신이 만들어내는 결과가 마음에 들지 않는다면, 우리는 다음 세 가지 방법 중 하나를 선택할 수 있다.

    1. 아무것도 하지 않는다(그다지 유력한 선택은 아니다).
    2. 새로운 행동(신체 행동, 언어 행동을 포함해)을 취한다.
    3. 자신이 사물을 어떻게 바라보고 있는지 바라본다. 관찰자를 문제 풀이에 끌어들인다.

● 자신을 더 잘 관찰하는 것, 특히 자신이 관찰하는 방법을 더 잘 관찰하는 것에는 큰 힘이 있다. 우리는 이미 각자의 특정한 방식으로 관찰하고 있다. 여기서 중요한 질문은 다음과 같다. 지금 내가 사물을 보

는 방식이 내게 도움이 되고 있는가? 내가 원하는 결과를 얻고 있는가?(옳고 그름을 떠나서) 만약 그렇지 않다면, 여러분에게는 사물을 보는 방식을 수정하고, 적응하고, 갱신할 수 있는 기회가 있다. 다른 관찰자가 되기로 선택할 수 있는 기회가 있다.

● 우리는 이미 자기 자신의 설명, 해석, 이야기의 저자이다. 따라서 더 강력하고, 더 유용하며, 우리가 원하는 결과와 더 부합하는 새로운 설명, 새로운 해석, 새로운 이야기를 만들어낼 권한도 우리에게 있다. 그 방법을 배울 수 있는 능력도 있다. 그것을 깨닫고 나면, 이제 새로운 선택을 하고 새로운 학습에 들어가면 된다.

새로운 행동의 가능성을 찾아라!

1. **빅아이**: 나는 어떤 관찰자인가? 즉, 사물을 어떻게 보는 경향이 있는가? 인생에서 어떤 사건으로 인해 관점이 달라진 경험이 있는가? 아니면 항상 같은 유형의 관찰자였나?

_____

_____

_____

_____

2. 2장 2번의 개선하고 싶은 상황으로 다시 돌아가 보자. '관찰자-행동-결과' 모델을 이용하여 원하는 결과를 얻지 못했던 사례를 떠올려 보자. 이에 대해 주변 사람들과 대화를 나눠보자. 특히 자신이 그 사례를 바라보는 관점과 더불어 그 밑에 깔린 가정, 결론, 추론을 공유하는 데 주의를 기울이자. 이는 옳고 그름에 대한 대화가 아니다. 이 상황을 바라보는 다른 관점을 가진 주변의 피드백에 귀를 기울이는 과정이다.

_____

_____

_____

_____

3. 상황을 다른 방식으로 바라봄으로써(관찰자를 교체함으로써) 가능한 한 가지 새로운 행동을 적어보자. 미래에 새로운 행동을 취할 때 초심자이자 학습자인 나를 지원해 줄 수 있는 주변 사람을 떠올려 보자.

_____

_____

_____

_____

4. 이 장에서 배우고 깨달은 것을 주변 사람들과 공유해 보자. 이때 상대방의 관찰과 견해에 귀를 기울이자.

6장

행복은
언어, 감정, 신체가
함께 추는 춤

Language
and the Pursuit of
Happiness

똑바로 앉아라!

— 우리 할머니

이제부터는 어느 정도 직관적이고 자명한 이야기가 될 것이다. 여러분은 이미 이 연결을 알고, 느끼고, 경험한 적이 있다. 이 장에서는 여러분이 새로운 행동을 취할 때 지식을 더 잘 활용할 수 있도록 언어-감정-신체의 연결에 초점을 맞출 것이다. 생성적이고 창조적인 언어의 토대 위에서 여러분이 인생에서 원하는 바를 실현할 수 있는 가능성과 선택지를 늘릴 수 있는 방법을 제시하는 것이 나의 목표다.

지난 장에서 우리는 각자가 고유한 관찰자이며, 사물을 보는 방식에 따라 행동하고, 그 행동에서 결과가 나온다는 모델을 소개했다.

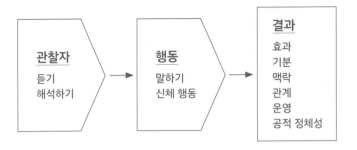

우선 여기서부터 시작해 보자. 우리가 각각 고유한 관찰자라고 말할 때, 그 관찰자란 다음의 독립적이지만 서로 강하게 얽혀 있는 세 가지 측면을 통합한 존재를 가리킨다.

- 우리의 신체(동작과 생리작용을 포함함)
- 우리의 언어(생각을 포함함)
- 우리의 기분·감정 상태

즉, 우리는 지금까지 살아오면서 이 세 가지 영역, 그것으로 구성된 '존재 방식', 그것들의 조화를 발전시켜 온 셈이다. 각각의 관찰자, 우리 개개인, 즉 나와 당신 그리고 다른 모든 사람을 이런 관점에서 볼 수 있다.

이 조합이 바로 우리 개개인의 고유한 '존재 방식'이라고 할 수 있다. 이는 인간은 '이성적 동물'이라는 일반적인 생각과는 대조적이다. 어른이 된 이후에도 나는 머리 한구석에 '인간은 무엇보

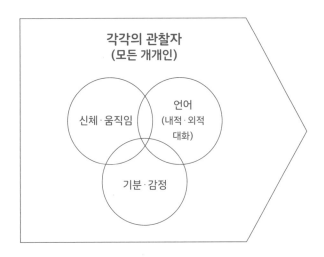

다 이성적인 동물이고, 인간을 인간답게 만드는 주된 요소는 이성이다.'라는 믿음을 가지고 있었다. 수업 시간에 특별히 배운 기억은 없지만, 내가 공부하고 듣고 익힌 많은 것의 배경에 이 명제가 존재했던 것 같다. 이 장에서는 인간에 관한 전통적인 이해 방식을 대체할 새로운 방식을 여러분과 나누고자 한다.

물론 나는 이성적이며, 이성을 많이 사용한다. 하지만 가만 보면 실제로는 나는 물론 다른 많은 사람에게도 상황에 대한 이성적인 반응, 이성적인 계획, 이성적인 의사결정, 이성적인 인간관계, 이성적인 이것저것보다 더 많은 일이 일어나고 있다는 생각이 들었다. 나는 분명 이성적일 수 있지만, 이성이 인간의 가장 주요한 특징이라고 말하는 것은 내 경험과 상반되었다. 좀 더 가까이 바라보면 우리의 이성적 능력은 (이제 말 안 해도 알겠지만) 이미 언어 위에 자리한다는 사실을 알 수 있다.

'이성적 동물' 해석은 논리에 중점을 두기 때문에 우리의 감정과 신체 측면을 충분히 고려하지 못한다. 잠시 과거를 돌아보면, 우리 모두는 자신의 삶에서 감정과 신체가 우리가 하는 일, 하는 방식, 말하는 것, 말하는 방식에 직접적으로 영향을 미쳤고 현재에도 계속 영향을 미치고 있다는 사실을 짚어낼 수 있다.

언어, 감정, 신체는 연결되어 있다

우리가 배워온, 생각과 감정과 몸을 분리해서 바라보는 관점은 인위적인 것이다. 이제 여러분도 알다시피, 언어는 우리의 감정과 신체 그리고 신체의 움직임과 분리된 것이 아니다. 우리의 '존재 방식'은 언어, 기분과 감정, 신체가 모두 연결된 채 각각 역할을 하는 것이다. 우리는 말하고 듣지만, 말하기와 듣기는 항상 우리가 가진 감정에 의해 뒷받침되거나 뒷받침되지 않는다. 우리의 말하기와 듣기는 항상 신체의 동작 범위, 가동 능력, 생리작용에 의해 뒷받침되거나 뒷받침되지 않는다.

다음은 이러한 연결성을 보여주는 좋은 예이다. 우리의 이야기, 기분과 감정, 신체가 서로 일관되게 연결되어 있다는 것을 명확하게 보여준다. 무엇보다 삶의 방향을 바꾸기 위해 취해야 할 행동을 찾을 때 이 세 영역을 포함하는 것이 얼마나 중요한지 강조한다. 앨런 사일러의 저서 『인간의 영혼을 위한 코칭: 존재론적 코칭과 심층의 변화』에 실린 내용이다.

조지는 승진 기회를 앞두고 번번이 자기 발등을 찍고 있었다. 인사 평가에서 다른 사람들과의 소통에 개선이 필요하다는 지적을 계속 받은 것이다. 나는 그의 코칭을 맡았다. 코칭 초기 단계에서 조지가 권한 위임에 큰 어려움을 겪고 있다는 것을 알 수 있었다. 특히 다른 사람에게 명확하고 효과적으로 요구하는 의사소통에 어려움을 겪고 있었다.

조지는 팀원들에게 분노를 느낄 때가 많았고, 자주 그 분노를 참지 못하고 성마르게 표출했다가 거둬들이곤 한다고 말했다. 나는 그 분노의 원인이 무엇이냐고 물었다. 조지는 이렇게 대답했다. "저는 다른 사람에게 무슨 일을 하라고 시켜야 할 때 화가 납니다. 자기가 알아서 해야 할 일을 꼭 내가 시켜야만 하는 상황을 만드는 게 저에 대한 모욕으로 느껴져요."
좀 더 깊이 들어가 보니, 이런 반복 행동이 그의 어린 시절부터 형성되었음을 알 수 있었다. 조지는 '상대방이 요청하기 전에 상대방을 위해 무슨 일을 해야 할지 모른다면 상대에 대한 예의가 아니다.'라는 고정관념이 매우 강한 가정환경에서 자랐다. 항상 신경을 곤두세우고 주의를 기울이며 상대방이 무엇을 원하는지 예측해야 했다. 더불어 그의 머릿속에 깊이 박혀 드러나지 않은 관념은 만약 그렇게 하지 않으면 인간으로서 제 근본적인 가치가 의심을 받으리라는 것이었다.

이렇듯 조지는 사람과 관계를 맺는 방식에 있어서 매우 강력한 이야기와 그에 따른 신념을 가지고 있었다. 그의 이야기에는 타인이 원하는 것을 부탁하지 않아도 알아차릴 수 있어야 한다는 기대가 담겨 있을 뿐만 아니라, 특히 그가 팀장인 지금은 그가 말하지 않아도 팀원들이 그의 요구를 민감하게 알아차릴 수 있어야 한다는 의심 없는 가정이 있었다. 이 이야기를 접한 여러분은 조지의 머릿속 이야기를 바꾸면 그의 행동을 바꿀 수 있다고 말하고 싶을지도 모른다. 그러나 이 이야기(언어 안에서 생겨난)는 그의 '존재 방식'의 한 측면에 불과하다.

말할 필요도 없이, 그의 이야기에는 상당한 긴장감이 있었다. 타인의 필요에 끊임없이 주의를 기울이고, 자신의 가치를 의심받지 않아야 하고, 해야 할 일을 자발적으로 하지 않는 타인의 무신경함에 대처하기 위해서는 많은 감정적 에너지가 필요했다. 그 결과, 조지는 대부분의 시간을 '원망'이라는 감정을 품은 채로 보내왔다. 항상 잔잔하게 화가 나 있었고, 다른 사람에게 무언가를 시켜야 한다고 생각하는 순간 그 화가 폭발했던 것이다.

그러나 이조차 조지가 직장에서 위임과 관련해 어떠한 존재 방식을 취했는지를 완전하게 보여주지는 않는다. 그의 이야기와 기분도 다음과 같은 설정으로 구현되었는데, ① 팀원들에게 일을 시키기가 어렵고, ② 일을 시켜도 팀원들이 제대로 따르지 않는다는 것이었다.[1]

우리가 여기서 다루는 언어, 내적·외적 대화, 이야기, 해석, 신념과 관련된 모든 것은 언제나 이 맥락 안에 있다. 그 맥락은 우리의 언어, 정서적 능력과 범위, 신체와 동작의 내재된 연결과 고유한 관계를 항상 인식하는 것이다. 나는 이 '3원' 모델이 사람들의 실제 경험에 더 잘 들어맞는다고 생각한다. 인간은 이성적 동물이라는 사고방식에 비해, 이 모델이 새로운 행동을 취하고 삶에 지속적인 변화를 불어넣는 데 훨씬 더 강력한 효과를 발휘한다고 말이다. 이 방법이 옳은지 그른지는 모르겠지만 내게 더 효과적이라는 것만큼은 확실하다.

신체, 언어, 감정을 지렛대로 사용하기

앞서 언급했듯이, 우리는 다양한 상황에서 언어, 기분·감정, 신체 사이에 존재하는 연결에 대해 이미 직관적으로 이해하고 직접 느끼고 있다. 내가 소개하는 이 관점의 특장점은 이 세 가지 측면이 변화를 일으키고 다른 것을 설계하기 위한 출발점, 즉 '지렛대'로 쓰일 수 있다는 것이다. 내가 원하는 목적에 맞게 각 측면이 다른 두 가지 측면에 영향을 미칠 수도 있다(내가 좋아하는 말로는 각 측면이 다른 두 가지 측면을 설계할 수 있다).

신체와 움직임

먼저 '몸', 즉 우리의 생리작용, 생물학적 구조, 외형적 측면에 대해 다양한 각도에서 생각해 보자. 자명한 이야기로 보이겠지만 우선 기초부터 시작해 보자.

- 우리는 오직 우리의 생물학적 특성이 허용하는 내에서만 관찰할 수 있다.
- 우리는 오직 우리의 생물학적 특성이 허용하는 한에서만 행동할 수 있다.

즉, 내가 할 수 있는 모든 관찰과 행동의 출발점은 내 몸의 생물학적 구조라는 것이다. 이는 누구에게나 마찬가지다.

예를 들어, 내 눈은 특정 파장의 빛만 볼 수 있다. 내 귀는 특정 파장의 소리만 들을 수 있다. 그 범위를 벗어난 광파나 음파는 보거나 들을 수 없기 때문에 내게 인식되지 못한다. 물론 우리는 개는 사람이 듣지 못하는 높은 주파수의 소리를 구분할 수 있고, 코끼리는 낮은 주파수의 소리를 구분할 수 있다는 사실을 안다. 또한 우리가 보는 빛은 스펙트럼 중 '가시광선'이라고 불리는 부분이라는 사실도 안다. 나와 여러분은 생물학적으로 이런 소리를 듣거나 전자기파라고 불리는 다른 파장을 볼 수 없다. 하지만 우리가 보거나 들을 수 없다고 해서 그런 현상들이 존재하지 않는다는 의미는 아니다. 단순히 우리에게 허용되지 않는다는 뜻이다. 인간의 해석이란 다시 말해 인간의 고유한 생물학적 특성 내에서 이루어지는 해석이다.

생물학적 구조가 다른 사람들은 서로 다른 관찰을 한다. 색각과 청각의 차이, 체내의 화학작용과 호르몬의 차이, 신체 외형의 차이 등 다양한 예를 들 수 있다. 어떤 경우든 관찰자는 자신에게 주어진 생물학적 구조 내에서 관찰하고 있으며, 그 생물학적 구조는 필연적으로 관찰할 수 있는 범위를 규정한다.

이 영역에는 우리의 세포와 분자, 면역 체계 및 기타 신체적 과정이 포함된다. 생리작용, 생물학적 구조, 그리고 우리가 살아가기 위해 일어나는 모든 내부 상호작용을 포함한다. 우리가 먹는 (또는 먹지 않는) 음식, 섭취하는 약과 기호식품(카페인, 설탕, 알코올 등), 기타 일상적인 환경에 우리 몸이 반응하며 성장하는 과정에서 끊임없이 많은 일이 일어나고 있다. 심지어 이 과정에서도 감정·기분, 대화와의 연관성을 분명히 알 수 있다. 예를 들어, 두려움이나 긴장감을 느껴본 적이 있는 사람이라면 심박수, 혈압 등 다양한 신체 기능이 감정과 직접 연관되어 있음을 알 것이다.

또한 우리가 '신체'라고 부르는 것에는 동작과 자세도 포함된다. 즉, '미시적'(생물학적 구조, 세포, 유전자) 차원뿐만 아니라 '거시적'(시공간에서 몸을 움직이고 멈추는 방법) 차원에도 주목할 수 있다. 여기서는 우리가 어떻게 몸을 물리적으로 움직이는지에 주의를 기울이고 인식하는 것이 목표다. 다음과 같은 것들이 포함된다.

- 걷는 자세
- 서 있는 자세
- 앉는 자세
- 고개와 가슴과 어깨를 두는 위치
- 춤추는 모습
- 춤을 추는지 여부
- 사회적 혹은 개인적 상황에서 어떻게 움직이고, 타인과 얼마큼 거리를 유지하고, 상대에 따라 어떤 자세를 취하는지
- 운동 습관과 기준
- 익숙한, 쉽게 할 수 있는 신체 움직임의 범위
- 익숙하지 않고 할 수 없는, 사실상 연습해 본 적이 없어 아직 경험하지 못한 신체 움직임의 범위

우리 중에는 어떤 형태로든 운동을 하는 사람도 있고, 하지 않는 사람도 있다. 요가를 하는 사람도 있고, 안 하는 사람도 있다.

명상도, 산책도, 춤도 마찬가지다. 물론 명상, 산책, 춤에도 무한한 방법이 있다. 꼿꼿하게 허리를 펴고 걷거나 앉는 사람도 있고, 훨씬 더 구부정한 자세를 취하는 사람도 있다. 어떤 사람은 대화할 때 똑바로 서서 상대를 정면으로 마주 보고, 어떤 사람은 상대를 대할 때 항상 비스듬히 옆으로 서기도 한다. 어떤 사람은 '퍼스널 스페이스personal space'가 한 발자국 너비만큼 넓고, 어떤 사람은 몇 센티에 불과할 만큼 좁다. 항상 상대의 눈을 보는 사람이 있는가 하면, 아예 눈을 마주치지 않는 사람도 있다. 예를 들자면 끝도 없을 것이다.

우리는 지금 몸과 그 움직임에 대해 이야기하고 있지만, 조금 더 깊이 들여다보면 그보다 훨씬 많은 이야기를 하고 있다는 것을 알 수 있다. '그보다 훨씬 많은' 것은 우리의 내적·외적 대화와 우리가 느끼는 다양한 감정에서 정확히 드러난다.

신체 영역에 대한 이야기는 앞서 소개한 칠레의 신경생물학자 움베르토 마투라나의 훌륭한 공헌을 빼놓을 수 없다. 그는 지각과 기타 인간 능력에 대한 상식적인 이해를 진지하게 재검토할 필요가 있다는 확고한 과학적 근거를 제시한다. 마투라나 박사는 선구자로서 우리 인간도 속하는 생명 체계에 대한 새로운 이해의 최전선에 서 있다. 마투라나 박사의 주요한 두 가지 발견은 우리와 직접적 관련이 있다.

1. 인간은 '닫힌 체계'이며, '구조적으로 결정되어 있다'. 즉, 우리가 할 수 있는 일은 여러 수준에서 모두 우리의 물리적 구조와 체계에 좌우된다. 우리가 인식하고, 행동하고, 반응하는 것은 '외부 세계'와는 별 상관이 없다. 오히려 그것은 모두 '내부 세계'에 있는 것들, 즉 우리 개개인의 구조, 기분·신체·언어 조합과 관련이 있다. 사실 우리는 '외부'에 있는 것들에 직접 접근할 수 없다. 생물학적으로, 생리학적으로 불가능하다. 우리가 가지고 있는 모든 것, 알고 있는 모든 것은 특정 구조를 통해 반응할 때 인식하고 알게 되는 것뿐이다. 바깥 세계에 존재하는 사물은 우리의 경험을 제공하거나 결정짓는 역할이 아니라 촉발하는 역할을 한다. 우리의 경험, 반응하는 방식, 행동은 이 촉매의 기능이 아니다. 바로 우리, 자기 신체 구조의 기능이다.

2. 우리의 구조는 고정적이고 영구적이지 않고 고도로 가변적이며 끊임없이 변화한다. 새로운 행동은 새로운 신경 회로와 새로운 물리적 구조를 만들어낸다. 학습과 새로운 행동, 즉 새로운 신체 행동과 대화 행동을 통해 우리는 새로운 구조를 만들어낸다. 이 새로운 구조는 다음번 촉매가 작용할 때 새로운 신체·대화 행동을 가능하게 해준다. 그런 의미에서 인간의 학습은 진짜로 체현되는 것이다.[2]

'신체'의 영역은 미시적 차원의 체계, 분자, 과정뿐 아니라 거시적 차원의 자세와 움직임까지 포함한다. 이 책에서는 마투라나의 주장대로 각 개인을 닫힌 체계로 보며, 각자의 고유한 구조, 고유한 기분·신체·언어 조합에 따라 외부의 사건에 반응하는 존재로 본다. 이에 따르면, 주어진 상황에서 '무엇을 할 것인가'는 외부의 사건이나 촉매가 아니라 우리의 존재 방식에 달려 있다. 몸은 우리가 배우고, 말하고, 느끼고, 행동하는 모든 것을 통해 각각 물리적으로나 생리학적으로 끊임없이 변화하며 성장하는 존재다.

우리가 각자 무엇을 하든 우리 몸은 항상 존재하는 것처럼 보인다. 따라서 우리 몸에 대해 배우고, 신체와 감정, 내면과 외면의 대화 사이에 존재하는 연결고리를 이해하는 일은 우리에게 큰 도움이 될 수 있다. 특히 삶에 새로운 결과를 가져오고, 현재 상태에서 벗어나는 데 관심이 있는 사람이라면, 어제와 다른 내일을 설계하는 데 관심이 있는 사람이라면, 이러한 학습의 접근 방식과 관점은 큰 도움이 될 것이다.

언어

이 영역이 이 책의 초점이다. 이 책에서 다루는 인간의 언어를 이해하는 방식은 항상 이 맥락 안에 존재한다. 인간의 언어는 인간에게서 비롯되어 우리의 감정, 신체 및 생물학적 구조, 움직임 등을 포함하는 일관되고 상호 연결된 복합체의 일부로 등장했다.

인간의 언어에는 내적·외적 대화, 듣기, 말하기가 포함된다. 모든 생각, 이야기, 불평, 의견, 대화 등이 포함된다. 앞서 말했듯이, 우리는 언어 속에 푹 잠겨 사는 존재다. 우리는 삶의 과정에서 우리의 존재 방식에 부합하고 우리의 정서적 에너지 및 물리적 신체에 조응하는 고유의 언어적 방식으로 '춤'을 추기 시작한다.

언어를 생각해 보면, 생물학적으로 비슷한 개체들 사이에도 큰 차이가 존재함을 알 수 있다. 다른 말로 하면 사람이 '사물을 보는' 방식에는 생물학적 차이만으로는 설명할 수 없는 큰 차이가 있다. 인간은 매우 유사한 생물학적 구조를 가지고 있으면서도 동시에 사물에 대해 전혀 다른 해석과 설명을 만들어낸다. 내 워크숍에서는 특히 청소년 자녀를 둔 부모들이 이에 대해 훌륭한 증인이 되어주곤 한다. 말이 전혀 통하지 않는 다른 생명체를 보는 것 같다고 말이다.

이 책은 언어에 대한 새로운 관점을 바탕으로 하고 있다. '언어는 행동이고, 생성적이며, 창조적이다.'라는 해석이다. 우리의 식별, 평가(판단), 이야기가 살아 숨 쉬는 곳은 언어 속이다. 여기서는 언어를 세 단계의 틀로 바라볼 텐데, 각 단계는 앞의 단계에 기반한다.

- 첫째, 우리 각자, 즉 각각의 관찰자는 일련의 '식별'을 통해 세상을 관찰하고 있다(앞서 배운 내용을 떠올려 보자). 우리의 식별은 언어 속에 살아 있으며, 예컨대 자동차 정비사는 자동차엔진을 볼 때 식별을 통해 다른 사람들과는 다른 것을 관찰한다. 산림관리자가 나무를 보거나 화학자가 현미경을 들여다볼 때도 마찬가지다. 식별은 관찰의 출발점이다. 식

별은 우리가 주변을 둘러봤을 때 가장 먼저 눈에 띄는 '사물'을 제공한다. 새로운 식별을 얻으면 주변을 둘러볼 때 뭔가 다른 것을 볼 수 있다.

- 둘째, 우리는 '평가', 즉 의견과 판단을 통해 우리가 본 것에 대해 결론을 내린다(이 점에 대해서는 다음 장에서 자세히 살펴볼 것이다). 우리는 자신이 무엇을 보고 무엇을 하려고 하는지에 대해 순수하게 중립적인 입장을 취하지 않는다. 한 가능성을 열고 다른 가능성을 닫는 식으로 자신의 위치를 조정하며 주어진 상황에서 특정한 방향을 선택한다.

- 셋째, 우리는 모든 것을 하나로 묶고, 상황과 사건을 이해하고, 자신의 평가와 의견을 이야기로 연결한다(우리는 각자 자기 이야기의 중심인물이다). 우리는 삶에서 길어 올린 사건과 관찰을 둘러싼 이야기를 직조하고 요소들을 연결하여 우리 눈앞의 사물을 이해한다. 언어 속에서 이 과정을 거치며 언어를 이용해 이 이야기를 생성한다. 그리고 이러한 식별, 평가, 이야기의 '필터' 혹은 '렌즈'를 통해 우리는 세상을 '본다'.

이 이해 방식의 핵심은 자신의 해석과 이야기를 삶의 실제 사건과 분리할 수 있다는 점이다. 이는 매우 큰 이점이며, 완전히 새로운 선택의 문을 열어준다. 사건(실제로 일어난 일)은 그 자체에 속하고, 자신의 해석이나 이야기(사건을 받아들이는 방법)는 자신에게 속함을 이해할 수 있게 된다. 내 해석이나 이야기는 내가 경청하고, 평가하고, 이야기를 쌓아 올리는 방식에서 비롯된다. 사건은 그저 존재할 뿐이지만, 해석과 이야기는 다음 행동의 가능성을 열거나 닫을 수 있다. 해석이나 이야기는 우리가 무엇을 보고, 어떤 행동을 어떻게 실행할지를 결정한다. 그리고 우리의 행동은, 이제 모두 알겠지만, 결과를 낳는다.

감정 상태·기분

우리 각자, 각각의 관찰자의 특정한 존재 방식을 구성하는 세 번째 주요 측면은 '감정'이다. 여기서 우리는 자신의 기분과 감정, 반복되는 특정한 감정 패턴, 습관, 범위를 살펴볼 것이다. 기분과 감정은 우리에게 엄청나게 중요하다. 우리가 살아가는 방식, 자신 및 타인과 맺는 관계, 세상을 헤쳐 나가는 방식, 가정과 직장 등 모든 곳에서 우리가 만들어내는 결과에 분명하고도 극적인 영향을 미치기 때문이다. 기분과 감정은 인생 경험, 즉 인생이라는 '여정의 질'과 밀접한 관련이 있다. 그 여정의 목적지가 어디든 간에 말이다. 기분과 감정은 우리의 행복, 평온함, 생산성과 떼려야 뗄 수 없는 관계다.

우리는 기분과 감정에 대해, 그것이 무엇이고 자신에게 어떤 영향을 미치는지에 대해 상식적으로 이해하고 있다. 하지만 나는 내가 배운 다른 해석을 여러분과 공유하고자 한다. 기분과 감정을 식별하고 조금 다른 방식으로 이해하는 것이 인생을 설계하는 데 도움이 될 수 있다는 점을 보여주고 싶다. 무엇보다 인간은 정서적인 존재다. 어떤 경우든 여러분과 나 그리고 다른 모든 사람은 한 가지 이상의 기분을 느끼는 상태에 있다. 무관심도 기분 중 하나다. 여러분이 어떤 기분이나 감정 상태에 있든, 그것은 이미 여러분의 생각, 내적 대화, 경청하는 방식, 어떤 종류의 대화를 할 수 있는 능력에 영향을 미치고 있다.

가장 기본적인 수준에서 기분과 감정은 행동의 전제 조건이다. 분노하고 있을 때는 사건이나 계기가 무엇이든 대갚음하거나, 깎아내리거나, 움츠러들거나, 사물을 부정적으로 받아들이는 경향이 매우 강해진다. 반면 평온한 기분이나 야심 찬 기분일 때는 사건이나 계기가 무엇이든 관대하게 받아들이거나 남을 도와줄 가능성이 높아진다.

기분과 감정이든, 타코와 브리토든 부르는 말은 중요하지 않지만 굳이 기분과 감정을 구분한다면, 하나는 단기적으로 외부의 사건에 의해 유발되고, 다른 하나는 그렇지 않다. 기분mood은 장기적인 것으로 배경에서 몇 주, 몇 달, 몇 년 동안 지속된다. 외부 사건에 의해 유발되는 것이 아니라 어떤 사건의 전에 존재하는 것이다. 기분은 우리가 세상에서 교류하는 순간에 이미 우리 안에 있다. 실제로 행동을 취하기 전에 우리가 빠져 있는 지배적인 전제라고 볼 수 있다. 반면 감정emotion은 단기적인 것으로 반드시 외부 사건에 의해 유발되어 몇 분, 몇 시간, 며칠 동안 지속된다. 행동의 전제가 일시적으로 변화한 상태로 간주되며, 일반적으로 자신이나 타인의 눈에 더 잘 띈다. 한번 유발된 감정이 사라지고 나면 다시 장기적인 기분으로 되돌아오고 또 다른 사건에 의해 다른 감정이 유발되는 과정이 반복된다.

이렇게 구분하면, 예를 들어 분노라는 감정(단기)에 빠지는 것과 분노라는 기분(장기)으로 인생을 사는 것은 전혀 다르다고 할 수 있다. 원한, 두려움, 불안, 야망, 평온함 등 모두 마찬가지다.

감정과 기분은 우리가 사물을 보는 방식과 분리된 것이 아니라, 서로 밀접하게 연관되어 있고 완전히 상호 의존적이다. 우리는 자신의 기분을 정당화하고 그것이 옳음을 증명하는 해석, 판단, 평가, 이야기를 만들어내는 경향이 있다.

기분은 우리의 언어, 곧 우리의 생각, 말하기, 듣기와 밀접하게 연관된다. 여러분도 이제 알다시피 기분과 감정은 우리의 몸과도 밀접한 관련이 있다. 기분은 다양한 방식으로 우리의 삶과 결과에 영향을 미친다. 그것이 '옳다'거나 '그르다'는 게 아니라, 사실이 그렇다는 것이다. 하지만 많은 사람이 자신의 기분과 감정을 잘 관찰하지 못한다. 설령 알아차리고 변화를 꾀하려고 해도, 우리는 종종 그 기분과 감정에 지나친 무게와 권위를 부여하고 마치 관리가 불가능한 요소처럼 보이게끔 과대평가함으로써, 결국 새로운 행동으로 이어지지 않는 무력한 이야기를 만들어내게 된다.

원하는 결과를 향해 나아가기 위해 새롭게 배워야 할 기분이 있는지를 살펴보고, 그 방향으로 나아가기로 선택한다면 우리의 언어 및 신체는 어떤 역할을 하게 될지도 생각해 보자.

슬픔은 오리걸음에 머물지 않는다

각 영역을 이렇게 살펴보자. 인간은 이 세 가지 측면(신체, 감정, 언어)을 일관성 있게 조합하여 발전시켜 왔다. 시간이 흐르면서 자신의 이야기는 어떤 감정 공간을 만들어내고, 반대로 어떤 감정 공간에서는 예의 그 이야기가 만들어질 가능성이 훨씬 높아진다. 이 정서적 에너지는 외적 차원에서는 신체의 자세와 언어적 대화에, 내적 차원에서는 면역 체계, 세포, 분자 및 기타 신체적 과정에 영향을 미치는 식으로 우리 몸에 드러난다. 이 모든 측면은 서로 연결되어 있으며 서로를 강화하고, 서로를 일관성 있게 유지하려고 노력한다. 어느 한 측면이 변화하거나 대체되면 다른 측면들은 새로운 이야기, 새로운 감정 상태, 새로운 신체 움직임이나 자세에 '재적응'하는 과정을 시작한다(이 경우 새로운 존재 방식이 나타나고 새로운 관찰자가 나선다). 또는 새로운 이야기, 새로운 감정, 새로운 신체 움직임을 포기할 때까지 다른 측면들이 변화의 노력을 거부할 수도 있다. 이 경우에는 '오래된 방식'을 계속 따르게 된다(실제로는 아무것도 변하지 않고 동일한 관찰자가 존재한다).

이러한 일치와 연결은 중요하므로 몇 가지 예를 살펴보자. 이는 우리가 누구인지에 대한 새로운 이해와 새로운 해석의 기초가 된다. 또한 새로운 능력, 즉 자신의 '존재 방식'과 '존재'를 의도적으로 설계할 수 있는 능력의 기초가 된다. 우리 자신으로 돌아가서 이러한 연결이 어떻게 나타나는지 계속 생각해 보자. 많은 사람이 자신의 기분과 감정을 잘 관찰하지 못한다는 것은 앞에서 이야기했다. 심지어 우리 몸과 몸을 움직이는 방식에 대해서는 더 잘 관찰하지 못할 수도 있다.

문득 창밖을 내다봤는데 보도를 따라 구부정한 자세로 땅을 바라보며 느릿느릿 걷고 있는 사람이 있다면, 그 사람의 기분에 대해 무엇을 말할 수 있을까? 대개는 그 사람이 슬프거나 우울한 것 같다고 말할 것이다. 적어도 기쁘거나 즐거운 것 같다고 말하진 않을 것이다. 그렇다면 이번에는 깡충깡충 뛰면서 지나가는 사람을 본다면, 그 사람의 기분이나 감정 상태에 대해 뭐라고 말할 수 있을까? 행복하거나 즐거워 보인다고 하지 우울하거나 화나 보인다고 말하진 않을 것이다. 상식적인 수준에서 우리 모두는 이러한 연결이 존재한다는 것을 알고 있다.

여러분도 동료나 친구가 걸어가는 모습이나 앉아 있는 자세를 유심히 보고 그 사람의 기분이나 감정을 정확하게 추측했던 사례를 떠올릴 수 있을 것이다. 영업사원도, 부모도, 자녀도, 누구나 이런 일을 한다. 직장에서 상사나 동료에게 무언가를 부탁하기 위해 '적절한 타이밍'을 기다린 적이 있는가? 어렸을 때 부모님께 무언가를 사달라고 조르기 위해 '적절한 타이밍'을 기다린 적은? 어떤 것을 관찰하면 적절한 타이밍을 알 수 있을까? 그리고 애초에 왜 이런 일을 하는 것일까?

우리는 다른 사람의 대화, 신체, 행동을 관찰하고 그 사람의 감정과 연관 짓는다. 인간으로서 우리가 어떤 생각을 영구적으로 수용하거나 거부하지 않는다는 걸 알기 때문이다. 어떤 날은 다른 날보다 특정 제안이나 아이디어, 가능성을 더 열린 마음으로 받아들인다. 우리는 항상 가능성을 열고 닫고 있으며, 그 열림과 닫힘은 우리의 몸과 움직임, 기분과 감정 상태와 연결되어 있다.

한편 '태도attitude'라는 단어도 물리적인 관찰에서 비롯된 것으로, 지면에 대한 물체의 각도, 높이, 위치와 관련이 있다. 몸의 움직임에도 태도가 나타나는 것을 경험해 본 적이 있을 것이다. 같은 단어나 모델로 표현하지 않더라도 이러한 연관성을 직관적으로 느끼는 것이다.

운동을 하고(몸) 나서 기분이 좋아진(기분) 적이 있는가? 대부분이 '있다'고 대답할 것이다. 하지만 만약 운동을 하러 나가기 전에 기분이 좋아질 때까지 기다렸다면 어떨까? 소파에서 일어나지도 못했을 것이다. 화가 났을 때(기분) 춤을 추어본(몸) 적이 있는가? 보통 화와 춤은 거리가 멀다. 하지만 그렇기 때문에 화가 났을 때 춤을 추다 보면, 흥미로운 두 가지 일 중 하나가 일어난다. ①춤을 그만둔다. ②화내는 것을 그만둔다. 마찬가지로, 큰 소리로 꽥꽥거리며 오리걸음을 걸으면서 슬퍼하기는 매우 어렵다. 슬픔은 오리걸음으로 걷는 몸에 잘 머물지 않기 때문이다.

같은 맥락에서 걷는 방법을 바꾸면 기분을 바꿀 수 있다(허리를 펴고 앞을 바라보며 빠르게 걷기 vs. 아래를 쳐다보고 발을 끌며 느리게 걷기). 마지막으로 깡충깡충 뛰어본 건 언제였는가? 깡충깡충 뛰면 어떤 기분이 들까? 앉는 자세, 가슴과 어깨의 위치, 호흡법을 바꾸면 기분을 바꿀 수 있다. 기도, 요가, 명상 등과 같이 의도적으로 몸을 다른 방식으로 움직이고, 다른 자세를 취함으로써 자신의 기분을 능동적으로 설계할 수 있다. 식습관이나 운동 습관을 바꾸면 자신의 감정에 영향을 미칠 수 있다. 이런 변화를 통해 자신(내적 대화) 및 타인(외적 대화)과 다른 대화를 하게 된다. 우리의 신체, 감정, 언어는 진정한 의미로 서로 엮여 있다. 따라서 각 영역에서 자신을 잘 관찰하는 능력이 중요한 열쇠가 된다.

개인의 기분뿐 아니라 조직의 분위기도 마찬가지다. 앞에서 살펴보았듯이, 어떤 조직 구성원의 대다수가 서로 비난과 불평만 늘어놓는다면, 그 조직의 분위기는 어떻게 될까? 가히 좋지는 않을 것이다. 조직 내에 팽배한 부정적 분위기가 부정적 대화를 불러왔다고 말할 수도 있지만, 반대로 대화를 긍정적으로 바꾸면 분위기 또한 긍정적으로 바뀔 것이다. 우리의 언어와 감정·기분이 일관성을 유지하려 하기 때문이다.

물론 화내거나, 원망하거나, 슬퍼하는 것이 나쁘다고 말하는 것이 아니다. 인생에 무슨 일이 일어나든 항상 장난스럽고 밝은 기분으로 돌아다니라고 제안하는 것도 아니다. 중요한 점은 우리 자신과 우리의 기분 및 감정을 잘 관찰하고, 우리가 빠져 있는 이 기분(장기적)이나 감정(단기적)이 우리에게 도움이 되는지 아닌지를 판단할 수 있어야 한다는 것이다. 이 장의 목표는 신체, 기분·감정, 언어라는 세 가지 주요 영역 사이에 존재하는 연결성, 일관성, 상관관계를 보여주고, 이 연결에 내재된 힘을 활용하여 자신의 기분, 대화, 신체 및 결과를 보다 의식적으로 설계할 수 있는 가능성을 소개하는 것이다.

여기서 배운 내용을 바탕으로 앞으로 우리는 세 갈래의 큰길, 서로 다르지만 함께 엮인 길을 탐구하고, 그 차이를 식별하고, 이를 우리 자신의 평온함과 생산성을 위한 새로운 기반으로 활용할 수 있을 것이다.

우리 몸은 무고하지 않다

이 장에서 배운 내용을 체감할 수 있도록 연습을 해보자. 여건이 된다면 여러분도 지금 바로 이 연습을 통해 우리가 논의한 일관성을 경험해 보기 바란다. 먼저 의자에 앉아 양발을 바닥에 대고 어깨너비만큼 벌린다. 상체를 앞으로 숙여 발 사이의 바닥을 바라본다. 고개를 숙여서 아래를 내려다보는 자세다. 이 자세로 다음의 말을 큰 소리로 힘차게 외쳐보자.

"내 인생은 가능성으로 가득해서 매일이 즐겁다!"

워크숍에서 이 연습을 시키면 대부분의 참가자가 금방 웃음을 터뜨린다. 그 이유를 물으면 '어색하다'거나 몸을 움츠리는 것이 말과 '맞지 않는다'고 대답한다. 즉, 말과 몸이 일치하지 않았다는 뜻이다. 그렇다면 움츠린 몸에 더 잘 어울리는 말은 무엇일까? 참가자들에게 물어보면 대부분 "이 일에 끝이 있을까?", "되는 일이 하나도 없어." 같은 대답을 한다. 이 말들은 앞의 자세에서 더 쉽게 내뱉을 수 있을 것이다.

이제 그 반대로 해보자. 허리와 가슴과 어깨를 펴고 머리와 턱을 들어 올려 똑바로 선다. 누가 내 정수리에 달린 줄을 위에서 수직으로 당기고 있다고 상상해 보자. 이제 활짝 웃으며 자신감 넘치는 큰 목소리로 다음과 같이 외쳐보자.

"내 인생은 돌이킬 수 없이 망했다……."

대부분의 참가자는 앞서 말한 것과 같은 불일치를 언급한다. 똑바로 서 있는 몸은 이 말과 '맞지 않는다'. 서로 부조화한다.

우리는 이 차이를 본능적으로 알면서도 어느샌가 잊고 있었을 뿐이다. 신체, 기분·감정, 언어는 설계가 가능한 영역이 될 수 있다. 우리는 의도적으로 새로운 대화를 시작할 수 있다. 시간이 지나면 그것이 결국 기분에 영향을 미치거나 새로운 기분을 설계하는 효과가 있다는 사실을 염두에 두고 말이다. 우리는 의도적으로 몸을 사용하여 다른 일을 할 수도 있다(다르게 걷기, 다르게 앉기, 다르게 서기, 춤추기, 명상하기, 운동하기 등). 시간이 지나면 결국 다른 해석, 다른 대화, 다른 기분이 생길 수 있다는 사실을 염두에 두고 말이다. 우리는 음악을 듣거나 다른 일을 하면서 의도적으로 기분을 바꿀 수 있다. 그것이 우리의 듣기, 해석, 언어, 자세에 영향을 미친다는 사실을 염두에 두고 말이다. 이 모델은 세 가지 서로 다른 설계의 영역, 즉 우리 삶에서 새로운 결과를 창출하는 데 이용할 수 있는 세 가지 서로 다른 인과적 요소를 분명히 제공한다는 장점이 있다.

이 책에서 정의하는 바에 따르면 기분은 감정보다 더 오래 지속되기 때문에 우리 몸에 더 극적이고 지속적인 영향을 미친다. 만약 평생을 한 가지 기분으로 산다면 신체는 어떤 영향을 받을까? 예를 들어, 평온함이나 야망과 같은 기분을 간직한 채 살 때와 비교해, 계속해서 원망을 품은 채 살아간다면 시간이 지나면서 우리 몸에 다른 영향을 미칠까? 물론 그렇다. 우리 자신이나 다른 사람에게서 어렵지 않게 그 증거를 찾을 수 있을 것이다. 어깨 근육, 목과 얼굴 근육, 등과 척추, 허리와 골반 등에 주의를 기울여 보자. 걸음걸이, 몸가짐, 앉고 움직이는 자세, 가만히 있는 자세 등에도 주의를 기울여 보자. 오랜 시간 동안 우리가 어떤 기분을 '체화'하고 있는지에도 주의를 기울여 보자. 결국 우리는 그 기분을 '뼛속에' 간직한 채 살고 있는 셈이다.

따라서 지배적인 기분이나 태도에 대처하고 개입하기 위해서는 몸과 행동에 주의를 기울여야 한다. 사실, 몸과 행동을 바꾸는 것부터 시작할 수도 있다. 하지만 언어적 측면 역시 잊지 말아야한다. 왜냐하면 자기 내면의 이야기를 진실이라고 믿어버릴 경우 몸으로 새로운 시도를 하지 않는 것을 정당화하는 핑계가 되기 때문이다.

당신이 소중히 여기는 사람들과의 관계를 생각해 보자. 업무적인 관계든, 개인적인 관계든, 어른이든 아이든 상관없다. 만약 그들 중 하나가 고개를 푹 숙이고 걷거나 앉아 있는 모습을 본다면, 아마 그러지 않기를 바랄 것이다. 그런 행동이 그 사람의 내적 대화, 즉 자신이 누구인지, 어떤 사람이 될 수 있는지 등의 고민과 관련이 있음을 직감적으로 느끼기 때문이다. 그런 행동에서 슬픔, 우울, 체념의 감정 상태임을 어렵지 않게 짐작할 수 있고, 이제 우리는 이런 감정이 시간이 지날수록 가능성을 닫아버리며 인간관계를 약화할 수 있음을 알고 있다.

우리 할머니가 내게 늘 "똑바로 앉아라!"라고 말씀하신 데는 다 이유가 있었다. 이 말은 내 코칭 스승과 친구가 내게 해준 말을 떠올리게 한다.

"우리 몸은 무고하지 않다."

"내가 서 있는 모습이 곧 세상 속에서 내가 서 있는 모습이다."

머릿속으로 하는 것과 몸으로 하는 것은 다르다

많은 사람이 직관적인 수준에서 이러한 연결고리를 이미 알고 있지만, 대부분은 이를 충분히 활용하지 못하고 있다. 이를 활용하기 위해 필요한 것은 언어에 대한 새로운 이해를 바탕으로 새로운 틀을 마련하고, 시간을 들여 그것을 훈련하는 일이다. 여기 몇 가지 예와 생각해 볼 질문을 제시한다.

- 여러분이 걷고, 서고, 가만히 있을 때 자세가 다른 사람과 어떻게 다른지 눈치챈 적이 있는가? 어떤 차이점을 발견했는가? 자신의 방식을 묘사해 보자. 그 방식은 시간이 지나면서 변해온 것인가?
- 여러분이 걷고, 서고, 가만히 있을 때 주로 취하는 자세가 여러분의 가장 일반적인 기분과 어떤 연관이 있는지 보이는가? 스스로와 되풀이하는 특정한 내적 대화가 있는가?
- 이야기를 꺼내고 싶으면서도 어떤 이유로 피하고 있는 중요한 대화를 생각해 보자. 몸을 어떻게 해야 그 대화를 시작하는 데 가장 도움이 될까? 허리를 펴고 서서 상대의 눈을 보아야 할까, 고개를 숙이고 땅을

쳐다봐야 할까? 아니면 앉아 있어야 할까, 서 있어야 할까? 어디를 바라볼 것인가? 어깨와 가슴은 어떻게 하겠는가?

- 위 대화에 가장 적합한 감정은 무엇이며, 필요한 자세와 신체 움직임 중 그와 가장 잘 어울리는 것은 무엇일까?
- 피하고 있는 신체의 움직임이나 동작(춤, 요가, 체조, 좌선, 수영, 자전거 타기 등)이 있는가? 그 동작을 하지 않는 이유에 대해 스스로 어떤 이야기를 만들어왔는가? 그 이야기는 지금도 여러분에게 진실인가? 그 이야기가 여러분에게 도움이 되는가?
- 정말 좋아하고 자주 참여하는 신체 활동이 있는가? 이러한 활동이 여러분의 기분에 어떤 영향을 미치는가? 대화에는 어떤 영향을 미치는가?
- 몸을 움직여 감정과 대화의 변화를 꾀할 수 있는 특별한 장소(해변, 산, 숲, 호숫가 등)가 있는가?

많은 사람이 새로운 행동이나 새로운 일을 시작할 때 최선을 다한다. 까다로운 직원이나 배우자와의 대화, 새로운 그룹 앞에서의 프레젠테이션, 새롭게 중요한 역할을 맡게 된 대규모 회의 등 어떤 일이든 계획을 세우고 머릿속으로 여러 번 리허설을 한다. 여기서 두 가지 점을 지적할 수 있다.

첫째, 머릿속으로 몇 번이고 리허설을 하는 것과 실제로 연습하는 것은 다르다. 무엇이 다를까? 바로 몸, 동작, 신체 부위가 다르다. 연습에는 반드시 몸을 투입해야 한다(학습=시간+연습). 위 예시를 대입해 보면, 까다로운 직원과 대화하기 전에 다른 사람과 미리 연습을 해보고, 전날 청자를 앞에 두고 발표 내용을 큰 소리로 읽어보고, 새 회의실에 먼저 가서 분위기와 자리 배치 등을 눈에 익히는 일 등은 확실히 차이를 만들 수 있다.

둘째, 미리 연습하지 않고 새로운 일을 하면 몸이 긴장하는 경우가 많다. 무릎이 떨리고, 심장이 두근거리고, 맥박이 빨라지고, 손바닥에 땀이 나고, 목이 메고, 가슴이 뻐근하고, 입이 마르는 등 다양한 신체적 변화가 나타난다. 앞서 살펴본 '3원' 모델의 세 가지 요소가 서로 연결되어 있다는 점을 감안하면 이러한 신체적 반응은 놀라운 일이 아니다.

몸이 그렇게 되는 것 자체는 그저 하나의 사건에 불과하다. 앞 장에서 살펴본 것처럼 정말 중요한 것은 해석이다. **이 모든 신체 반응을 어떻게 해석할 것인가?** 크게 다음과 같은 두 가지 길이 있을 것이다. 이 해석의 차이, 그리고 거기서 비롯되는 미래 행동(미래의 결과로 이어지는)의 차이에 주목해 보자.

해석 1: 내 몸이 이렇게 된 것은 내가 하지 말아야 할 일을 하려고 하기 때문이다. 이것은 내 몸이 보내는 도망치라는 신호다. 이 상황이 나에게 맞지 않고, 좋지 않고, 이 일을 하려고 한 것은 큰 실수라고 말하고 있는 것이다.

해석 2: 내 몸이 이렇게 된 것은 이 대화나 상황에 대한 연습이

거의 또는 전혀 이루어지지 않았기 때문이다. 내 몸은 내가 이 일에 초심자이며, 능력과 자신감을 기르기 위해서는 더 많은 연습이 필요하다고 알려주는 것이다.

어떤 경우든 우리가 말, 대화, 해석의 문제로 돌아오고 있다는 것을 눈치챘는가? 내 제안은 새롭고 더 강력한 대화를 고안하는 능력은 육체적, 정서적 측면과 완전히 얽혀 있다는 사실을 항상 직시하라는 것이다. 의도적으로 이 세 가지 측면을 분리하여 한 측면에 대해 이야기하고 다른 측면들에 대해 이야기하지 않음으로써 새로운 결과를 설계하는 데 도움이 되는 인식을 만들어낼 수도 있다. 그러나 결국은 인위적인 분리일 뿐이다. 우리는 항상 각자를 고유한 인간이자 고유한 관찰자로 존재할 수 있게 하는, 끊임없이 변화하는 언어·감정·신체의 고유한 조합을 다루고 있다.

요점 및 새로운 해석

● 언어는 진공에서 발생하지 않는다. 다른 두 가지 영역을 함께 고려하지 않고는 언어에 대해 이야기할 수조차 없다.

● 우리는 각자 고유한 관찰자다. 각자의 고유한 방식으로 사물을 보고 해석한다. 그러나 관찰자로서 우리 각자는 서로 긴밀하게 연결된 세 가지 요소로 구성되어 있다는 점에서는 같다.
- 언어(내적·외적 대화)
- 기분과 감정
- 몸, 생물학적 구조, 신체의 움직임

● 이 세 가지 측면은 고정적이고 영구적이지 않고 역동적이고 끊임없이 변화한다. 각각은 다른 두 가지 측면에 영향을 미친다. 우리의 기분 변화는 언어와 신체에 영향을 미친다. 대화의 변화는 기분과 감정의 변화를 불러올 뿐만 아니라 신체와 동작에도 변화를 가져온다. 신체적으로 다른 행동을 하는 것은 언어뿐만 아니라 감정 상태에도 영향을 미친다.

● 이 연결고리 하나하나가 우리의 삶을 바꾸는 출발점이 될 수 있다. 우리는 이러한 연결에 내재된 힘을 활용할 수 있다. 다른 두 가지 영역이 영향을 받으리라는 점을 염두에 두고 한 가지 영역에서 의도적으로 변화를 꾀할 수도 있다. 그렇게 우리는 우리 자신을 능동적으로 설계할 수 있게 된다.

새로운 행동의 가능성을 찾아라!

1. **빅아이**: 나를 지배하는 주된(장기적인) 기분은 무엇인가? 달리 물으면, 보통 자신이 어떤 기분 상태에 있다고 생각하는가? 그리고 다른 사람들은 내가 보통 어떤 기분 상태인 것 같다고 말하는가?

_____

_____

_____

_____

2. **빅아이**: 내가 걷고, 앉고, 서는 자세, 신체의 물리적 반응, 움직이는 방식은 1번에서 이야기한 주된 기분과 일치하는가? 일치한다면 어떤 점에서 그러한가?

_____

_____

_____

_____

3. **빅아이**: 기분, 몸, 언어 중 한 가지에 변화를 주었을 때 다른 두 가지도 영향을 받은 경험이 있다면 적어보자.

_____

_____

_____

_____

4. 평소의 자세로 거울 앞에 서보자. 서 있는 자세와 몸가짐에서 어떤 점을 발견할 수 있는가? 어깨, 목, 등을 살펴보자. 가슴, 머리, 팔이 평소 어떤 위치에 있는지 눈여겨보자. 내 평소 자세가 내 '평상시' 기분이나 '평상시' 대화를 어떻게 반영하고 있는지 구체적으로 적어보자.

_____

_____

_____

5. 평소보다 어깨를 약간 뒤로 젖히고 가슴을 앞으로 내민 자세로 서보자. 고개는 평소보다 조금 더 곧추세우고, 눈은 앞쪽 먼 곳을 바라보고 있는지 확인한다. 뭔가 눈에 띄는 것이 있는가? 이 자세를 일주일 동안 지속해 보고, 걷고 앉고 대화할 때 어떤 변화가 생기는지 확인해 보자. 무엇이 눈에 띄는가? 만약 이 연습을 하지 않았다면, 무엇이 나를 멈추게 했는지 생각해 보자. 4장에서 배운 '학습의 적' 목록을 참고하기 바란다.

_____

_____

_____

6. 지금까지 변화를 거쳐온 식습관과 운동 습관을 설명해 보자. 그것이 나에게 도움이 되었는가, 아니면 도움이 되지 않았는가? 이 영역에서 무언가를 학습하려면 어떤 것이 필요할까?

_____

_____

_____

_____

7. 자신이 좋아하는 음악, 감동과 영감을 주는 음악을 찾아보자. 그것을 평소보다 더 자주 재생해 보자.

_____

_____

_____

_____

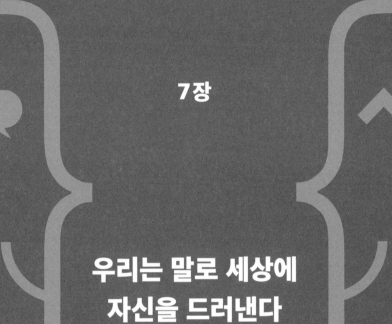

7장

우리는 말로 세상에
자신을 드러낸다

Language
and the Pursuit of
Happiness

지혜를 사랑하는 자는 많은 것을 연구해야 한다.[1]

― 헤라클레이토스

지난 장에서는 언어(말하기, 듣기, 내적·외적 대화)가 고립된 진공 상태에 있는 것이 아니라 우리의 감정 상태, 신체 및 생물학적 구조와 서로 영향을 주고받는 관계로 단단히 연결되어 있다는 모델을 소개했다. 또한 이 책의 서두에서 우리의 언어는 행동, 행동의 조정, 창조 및 생성과 관련이 있다고 말했다(단순히 사물에 대해 타인과 의사소통하는 것이 아니라). 이것이 내가 여기서 여러분에게 전하는 모든 것의 기초가 되는 새로운 해석이다.

　이 장에서는 언어에 대한 이런 광범위한 해석에서 나아가 언어와 관련된 구체적인 행동에 대해 살펴볼 것이다. 즉, 지금까지 우리가 살펴본 대로 언어가 행동이라면, 우리가 하는 행동은 정확히 무엇일까?

앞에서 '식별'의 힘에 대해 이야기한 것을 기억하는가? 이 장에서 하려는 것이 바로 언어에 대한 식별이며, 이는 세상에서 행동을 취하고 결과를 만들어낼 수 있는 새로운 가능성을 보여준다. 존 설[2]과 오스틴[3], 특히 페르난도 플로레스의 연구에 따르면, 내용이 무엇이든 인간이 말을 할 때는 다음 중 한 가지 행동을 하고 있는 것이다.

1. 주장Assertion

2. 평가Assessment(특별한 유형의 선언)

3. 선언Declaration

4. 요청Request

5. 제안Offer

6. 약속Promise

사람들 간의 대화는 모두 이 중 하나 또는 그 이상을 포함하고 있다. 이 해석에 따르면 인간의 모든 말은 주장 또는 평가 또는 선언 또는 요청 또는 제안 또는 약속이다. 여러분이 지금까지 해온 공과 사를 넘나드는 모든 대화는 위 여섯 가지로만 이루어져 있다는 뜻이다. 그리고 앞으로 할 모든 대화도 마찬가지다. 인생에 새로운 결과를 가져오는 데 필요한 것은 바로 이러한 발화 행위speech act의 능력을 익히는 일이다. 이것이 내가 '언어 영역에서의 식별'이라고 부르는 것이다. 산림관리자는 나무를, 자동차 정비사는 자동차 구조를, 와인 애호가는 와인을 세밀하게 식별하듯이, 언어 영역에서의 식별은 다른 어떤 영역에서든 가능성을 발견하고, 목적의식을 가지고 행동하며, 원하는 결과를 불러오게 할 수 있다. 그러나 언어의 경우에는 그 영역이 엄청나게 넓다. 나무, 자동차 부품, 와인보다 훨씬 더 큰 영역으로, 우리 삶의 거의 모든 측면을 포괄한다. 이 영역에서의 새로운 식별은 자신과 타인을 새롭게 바라볼 수 있는 가능성을 가져다주며, 말 그대로 자신의 존재 방식을 재설계할 수 있게 해준다. 반대로 이 영역에서 각각을 식별하지 못하면 행복이나 원하는 결과를 가져다주지 않는 행동으로 이어지는 경우가 많다.

이 여섯 가지 구분은 우리가 어떤 일을 할 때 사용하는 실제 수단, 실제 메커니즘이다. 따라서 우리에게 필요한 것은 인식, 이해, 시간 그리고 연습이다. 지금부터 살펴보자.

섹션 1. 주장과 평가

주장은 발화하는 것이다.
평가는 어떤 가능성이 있는지 알아보는 것이다.
— 훌리오 올라야

다음 두 문장에서 시작해 보자.

나는 남자다.　　　　**나는 멍청하다.**

핵심 질문은 이것이다. 이 두 문장의 차이점이 무엇일까? 몇 가지 예시를 더해보자. 그리고 다음 표의 왼쪽 열에 있는 모든 문장을 꼼꼼히 살펴보자. 이런 종류의 문장을 전통적으로 무엇이라고

A	B
나는 남자다.	나는 멍청하다.
마크는 AA 기업의 CEO다.	마크는 강력한 CEO이자 좋은 리더다.
이 책의 무게는 580그램이다.	이 책은 무겁다.
앤의 키는 180센티미터다.	앤은 키가 크다.
외부 기온은 20도이고 구름 한 점 없다.	오늘 날씨는 최고이다.

부를까? 우리의 일상 대화에서는 무엇이라고 부를까?

우리 대부분은 A열의 설명을 '사실' 혹은 그와 비슷한 표현으로 부를 것이다. 나도 동의하지만, 여기서는 사실을 이해하는 전통적인 방식과 매우 유사한 새로운 식별 방법을 소개하고 싶다. 나는 대신 A열의 모든 문장을 '주장assertion'이라고 부른다. 이것이 이 섹션에서 제시할 새로운 식별 중 하나다.

주장을 통해 화자는 자신과 청자의 공통된 인식을 위해 무엇이 '참'이고 무엇이 '거짓'인지를 설정한다. 주장은 이른바 '누가 봐도 틀림없는 사실'이라고 할 수 있다. 언어가 가장 서술적이고 가장 생성적이거나 창조적이지 않은 부분이 바로 이 부분이다.

다음으로 B열을 살펴보자. 여러분은 보통 이런 유형의 문장을 무엇이라고 부르는가?

우리 대부분은 B열의 문장을 '의견' 또는 '판단' 또는 '주관적인 문장'이라고 할 것이다. 나도 그에 동의하지만, 여기서는 이 유형을 '평가assessment'라고 부를 것이다. 이것이 이 섹션에서 제기하는 또 하나의 새로운 식별이다.

평가는 화자가 세상이나 특정 사건과의 관계를 정의하는 발화 행위다. '좋다' 또는 '나쁘다', '옳다' 또는 '그르다', '키가 크다' 또는 '키가 작다' 등으로 표현된다. 여기서 화자는 관찰한 내용에 대해 입장을 정한 뒤 어떤 의견이나 선택 또는 판단을 내리는 데 전념한다.

여기서 주장과 평가를 함께 설명하는 이유는, 실제로 주장과 평가를 구분하고 식별하는 능력이 사회적 존재로서 우리에게 매우 중요하기 때문이다. 때때로 우리는 주장과 평가를 혼동한다. 예를 들어, "앤의 키는 180센티미터다."라는 진술은 언뜻 "앤은 키가 크다."와 같은 종류의 발화 행위처럼 보이지만, 둘은 완전히 다르다. 이처럼 전혀 다른 종류의 발화 행위를 동일하게 취급하는 것은 우리의 행동, 우리가 만들어내는 관계의 종류, 만들어내는 결과에 직접적으로 영향을 미친다. 여기서 조금 더 자세히 살펴보자. 물론 주장은 우리가 전통적으로 '사실'이라고 부르는 것에 가깝고 평가는 '의견'이라고 부르는 것에 가깝지만, 탐구할 가치가 있는 중요한 차이점이 존재한다. 몇 가지 예시를 통해 주장과 평가의 차이를 살펴보자.

"그 방의 넓이는 2×3미터다." 이 문장은 주장인가, 평가인가? 주장이다. 방의 넓이가 2×3미터라는 말은 '참이거나 거짓'이다.

줄자를 가진 객관적인 제삼자라면 이 문장의 진위를 증명할 수 있다. 여기서는 이 문장이 '참'이라고, 즉 실제로 방 넓이가 2×3미터라고 가정해 보자.

그렇다면 이런 문장은 어떨까? "그 방의 넓이는 2,000×3,000미터다." 주장일까, 평가일까? 주장임에는 변함이 없지만 '거짓'이다. 객관적인 제삼자가 줄자를 들고 재보면, 방이 2,000×3,000미터가 아니라 2×3미터라는 것을 금방 알 수 있다(사실 줄자를 들지 않아도 바로 거짓임을 알 수 있다).

주장에는 참 또는 거짓이 있으며, 그 식별을 가진 객관적인 제삼자에 의해 검증될 수 있다. 우리는 미터를 식별할 수 있기 때문에 이 방이 정말 2×3미터인지 아닌지 증명할 수 있다.

이 문장은 어떨까? "그 방은 좁다." 주장인가, 평가인가? 평가이자 의견이다. 만약 내가 "그래, 진실을 가려보자. 나는 최종 결론이 알고 싶다. 이 방은 정말 좁은가, 아니면 정말 넓은가. 최종적인 진실은 무엇인가?"라고 묻는다면 어떨까? 누군가는 곧바로 "그 방은 좁다."라고 대답할 수도 있고, 누군가는 "그 정도면 대궐이다."라고 대답할 수도 있다. 또 누군가는 "보는 사람에 따라 다르다."라고 할 수도 있다. 이 마지막 말이 핵심이다. **방은 그 자체로 '넓음'이나 '좁음'의 특성을 가지고 있지 않다.** 방은 그저 존재할 뿐이다. 넓거나 좁다는 것은 방의 특성이 아니다. 방의 넓고 좁음은 **누가 보느냐에 따라 달라진다.**

즉, 주장은 관찰 대상(이 경우 방)에 속하는 반면, 평가는 관찰자에게 속한다는 뜻이다. 이는 본질적이고 결정적인 차이다. 다양한 수준에서 관계를 쌓고, 함께 일하고, 문제를 해결하고, 진행 상황을 검토하고, 상호작용하는 방식에 큰 차이를 가져온다.

주변에 자신의 평가(의견, 판단)가 마치 주장(사실)인 것처럼 행동하는 사람이 얼마나 되는가? 실제로 많은 사람이 그렇게 행동한다. 우리가 받아온 전통적인 교육과 익혀온 사고방식을 생각해 보면, 그중에 우리 자신이 포함된다고 해도 놀랄 일은 아니다. 나는 오랜 기간 세미나와 코칭을 진행해 오면서 자신의 평가가 마치 주장인 것처럼 행동하는 많은 사람이 타인과 건강하고 상호 존중하는 관계를 맺는 데 어려움을 겪는다는 것을 발견했다. 그들은 대개 독선적이고, 자기주장이 강하고, 고집스럽고, 오만한 인상을 준다. 다르게 말하자면, 언어 속에서 이루어지는 행동이 그들의 공적 정체성을 만들어내는데, 그렇게 형성된 공적 정체성은 대개 스스로 만들려고 노력하는 것과 다르다. 이 식별과 관련된 첫 번째 요점은 다음과 같다.

- 주장은 관찰 대상에 속하며, 참일 수도 있고 거짓일 수도 있다. 객관적인 제삼자는 항상 주장의 진위를 검증할 수 있다.
- 평가는 관찰자에게 속하며, 많은 면에서 관찰 대상보다 관찰자에 대해 더 많은 것을 드러낸다. 평가에는 항상 다른 평가의 여지가 있

다. 제삼자가 참 또는 거짓을 증명할 수 없다. 그것은 다른 관찰자가 다른 기준, 신념, 기분, 경험에 따라 내린 개인적인 판단일 뿐이다.

평가는 대상보다 자신에 대해 더 많이 드러낸다

우리는 모든 것을 평가한다. 사람, 식물, 건물, 옷, 직업, 날씨, 영화, 교통 등 모든 것을 평가한다. 마치 모든 순간에 평가를 생산하는 평가 기계 같다. 이는 좋은 것도 나쁜 것도 아니고, 그저 언어 속에서 살아가는 삶의 단면일 뿐이다. 하지만 그렇기 때문에 우리가 더 확실하게 평가할 수 있는 능력을 개발한다면, 원하는 결과를 만들어내는 가장 좋은 기회를 잡고 좀 더 현실적인 방법으로 미래를 향해 나아갈 수 있다. 여기서 우리는 주장과 평가에 관한 두 번째 요점을 끌어낼 수 있다.

- 주장은 설명적이고 사실에 기반하며, 과거와 현재에 관한 것이다.
- 평가는 미래와 관련된 것으로, 미래로 가는 '발판'이라고도 할 수 있다.

이 요점을 더 자세히 살펴보자. 평가가 미래에 미치는 영향은 눈에 보이지 않는 경우가 많지만 많은 문제의 핵심에 존재한다. 예를 들어보자. "앨리스는 10월에 세 번 연속으로 회의에 결석했다." 이는 주장이며 참인지 거짓인지 증명할 수 있다. 이 문장이 진실이라고 해보자. 만약 회의실에 CCTV가 있다면, 세 번의 회의에서 앨리스의 모습을 볼 수 없을 것이다. 이 문장은 그 자체로 그저 존재하며, 이미 일어난 상황을 설명할 뿐이다. 특별히 감정적인 양념은 첨가되지 않았다.

그러면 이 문장은 어떨까? "앨리스는 믿을 수 없다." 이는 평가이며, 앨리스의 미래 행동을 예측하는 방향으로 나아간다. 나는 지금 앨리스에 대해 일종의 '방향성'을 부여하고 있는 것이다. 예를 들어, 현재 내가 앨리스는 믿을 수 없다는 평가를 내리고 있다면, 미래에 팀원을 뽑을 때 누구를 제외할까? 앨리스는 제외할 것이다. 왜 그럴까? 믿을 수 없는 사람이라는 내 평가 때문이다. 현재의 그녀에 대한 내 평가가 미래의 그녀에 대한 내 행동(이 경우 그녀를 선택하지 않는 행동)에 영향을 미친 것이다.

만약 앨리스가 비록 회의에 세 번 빠졌다고 하더라도 여전히 신뢰할 만하다고 평가할 수 있을까? 물론 가능하다. 이 경우 신뢰할 만하다는 현재의 내 평가가 미래에 그녀를 팀원으로 뽑을 가능성이 높은 방향으로 나를 이끄는 것이다. 여기서 중요한 점은 평가가 '긍정적'이든 '부정적'이든 모두 우리의 해석과 미래 행동에 영향을 미친다는 것이다. 그 영향은 사소할 수도 있지만, 인생을 바꿀 만큼 막대할 수도 있다.

다시 처음의 '신뢰할 수 없다'는 평가로 돌아가 보자. 중요한 질문, 앨리스는 언제 '신뢰할 수 있는 사람'에서 '신뢰할 수 없는 사람'이 되었을까? 첫 번째 회의에 결석했을 때일까? 아니면 두 번 연속으로 결석했을 때일까? 아니면 한 달 동안 세 번 연속으로 결석했을 때일까? **신뢰성에 대한 내 기준은 무엇일까?** 한 번이라도 결석하면 신뢰할 수 없다고 평가하나? 아니면 한 달에 세 번? 1년에 여섯 번? 이것이 우리가 말하는 '기준 standard'이라는 것이다. 같은 사건이나 상황이라도 사람마다 평가가 다른 것은 사람마다 기준이 다르기 때문이다. 진짜 문제는 우리가 서로 다른 기준을 가지고 있다는 것이 아니라, 그 기준이 종종 숨겨져 있고 이야기되지 않는다는 것이다. 기준을 공유하는 대화는 개인적 관계에서든 업무적 관계에서든 매우 중요하고 강력한 대화가 될 수 있다. 하지만 이런 대화야말로 자주 놓치는 것 중 하나다.

'효과적'에 대한 내 기준은 무엇일까? '적절한'이란? '효율적'이란? '좋은' 남편이란? '게으름'의 기준은 무엇인가? 나는 나의 기준을 아내와 공유하고 있는가? 동료와는? 상사와는? 부하 직원과는? 우리는 미래 해석에 영향을 미치는 수많은 대상에 대해 수많은 평가를 내리지만, 선언된 기준이 없기 때문에 이런 과정을 알아차리지 못한다.

만약 내가 앨리스를 신뢰할 수 없다고 평가한다면, 앞으로 그녀의 어떤 행동이 눈에 들어올까? 어떤 이유에서든 그녀가 지각할 때마다 알아차릴 것이다. 그렇다면 앞으로 그녀의 어떤 행동을 놓치거나 예외로 간주할지 알겠는가? 그렇다, 앨리스가 시간 약속을 지킬 때다.

그 이유 중 하나는 앞에서 살펴본 '나는 옳다'라는 배경 대화다. 내 신념(이 경우 앨리스를 믿지 않는 것)이 옳기를 바라기 때문에, 아직 일어나지도 않은 일에 대한 해석에 영향을 미치는 것이다. 우리는 자신과 자신의 신념을 정당화하는 방향으로 해석하는 경향이 있다.

어쩌면 실생활에서는 '본 대로 믿는' 경우보다는 '믿는 대로 보는' 경우가 더 많을지도 모른다. 이 지점에서 우리는 다시 신념이란 주제로 돌아간다. 신념의 대부분은 평가이지 주장이 아니다. 신념은 관찰자인 우리에게 속한 것이며, 사물의 실제 모습과는 별상관이 없다.

앞에서 평가는 관찰 대상보다 관찰자에 대해 더 많은 것을 말해 준다고 이야기했다. 몇 가지 예를 생각해 보자. 한 선생님은 조니란 아이에 대해 멍청하다고 평가하고, 다른 선생님은 활기가 넘친다고 평가한다. 나는 두 사람의 말을 듣고도 여전히 조니란 아이에 대해서는 거의 아는 바가 없다. 하지만 두 선생님은 방금 내게 말로 자신을 드러낸 셈이다. 만약 내 아이를 맡긴다면, 어느 선생님에게 맡기겠는가?

언젠가 내가 친구 마크와 함께 차를 타고 가다가 창밖을 내다보며 말했다. "저 큰 산 좀 봐." 마크가 밖을 보더니 물었다. "어디?"

"저기 있잖아!" "안 보이는데…… 아, 저 작은 언덕 말하는 거야?"
분명히 나에게는 큰 산인 것이 마크에게는 작은 언덕인 것이다.
나는 루이지애나주 남부에서 자랐기 때문에 나한테는 육교 높이
를 넘어서는 모든 것이 산이다. 우리는 풍경을 묘사한다기보다 자
신과 자신의 기준(자주 숨겨져 있고 이야기되지 않는 것들)을 드러낸
셈이다.

어느 날 내 워크숍에 참여한 한 여성이 홍콩을 방문하고 돌아왔
을 때의 이야기를 들려주었다. 그 여성은 키가 160센티미터 정도
인데, 귀국 후 친구들에게 "나는 키가 작은 게 아니야, 중간이야!"
라며 환호성을 질렀다고 한다. 무슨 일이 있었을까? 여행 중에 정
말 키가 컸을까? 물론 그렇지 않다. 키가 크고 작음에 대한 기준이
다른 사람들과 오랜 시간 함께 지낸 것뿐이다. 다시 한번 말하지
만, 평가는 설명보다는 자신을 드러내는 일이다.

이는 평가의 **사회성 혹은 사회적 영향력**을 나타낸다. 내가 평가
를 할 때 한 인간으로서 평가를 하는 것은 사실이다. 하지만 내가
언제, 어디서, 어떻게 태어나고, 자라고, 살고 있는지가 내 기준과
평가에 어느 정도 영향을 미치는지는 그다지 분명하지 않다. '내'
기준 중 상당수는 사실 내가 속한 공동체의 기준이다. 나는 살면
서 그저 그 기준들을 집어 들었을 뿐, 의식적으로나 적극적으로
스스로에게 선언한 적은 없다. 이런 기준들은 개개인이 선택한 것
이 아니다. 우리가 태어났을 때부터 공동체 역사의 일부였던 것을

별 의식 없이 자신의 것으로 받아들였을 뿐이다. 그리고 그 영향은 성인이 된 지금까지도 계속되고 있다.

또한 평가는 **역사적**이라는 점에도 유의해야 한다. 즉, 평가의 기준은 시대에 따라 변화한다. 스포츠계에서는 이 점이 보다 명확하게 드러나는데, 1960년대에는 남자 100미터 달리기 세계신기록이 10초대였지만, 지금은 많은 선수가 달성하는 평범한 기록이 되었다. 다른 종목들도 마찬가지다. 1950년대에는 미국 메이저리그 투수들의 패스트볼 평균 구속이 130킬로미터 후반 정도였지만 최근에는 150킬로미터를 넘는다. 패션계의 '트렌디하다'는 기준 역시 시대에 따라 변해왔다. 이런 예시는 셀 수 없을 정도로 많다. 기준은 시대에 따라 변하고, 그 결과 만들어지는 평가도 시대에 따라 변한다.

타인에 대한 평가는 내 삶에 영향을 미친다

앞에서 잠깐 등장한 두 교사의 이야기는 타인에 대한 평가가 우리의 해석과 상호작용에 어떤 영향을 미치며, 그에 따라 우리의 관계와 결과에 어떤 영향을 미치는지 보여준다. 빅아이를 다시 상기하자면, 우리는 대개 이 과정을 알아차리지 못한다. 자기 자신에 대한 평가 또한 강력한 힘이 있다. 다음 이야기를 생각해 보자.

　초등학교 2학년인 조니는 학교에서 한시도 가만있지 못하고 수학 시간에 낙서를 하는 등 수업에 집중하지 못한다. 하루는 선생님이 조니의 자리에 와서 낙서를 보고는 이렇게 말한다. "조니, 왜 이런 바보 같은 짓을 했니? 수업 시간엔 수업을 들어야지. 교무실로 가 있어." 방과 후에 집에 돌아온 조니는 누나와 놀고 싶어서 누나 방에 갔다가 실수로 꽃병을 넘어뜨려 깨뜨린다. 누나는 조니에게 말한다. "조니, 이게 뭐니? 바보짓 좀 그만해. 딴 데 가서 놀아!" 조니는 아래층으로 내려가 엄마를 돕고 싶은 마음에 부엌으로 가서 접시 닦는 것을 돕기 시작한다. 그러다 접시 하나를 바닥에 떨어뜨려 깨뜨리고 만다. 하루 종일 일해서 피곤한 엄마는 조니에게 짜증 어린 목소리로 말한다. "조니, 어쩜 이렇게 하는 짓마다 바보 같니. 혼자 할 테니 다른 데 가 있어."

　그렇게 몇 년이 지나고, 조니는 고등학교 1학년이 된다. 선생님이 칠판에 문제를 쓰고 학생들에게 묻는다. "자, 이 문제는 아직 배우지 않은 어려운 문제다. 누구 도전해 볼 사람?" 조니가 손을 들까? 아니, 들지 않는다. 왜 들지 않을까? 사람들은 "조니가 바보라서."라고 대답할지도 모르지만, 정확히 말하면, 조니가 스스로를 '바보'라고 생각하기 때문이다. 조니는 스스로를 바보라고 평가하지만, 그게 '평가'라는 사실을 깨닫지 못한다. 조니에게는 그게 진실, 사실, 존재 방식이다. 다시 몇 년이 지나 조니가 성인이 되어 일을 하고, 회사에서 팀장으로 승진할 기회를 맞았다고 가정해 보자. 부서장은 승진을 원하는 사람은 화요일까지 지원서를 책상 위에 올려놓으라고 한다. 조니는 지원을 할까? 아니, 안 할 것이다. 스스로 바보라고 생각하기 때문이다. 정확히 말하면, 자신이 바보라는 평가(신념)를 견지하는 것이지만, 그 사실을 깨닫지 못하고 사실로 받아들인다.

조니의 이야기는 평가를 주장으로 받아들이고 사는 사람의 예를 보여준다. 바보라는 사물은 없다. 바보는 사물이 아니라 평가다. 하지만 조니는 타인이 자신에 대해 내린 평가가 마치 자신에 대한 진실인 것처럼, 자신에 대한 스스로의 평가가 마치 진실인 것처럼 산다. 둘 다 진실과는 거리가 멀다. '바보스러움'은 조니의 성격의 영구적이고 고정된 특징이나 객관적인 특성이 아니다. 어떤 영역에서 그의 행동에 대해 처음에는 다른 사람에 의해, 이후에는 자신에 의해 부여된 평가다. 행동을 바꾸고 기준을 바꾸면 평가도 바뀐다. 평가는 항상 수정과 갱신의 가능성이 있다. 조니처럼 많은 아이가 자신에 대한 어른들의 해석을 자신의 것으로 받아들인다. 아이에게 하는 말이 얼마나 중요한지 새삼 깨닫게 되지 않는가?

기분에 따라 평가가 달라진다

이제 주장 및 평가에 대한 다음 요점으로 넘어가 보자.

- 주장은 기분과 감정의 영향을 받지 않는다.
- 평가는 기분과 감정의 영향을 매우 많이 받는다.

나는 기분이 어떻든 "기온 20도, 구름 한 점 없음, 습도 20%."라고 보고할 수 있다. 하지만 기분이 좋지 않을 때는 절대 "오늘 날이 좋다."고 말하지 않는다.

앞서 살펴본 세 원 그림을 떠올려 보자. 우리는 기분·감정, 신체, 언어의 연관성을 보았다. 위 예에서는 그중에서도 기분과 언어의 연관성을 명확하게 볼 수 있다. 이 연결은 '평가'에서 강하게 드러난다. 잠시 과거를 되돌아보자. 어떤 사건이나 상황에 대해 내린 평가가 그 당시의 기분과 연관되어 있었던 경험을 쉽게 떠올릴 수 있을 것이다. 우리는 이미 이 관계를 알고 있지만 명확하게 인식하지 못할 때가 있다. 예를 들어, 행복한 기분에 젖어 있다면 자동차 타이어에 펑크가 났을 때 분노에 사로잡혀 있는 경우와는 전혀 다른 반응을 보일 것이다. 또한 대화에 대한 반응과 해석도 달라진다. 이런 상황은 우리의 일상생활에서 흔하게 경험할 수 있다.

그런가 하면 반대로 어떤 사람이 주로 어떤 평가를 내리는지 관찰하는 데서 시작하여 둘 사이의 연관성을 살펴볼 수도 있다. 예를 들어, 오랫동안 알고 지낸 지인이 늘 "그건 안 된다.", "아니, 안 될 게 뻔해.", "뭘 해도 안 될 거야." 같은 말을 입에 달고 다닌다고 가정해 보자. 이 사람은 어떤 기분으로 살아가고 있을까? 우리 대부분은 비관이나 체념이라고 말할 것이다. 분명 기쁨이나 성취감은 아니다. 기분과 언어의 관계는 평가에서 매우 강하고 분명하게 드러난다.

따라서 자신의 기분을 더 잘 이해하고 싶다면, 자신이 내리는 평가를 살펴보자. 의식적으로 기분을 바꾸고 싶은가? 역시 자신이 내리는 평가를 살펴보면 된다. 특히 (곧 다룰) 참인 주장을 바탕으로 평가를 내리는 능력과, 다른 사람들과 관찰 기준을 공유하는 선언 방식에 주목해 보자. 예를 들어, 내가 체념에 빠져 있다면 아마도 '이건 안 될 거야.' 같은 평가를 많이 내릴 것이다. 한 가지 방법은 누군가와 대화를 나누면서 내 평가와 그 근거, 그리고 관찰하는 기준을 공유하는 것이다.

아무 평가에나 상처 받을 필요가 없다

우리는 종종 한 번도 만난 적 없는 사람에 대해 다른 사람의 평가를 '빌려' 쓰고는 한다. 예를 들어, 직장에서 내가 밥은 알지만 제니라는 신입사원을 모른다고 가정해 보자. 어느 날 밥이 내게 이런 말을 한다. "제니는 좋은 직원이긴 한데 좀 게으르고, 보고 하는 태도도 거만한 것 같아." 며칠 후, 복도에서 밥과 다른 한 사람이 나를 향해 걸어오는 것을 본다. 내가 다가가자 밥이 말한다. "차머스, 우리 신입사원을 소개할게요, 제니예요." 내 머릿속에 가장 먼저 떠오르는 생각은 무엇일까? '아, 네가 그 게으르고 오만한 제니구나.' 하지만 제니와 친해지면 제니에 대한 평가가 완전히 달라질지도 모른다. 내가 보기에 제니는 게으르지도 않고 오만하지도 않다. 어쩌면 나와 밥이 전혀 다른 기준을 가졌을 수도 있다. 아니면 밥이 제니를 관찰할 능력이 없을 수도 있다.

나는 최근 몇 년 동안 학교 변화 프로젝트들에 참여하고 있는데, 이런 현상을 아이들 사이에서도 볼 수 있다. 예를 들어, 3학년 담임인 스미스 선생님이 4학년 담임인 존스 선생님에게 이렇게 말할 수 있다. "아, 내년에 선생님 반에 조니가 가겠네요. 걔는 정말 말썽꾸러기예요. 각오 단단히 하시는 게 좋아요." 어느 정도 수준까지는 필요한 정보를 공유하는 것이 합당한 일이라고 이해할 수 있다. 그러나 여기서 문제가 되는 것은 자신이 하는 말이 상대의 해석, 신념, 행동에 어떤 영향을 미칠지 전혀 고려하지 않았다는 점이다.

처음 가본 도시의 거리를 걷고 있는데 누가 나를 지나치며 "구린 넥타이!"라고 소리친다고 가정해 보자. 나는 엄청난 충격을 받고 도랑에 몸을 던진다. 내가 옷이라는 영역에서 나를 평가할 권한을 온 우주에 부여한 셈이다. 이와 반대의 극단은 어떤 영역에서든 아무에게도 나를 평가할 권한을 부여하지 않는 것이다. 이는 타인이 나를 대하는 진정한 경험과 나에 대한 평가를 나와 공유하는 것을 조금도 허용하지 않는 심각한 성향으로 나타난다. 이런 태도는 결국 내게서 매우 귀중한 정보를 앗아 간다. 왜냐하면 그 정보를 통해 나는 다른 행동을 취하고 다른 결과나 공적 정체성을 설계할 수 있기 때문이다. 물론 그렇지 않을 수도 있지만, 어느 쪽이든 내가 선택할 수 있다. 맹목에서 벗어나는 것이다.

혹은 아내가 내게 이런 말을 한다. "파티에서 당신이 존스 씨에게 무례하게 굴었던 것 같아." 나는 이렇게 대답한다. "무례한 게 아니라 그냥 그 사람이 나한테 부딪친 것뿐이야." 또는 한 동료가 이런 말을 한다. "자네가 회의를 진행하는 방식이 우리가 원한 방향이랑은 달랐던 것 같아." 나는 이렇게 대답한다. "음, 그건 내 잘못이 아니야. 나는 회의에 집중했는데 다른 사람들이 산만했다고." 여기서 여러분에게 다음 두 가지 중요한 질문을 던져본다.

- 여러분을 평가할 수 있는 권한(허가)을 누구에게 부여하고 있는가?
- 어떤 영역에서 부여했는가?

이 두 질문은 '모 아니면 도'식의 답변을 요구하는 질문이 아니기 때문에, 깊이 생각해 볼 여지를 제공한다. 자기 삶의 특정한 측면에 대해 누구의 의견을 들을지 선택하는 것은 지혜의 한 요소라고 어디선가 들은 적이 있다. 나도 이 말에 동의한다. 조직에 따라서는 타인이 당신을 평가할 권한을 가지기도 한다. 여러분이 그게 싫든 좋든, 정당하다고 생각하든 부당하다고 생각하든 말이다. 군대를 생각해 보자. 훈련을 맡은 하사관은 복장, 걸음걸이, 말투 등 많은 사적인 영역에서 이등병들을 평가할 권한이 있다. 하지만 길을 지나가는 사람들은 그럴 권한이 없다. 많은 조직에서 상사는 부하 직원의 성과를 평가할 권한이 있으며, 오늘날 그에 관한 다양한 접근 방식이 사용되고 있다. 하지만 그 상사가 취미인 목공의 영역에서 부하를 평가할 권한이 있는 것은 아니다. 또 한 가지 예를 들어보자. 나는 이 책의 저자로서 이 책을 읽는 여러분에게 내 글과 주장에 대해 평가할 수 있는 권한을 부여했다. 그러나 내집 앞마당의 조경과 잔디 관리 상태를 평가할 권한은 부여하지 않았다. 이 말은 여러분이 내 집 앞마당을 보고 평가를 할 수 없다는 뜻이 아니라, 내가 그 평가를 신경 쓰지 않는다는 뜻이다. 조금 감이 오는가?

자기 자신에 대해 알고 싶은 것이 있는가? 그렇다면 다른 사람에게 물어보라. 여러분의 행동에 대해 솔직한 피드백을 줄 수 있는 사람이 있는가? 여러분의 허락을 받고 최선의 생각을 들려주는 사람, 즉 솔직하게 평가해 주는 사람, 비록 당신이 듣기 싫어할 것이라고 예상하더라도 평가를 멈추지 않을 사람 말이다. 이런 대화를 나눌 수 있는 타인이 있는 것은 무척 멋진 일이다. 타인이 나를 진실하게 대하는 것은 진정한 축복이지만, 그렇다고 해서 그들이 나에 대해 진실을 알고 있다는 의미는 아니다. 이런 식으로 여러분은 자신의 공적 정체성을 설계할 수 있다.

예를 들어, 비즈니스 미팅에서 나의 성과에 대해 세 사람에게 피드백을 요청했다고 가정해 보자. 그들은 각각 정직하면서도 동시에 다른 평가, 다른 관점을 제공할 수 있다. 어떤 사람은 나를 자기주장이 확실하다고 평가할 수 있고, 어떤 사람은 오만하다고 평가할 수 있고, 또 다른 사람은 자신감이 넘치고 지식이 풍부하다고 평가할 수 있다. 그들은 모두 솔직하고 진실하게 말하는 것이다. 중요한 점은 그들의 평가가 각자의 기준, 신념, 경험, 기분 등으로부터 나온다는 사실이다. 따라서 우리는 다음과 같이 말할 수 있다.

평가는 결코 진실은 아니지만 도움이 될 수 있다.

타인의 평가는 우리 각자가 보다 강력한 공적 정체성을 형성하고, 건강하고 서로 도움이 되는 관계를 형성할 수 있도록 해준다는 점에서 매우 가치 있는 정보다. 내가 타인에게 어떻게 받아들여지고 있는지, 어떤 모습으로 비치고 있는지를 알려주는 유효한 정보다. 내가 앞으로 어떤 행동을 취해야 하는지 올바른 선택을 할 수 있는 정보를 제공하기도 한다. 내 인간성에 대한 진실도 아니고, 내 존재를 영구적으로 박제하는 주문도 아니지만, 그럼에도 불구하고 사회 속에서 살아가는 나에게는 큰 가치를 지닌다.

앞의 예에서는 타인의 평가의 유용성에 대해서 살펴보았다. 그러나 '내가 허락한 평가'와 '특정 영역에서의 평가'라는 개념을 인식하지 못하면 때로는 타인의 평가가 우리를 함정에 빠뜨리고 우리의 가능성을 제한할 수도 있다. 예를 들어, 우리는 가까운 사이라는 이유만으로 그 사람이 전문성이 없는 영역에서도 나를 평가할 수 있는 큰 권한과 자유를 부여하고는 한다. 어른이 되어서도 부모의 평가에 불행해지는 자식들, 반대로 자녀의 평가에 이리저리 끌려다니는 부모들, 혹은 '나는 너를 사랑하니까 네 말은 무엇이든 다 들어줄 수 있어.'라는 생각을 가진 배우자 혹은 연인들이 그런 예이다.

내 제안은 우리 모두가 더 의식적으로 누구에게 자신을 평가할 수 있는 권한을 부여할지, 어떤 영역에서 부여할지 더 신중하게 결정했으면 하는 것이다. 그러면 우리의 삶이 더 평화로워지고 타인에 대한 원망이 줄어들리라 믿는다.

나에게 도움이 되는 평가란

우리가 다른 사람은 '행동'으로 평가하는 반면, 자신은 '의도'로 평가하는 경향이 있다는 것을 알고 있는가? 나는 당신의 의도와 관심사를 알 방법이 없다. 내가 볼 수 있는 것은 오로지 당신의 행동뿐이다. 그리고 그것이 내가 당신을 평가하는 기준이 될 것이다. 반면 나는 나 자신의 의도와 관심사를 알고 있다. 설령 내 행동이 화를 부르거나 부정적인 상황을 낳더라도, 나는 그 의도를 바탕으로 나 자신을 계속 평가할 수 있다. 물론 주변 사람들은 그것을 알 수 없기 때문에 내 행동을 보고 각자 평가할 뿐이다. 그렇기 때문에 같은 상황에서도 전혀 다른 평가가 나올 수 있다. 기준의 공유도, 대화도 없이 이런 현상이 반복되다 보면 인간관계나 결과를 망칠 수도 있다.

사회적 존재로서 우리가 주장이나 평가를 할 때에는 보통 그에 따르는 기대들이 있다. 특히 우리가 어떤 주장을 할 때에는 다음과 같은 기대가 따르기 마련이다.

1. 이 주장은 사실이다.
2. 누군가의 요구가 있을 경우, 주장을 뒷받침할 수 있는 증거를 제공할 수 있고, 제공할 것이다.

언어는 단순히 설명만 하지 않고 무언가를 생성하고 창조한다. 거짓된 주장을 반복하면 시간이 지날수록 '거짓말쟁이'라는 공적 정체성을 만들어낸다. 자신의 주장을 뒷받침할 수 있는 증거를 일관되게 제시하지 않는 것도 마찬가지다.

주장이 참이냐 거짓이냐의 문제라면, 평가는 근거가 있느냐 없느냐의 문제다. 즉, 평가는 사실, 행동, 기준과 의식적으로 연결될 수도 있고, 연결되지 않을 수도 있다. 평가에는 어떤 근거가 있어야 한다는 것이 사회적으로 기대되는 바이다. 근거도 없이 의견이나 판단을 이야기하는 사람을 우리는 어떻게 평가하는가? '허술한 사람', '뜬금없는 사람', '이상한 사람'이라고 평가하고, 이들은 그다지 유력한 공적 정체성을 갖지 못한다. 누군가의 평가가 근거가 없다는 사실을 알게 되면, 그 사람에 대한 생각과 관계를 맺는 방식이 달라진다.

자신이 하는 평가에 근거를 제시할 수 있는지 여부는 공적 정체성에 영향을 미치며, 미래의 결과에도 영향을 미친다. 평가는 우리 삶의 거의 모든 영역에서 나타나기 때문에 그 근거를 제시하는 일은 매우 중요하다. 다시 말하지만, 우리는 항상 평가를 하고, 평가 자체는 결코 나쁜 것이 아니다. 누구와 결혼할지, 누구를 피할지, 언제 거래할지, 무엇을 살지, 언제 길을 건널지, 언제 입을 다물지…… 우리는 '평가 기계'다.

이처럼 미래에 미치는 영향을 고려하면, 근거를 바탕으로 평가할 수 있는 능력을 기르는 것은 매우 유익하고 가치 있는 일이라고 할 수 있다. 적어도 평가와 근거를 연결하는 데 최선을 다해야 한다. 이를 위해 다음과 같은 단계를 밟아보자.

1. 애초에 '왜' 그 평가를 하는지를 스스로 명확히 해두자. 무엇을 위해 평가를 하는가? 대부분 미래의 가능성이나 상호작용을 위한 것일 터이다. 만약 '왜'가 떠오르지 않는다면, 그 평가는 근거 없는 추측에 불과하다. 즉흥적으로 평가를 해서는 안 된다는 말이 아니라, 본질적으로 근거가 있어야 한다는 뜻이다.

2. 평가 기준을 명확히 한다. 어떤 사람을 '신뢰할 수 있다'고 한다면, 그 사람을 판단하는 '신뢰성'의 기준은 무엇인가? '좋은', '우수한', '올바른', '게으른'의 기준은 무엇인가? '적시성', '고품질', '적극성', '위험성' 등은? 이 단계에서는 적어도 자신이 의식적으로 기준을 설정하고 있는지를 알아차려야 한다.

3. 자신의 평가를 뒷받침할 수 있는 행동이나 사건(주장)을 제시한다. 평가를 도출하기 위해 관찰하고 자신의 기준과 비교해 본 실제 태도, 행동 또는 사실은 무엇인가? 직접 수집한 정보가 있는가? 아니면 다른 관찰자의 보고를 신뢰하는가? 평가의 근거로 또 다른 평가를 사용하지 않도록 주의해야 한다(예를 들어, 누군가를 신뢰할 수 없다는 평가의 근거로 그가 게으르기 때문이라고 평가할 수 없다. 둘 다 평가이지 주장이 아니기 때문이다).

4. 반대 평가를 뒷받침하는 행동이나 사건(주장)을 의도적으로 떠올린다. 어떤 사람을 '신뢰할 수 없다'고 평가하더라도, 그 사람을 '신뢰할 수 있는' 상황이나 행동, 언행, 사건이 있는가? 자신이 내린 평가와 반대 방향을 가리키는 관찰 가능한 사실이 있는가? 만약 그렇다면, 이는 무엇을 의미할까?

5. 근거 있는 평가를 하기 위해 다른 사람들과 평가를 공유한다. 특히 관찰에서 평가로 넘어가는 과정을 다른 사람들과 공유한다. 이때 꼭 다른 사람이 자신의 의견에 동의할 필요는 없다. 이 대화는 신뢰를 쌓고 견고한 인간관계의 기초를 다질 수 있는 방법이기 때문에 개방적인 태도로 임해야 한다. 또한 현재 적용하고 있는 기준의 유효성과 결과에 대해 적절한 피드백을 얻을 수 있는 좋은 기회가 될 수도 있다.

평가를 '잘하는' 법을 연습하는 법

무언가를 연습할 때 어떤 일이 일어나는지 기억해 보자. 특정한 평가 방법을 반복해서 훈련하면 시간이 지나면서 그 방법에 매우 능숙해진다. 또한 기분이 우리가 내리는 평가의 유형에 영향을 미친다는 점도 기억하자. 빅아이로 돌아가서 이런 일이 일어난다는 것을 의식하면, 우리가 만들어내는 평가와 그 결과를 선택할 수 있다.

그러나 여러분과 내가 같은 근거를 바탕으로 같은 평가를 내렸다고 해서 그 평가가 '옳다'거나 '진실'이라고 말할 수는 없다. 심지어 여러분과 나 그리고 1,000명의 사람이 똑같이 근거 있는 평가를 내렸다고 해도 그것 역시 '옳다'거나 '진실'이라고 말할 수 없다. 우리가 말할 수 있는 것은 여러분과 나 그리고 다른 사람들이 매우 비슷한 기준으로 관찰하고 있다는 것뿐이다. 우리는 그저 똑같이 '사물을 볼' 뿐이다.

우리는 사적인 일, 업무와 관련된 일 등 많은 상황에서 타인을 쉽게 판단한다. 세상을 잘 살아가기 위해서는 분명 평가를 해야 한다. 하지만 타인에 대해 항상 평가만 하고 있다면 그 사람이 제공할 수 있는 것을 놓치게 된다. 이런 경향을 알아차린다면, 생각에 의한 평가의 횟수를 줄일 수 있다는 장점이 있다. 적어도 평가를 만들어내는 메커니즘을 늦추고, 가급적 즉흥적인 평가나 판단을 자제하는 데 도움이 될 수 있다. 그렇게 되면 일종의 평화를 얻을 수 있다는 것이 나의 경험이고, 다른 많은 사람의 경험이기도 하다.

기본적인 행동 절차는 다음과 같다.

1. 누군가나 무언가에 대해 무의식적으로 떠오르는 평가를 내리는 자신을 (빅아이로) 주목해 보자. 그 평가는 보통 내적 대화라는 형태로 저절로 드러나게 되며, 대부분 '부정적' 양념이 첨가되어 있는 것 같다.
2. 자신을 탓하지 말고, 그저 무슨 일이 일어나고 있는지 알아차려 보자.

3. 아랫배에 힘을 주고 코로 천천히 숨을 깊이 들이마시고 또 천천히 내쉰다.

4. 평가를 멈추고, 다른 곳으로 주의를 돌린다. 이 순간, 나 자신의 기분을 설계하기 위해 의식적인 선택을 하고 있다는 것을 인식해야 한다.

5. 필요에 따라 연습(1, 2, 3, 4단계)을 반복한다.

이 섹션에서 배운 대로 평가와 주장을 구분하면 '사실True'과 '진실Truth'의 차이를 유지하는 중요한 단계도 쉬워진다. 내가 어떤 것을 '사실'이라고 말할 때, 나는 주장을 하는 것이다. 요청이 있으면 내 주장을 뒷받침하는 증거를 제시할 것이다. 그러나 내가 무언가를 '진실'이라고 말할 때는 전혀 다른 상황이 펼쳐지게 된다. 이 경우 나는 증거를 제공하겠다는 제안을 하지 않는다. 나는 '사물의 실체'에 대한 특권적 접근을 주장하고, 진실을 전달하는 역할을 한다고 주장한다. 많은 경우, 나는 상대방에게 내 주장에 대한 복종을 요구하고 있는 셈이다. 역사적으로, 시공간을 초월하여, 개인적 관계나 다른 국가 또는 문화 간의 관계에서 이런 일이 얼마나 자주 일어났는지 생각해 보자.

가정, 직장, 모든 곳에서의 경험과 인간관계를 생각해 보자. 사람이 '진실'을 알고 있다고 주장할 때, 그 뒤에는 반드시 '복종'의 요구가 뒤따른다. 이는 모든 규모와 유형의 관계에서 일어나는 일이다.

● 우리는 관찰하고, 행동하고, 말로써 결과를 만들어낸다. 주장과 평가는 여섯 가지 '언어 행동' 중 두 가지로, 자신이 하는 일을 하고 자신이 얻는 것을 얻기 위해 사용된다(그리고 아마도 궁극적으로는 존재하는 대로 존재하기 위해).

● 주장과 평가를 식별하고 구분하는 일은 매우 중요하다. 둘은 전혀 다른 것을 만들어내고 전혀 다른 결과를 도출한다. 문제는 전통적인 사고방식에서는 이 두 가지를 비슷한 의미로 사용해 왔다는 점이다. 우리 대부분은 이 둘 사이의 식별을 명확히 갖지 못한 채 성장했다.

● 주장은 '증명 가능한 사실'이며, 언어가 가장 덜 창조적이면서 가장 서술적인 역할을 하는 경우다. 참일 수도 있고 거짓일 수도 있으며, 이를 제삼자가 검증할 수 있다. 주장은 관찰 '대상'에 속하며, 대개 과거 또는 현재를 서술하는 방향성을 띤다. 거짓 주장을 반복하다 보면 결국 '거짓말쟁이'라는 공적 정체성이 만들어진다. 우리가 하는 주장은 우리의 기분이나 감정 상태에 영향을 받지 않는다.

● 반면, 평가는 극히 생성적이고 창조적이다. 매우 개인적인 판단과 의견이며, 특정한 미래의 행동과 결과로 우리를 이끌거나 그로부터 멀어지게 한다. 우리는 거의 모든 것에 대해 수많은 평가를 내린다. 평가는 좋은 것도 나쁜 것도 아니고 그저 그런 것일 뿐이다. 매우 강한 미래 지향성을 띠며, 미래의 행동과 시각에 영향을 미친다. 우리가 만들어

내는 평가는 우리의 기분 및 감정 상태와 매우 밀접하게 연결되어 있을 뿐 아니라 궤를 같이한다.

● 평가는 그 자체로 결코 참도 거짓도 아니다. 개인적 판단이기 때문에 주장처럼 '검증'되지 않는다. 평가는 근거가 있을 수도 있고 없을 수도 있다. 근거가 있는 평가는 기준과 주장, 즉 관찰 가능한 행동과 연결된 특정 잣대를 염두에 두고 이루어진다. 근거 있는 평가는 사실과 더 밀접하게 연결되어 있기 때문에 더 강력하고, 그 결과 우리를 더 나은 미래로 나아갈 수 있게 이끈다. 우리 모두는 근거를 바탕으로 평가하는 법을 배울 수 있다. 근거 없는 평가를 반복하다 보면 결국 '허술하다', '부적절하다' 같은 공적 정체성을 얻게 된다.

● 평가는 관찰자에게 속하지 관찰 대상에 속하지 않는다. 평가는 대상에 대한 설명보다는 관찰자와 그의 기준을 더 드러낸다. 자신, 타인, 그리고 모든 사물에 대한 평가는 우리가 어떻게 느끼고, 해석하고, 행동하고, 타인과 교유하는지에 직접 영향을 미친다.

새로운 행동의 가능성을 찾아라!

1. **빅아이**: 내가 아는 사람이 평가와 주장을 구분하지 못했던 상황을 떠올려 보자. 그런 사람과 오랜 시간 함께하는 것은 어떤 느낌인가?

_____

_____

_____

_____

2. **빅아이**: 다른 사람에 대해 자신이 주장과 평가의 구분 없이 행동한 (말한) 적이 있는가?

_____

_____

_____

_____

3. 2장 2번에서 적은 샘플 사례를 다시 떠올려 보자. 그 상황과 관련해 자신, 타인 또는 연관된 다른 중요한 사람(들)에 대해 내가 견지하고 있는 몇 가지 평가를 나열해 보자. 각 평가(긍정적 또는 부정적)에 대해 그 평가가 나의 미래 해석, 행동 및 상호작용에 어떤 영향을 미칠지 생각해 적어보자. 예를 들어, 이 평가를 바탕으로 나는 무슨 행동, 무슨 생각, 무슨 말을 할 가능성이 높은가?

_____

_____

_____

_____

4. 3번의 평가는 어떻게 만들어진 것인가? 근거가 있는가? 그 평가를 도출하기 위해 사용한 기준이나 주장은 무엇인가?

_____

_____

_____

_____

5. 나의 샘플 사례에서 '더 나은' '개선된' 결과가 어떤 것인지를 구체적으로 명시해 보자. 이를 설명할 때는 (평가가 아니라) 검증 가능한 주장이나 새로운 접근을 사용해야 한다. 즉, 어떤 상황이 '더 낫다'거나 '개선됐다'고 평가하기 전에 어떤 주장을 확인해야 하는가?

_____

_____

_____

_____

6. 2장에서 언급한 '부정적 내적 대화'를 참고하자. 이 대화는 부정적 자기평가로 가득 차 있고, 그런 평가는 기준이나 주장에 근거할 수도

있고 아닐 수도 있다. 이에 대해 가까운 사람들과 대화를 나눠보자. 자신을 평가할 때 어떤 기준을 사용하고 있는가? 왜 그 기준을 사용하는가? 다른 사람들과 이 기준을 공유하는가? 평가의 근거로 어떤 관찰 가능한 데이터, 어떤 주장을 사용하고 있는가? 더 사용할 만한 정보가 있는가? 만약 그렇다면 어떻게 해야 될까?

_____

_____

_____

_____

7. **빅아이**: 나는 주로 어떤 기분일 때 부정적 평가를 내리는가? 혹은 부정적 평가를 내린 뒤에 기분은 어떠한가? 이러한 기분이 다른 관계나 교류에 어떤 영향을 미치는가?

_____

_____

_____

_____

8. 변화하고 더 나은 결과와 더 긍정적인 자기평가를 만들어내는 데 학습이 미치는 영향을 알아차렸는가? 내가 '하면 좋겠다'고 생각만 하고 현재 하지 않는 새로운 행동은 무엇인가? 여기서 학습이 구조자가 될 수 있다. 그 특정 분야에서 자신이 학습자, 즉 초심자임을 선언해 보자. 그리고 가능하다면 그 분야에서 자신보다 더 유능한 사람을 선생님으로 맞이해 보자.

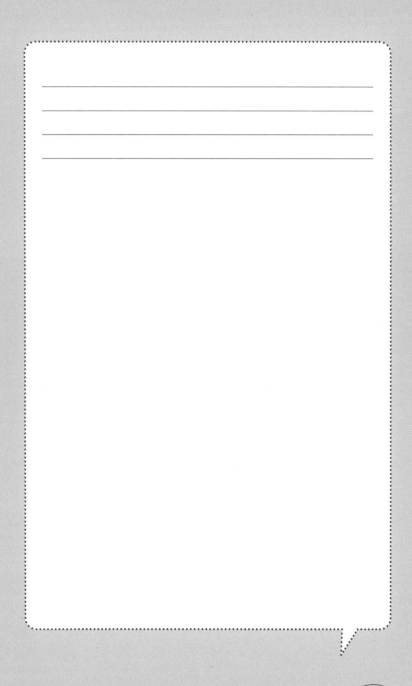

섹션 2. 선언

그러므로 우리는 아메리카합중국의 대표로서
엄숙히 공표하고 선언한다.
이 연합 식민지들은 자유롭고 독립된 국가이며,
마땅히 그래야 할 권리가 있다.[1]
— 「미국독립선언문」

할 수 있다고 말하든, 할 수 없다고 말하든……
어느 쪽이든 네가 맞다!
— 미상

주장이 가장 생성력, 창조력이 없는 발화 행위라면, 선언declaration
은 가장 생성력, 창조력이 있는 발화 행위라고 할 수 있다. 둘을 이렇게 대조할 수 있다. 주장에서는 **먼저 세계가 있고, 그다음에 말이 있다.** 우리는 이미 있는 것을 설명하기 위해 주장을 사용한다. 따라서 주장은 기존의 세계에 의존한다. 그러나 선언의 경우, **말이 먼저 오고, 그다음에 세계가 온다.** 우리는 선언을 통하여 세상에 새로운 가능성, 행동, 결과를 만들어낸다. 선언은 기존의 세계에 의존하지 않고 새로운 세계를 불러와 존재하게 한다. 따라서 주장의 서술적 특성과는 매우 다르게 모든 선언은 창조하는 힘이 있다.

선언은 무에서 유를 창조하는 발화 행위로, 새로운 가능성의 세계, 사물을 보는 새로운 방법, 내가 활동할 새로운 장을 만들어낸다.

선언은 새로운 맥락을 창출하며, 리더십(조직) 그리고 삶을 이끌고 설계하는 능력(개인)과 밀접한 관련이 있다. 선언을 통해 우리는 새로운 세계를 창조하고 새로운 가능성을 발명한다. 나는 선언이 현실을 만들어내는 가장 강력한 언어 행위라고 주장한다. 『말하는 대로 이루어진다』의 저자 매슈 버드는 이렇게 말한다. "선언은 그런 권한을 가진 사람이 이전에 존재하지 않던 것을 존재하게 하기 위해 내뱉는 말이다."[2]

미국에서 가장 유명한 선언문인 「독립선언문」을 간단히 살펴보자. 이 섹션에서 살펴볼 내용에 비추어 보면 「독립선언문」의 주목적은 상황을 기술하는 것이 아니다. 「독립선언문」이 한 일은 가

능성의 창출과 맥락의 전환이다. 선언의 구체적인 부분에 주목해

보자.

선언문에는 다음과 같이 쓰여 있다. "이 연합 식민지들은 자유

롭고 독립된 국가**이며**, 마땅히 그래야 할 권리가 있다. (……) 이

들과 대영제국 사이의 모든 정치적 연결은 완전히 단절**되었으며**,

마땅히 그래야 한다."(강조는 저자) 이 두 문장은 이미 일어난 일

을 설명한 것이 아니라 선언을 함으로써 새로운 상황, 관계, 맥락

을 만들어낸 것이다. 이 선언 이후 어떤 것(새로운 국가의 탄생)의

실현 가능성은 높아졌고, 어떤 것(식민 피지배의 지속)의 실현 가능

성은 낮아졌다. 선언 이후에도 그것을 실현하기 위해서는 많은 과

제가 남아 있었지만, 선언으로 인해 먼저 가능성의 공간이 열리고

새로운 맥락이 생겼다는 점에 주목해야 한다. 이렇게 선언된 새로

운 맥락은 미래의 사건을 해석하는 방식을 바꾸는 데 영향을 미쳤

다. 만약 이 선언이 없었다면 식민지와 영국의 움직임은 한 가지

의미로 해석되었을 것이다. 하지만 선언이 있었기 때문에 똑같은

행위가 전혀 다른 의미로 해석되었다. 매우 실제적인 의미에서,

이 '선언'을 통해 미국이 탄생하게 된 것이다.

케네디 대통령은 "미국은 몇 년 안에 달에 사람을 착륙시킬 것"

이라 선언했고, 실제로 실현했다. 케네디에게는 이렇게 큰 선언을

하고 그것이 희망사항이나 몽상으로 치부되지 않게 할 수 있는 힘

(권한)이 있었다. 새로운 가능성을 선언하고, 행동의 새로운 맥락

을 만들고, 그 안에서 새로운 행동과 결과를 만들어냈다. 케네디의 선언이 보여주듯이, 선언하는 행위는 단순히 목표나 목적을 나열하는 일이 아니라 과정을 시작하고 무언가를 창조하는 일이다.

'밤 10시 이후 게임 금지'를 선언한 부모는 그 선언으로 새로운 맥락을 만든 것이다. 이 선언 이전에는 우리의 조니가 밤 11시까지 게임을 하더라도 괜찮았다. 하지만 선언 이후에는 같은 행동이 '잘못'으로 인식된다. 맥락이 달라졌기 때문이다. 맥락은 물리적이진 않지만 실재한다. 맥락은 우리가 언어로 선언함으로써 생성된다.

변화를 위한 맥락을 만들려면

선언이 맥락을 만들어내거나 바꾼다는 사실을 방금 살펴봤다. 더 앞으로 나아가기 전에, 우선 '맥락context'과 '내용content'의 의미를 좀 더 명확하게 정의해 보자. 개인적 관계, 업무적 관계 등 모든 유형의 인간관계에서 맥락은 매우 중요하다. 개인과 조직의 성공에도 핵심적 요소다. 사전에서는 맥락을 다음과 같이 정의한다.

- 어떤 단어나 구절을 둘러싸고 그 의미를 밝힐 수 있는 담론의 일부분
- 어떤 사물의 존재나 발생을 촉발하는 상호 연관된 조건

• 환경 또는 설정³

영어로 맥락을 뜻하는 '컨텍스트 context'는 'con(함께)'과 'text(문자)'가 합쳐진 말이다. 즉, 컨텍스트란 '문자와 함께하는 것'으로 볼 수 있다. 맥락은 문자를 (내용과 함께) '둘러싸고' 특정한 의미가 생겨나는 배경을 제공한다. 맥락을 바꾸면 내용의 의미도 달라진다. 앞의 예시에서는 조니가 밤 11시에 게임을 하고 있다는 걸 내용(사건, 사실, 행동)으로 볼 수 있다. 그런데 부모의 선언으로 맥락이 바뀌면서 같은 사건을 해석하는 방식이 달라지는 효과를 낳았다. 이 사실을 깨닫고 의식적으로 맥락을 활용하면 강력한 힘이 된다.

맥락을 배경이 되는 환경이나 설정으로 볼 수도 있지만, 이 경우에도 물리적 환경이나 설정을 의미하지는 않는다. 물리적 환경은 확실히 전체 맥락의 일부가 될 수 있지만, 여기서는 선언이 어떻게 비물리적 환경이나 배경을 만들어내는지에 초점을 맞출 것이다. 그리고 그것을 관계, 가족, 조직, 공동체, 나아가 한 국가 안에 살아 숨 쉬는 무드, 분위기 또는 문화라고 부를 것이다.

다음과 같은 상황에서 맥락이 사람, 관계, 가족, 조직에 미치는 실재적인 영향에 대해 생각해 보자.

• 어떤 사람이 오랜 기간에 걸쳐 습관적으로 이렇게 선언한다. '나는 절

대 출세하지 못할 거야, 일이 내 뜻대로 되지 않을 거야.' 이 생각이 거의 매일 기본으로 깔려 있는 그 사람의 맥락이다. 이러한 설정이 결과에 어떤 영향을 미칠까? 매일 일어나는 사건을 해석하는 데 어떤 영향을 미칠까? 그 사람은 행동, 인간관계, 상호작용에서 어떻게 행동할까? 아마도 평범한 하루 동안 일어나는 다양한 사건들을 모두 부정적으로 해석하고, 결국 자신의 뜻대로 일이 풀리지 않거나 출세할 수 없다는 증거로 받아들일 가능성이 높다. 겉으로는 긍정적으로 보이는 사건조차도 단순히 예외, 우연, 혹은 나쁜 일이 일어날 징조로 해석할 것이다.

- 한 신혼부부가 결혼식에서 서로에게 자신들의 관계를 상호 존중, 진정한 파트너십, 열린 소통, 그리고 사랑으로 만들어가겠다고 선언했다. 그들이 그런 관계를 만들어가려면 어떻게 행동해야 하는지에 대한 약속과 이해를 공유하는 과정이 실제로 그런 관계를 실현하는 데 도움이 될까? 물론 큰 도움이 된다. 이러한 배경을 설정함으로써 그들은 앞으로 서로의 행동을 어떻게 해석할지에 대한 맥락을 창조했다. 선언을 실현할 수 있도록 적극적으로 뒷받침할 설정을 마련한 것이다.

- 조직의 리더는 새로운 미션과 새로운 목표 및 우선순위를 공개적으로 선언한다. 그와 더불어 새로운 미션과 우선순위에 대한 대화에 계속 참여하고 조직의 모든 구성원도 참여할 수 있도록 유도한다. 이러한 대화 속에서 사람들은 질문하고, 토론에 참여하고, 경우에 따라서는 목표를 변경하며 현재 위치에서 나아갈 방향에 대해 강력하고 공통된 이해를 갖게 된다. 리더가 선언으로 새로운 맥락을 만들어낸 셈인데, 이 맥락

은 조직이 만들어내는 결과와 강력한 관계가 있다. 실제로 맥락이 조직 전체에서 어느 정도로 공유되어 있는지가 의사결정의 일관성, 신뢰와 권한 위임, 그리고 조직의 모든 자원을 집중해 구성원 모두가 한마음으로 목표 달성을 향해 나아갈 수 있는지를 결정한다.

즉, 조직이나 개인 차원에서 효과적인 리더십은 특정한 맥락을 형성하고 유지하는 것과 밀접한 관련이 있다. 성공적인 관계는 서로 견해를 공유하고, 궁극적으로 상호 이해에 도달하며, 서로가 무엇을 이루고자 하는지, 그리고 어떻게 거기에 도달할 수 있는지 서로 선언하는 대화로부터 형성된다.

해가 가면 갈수록 나는 점점 더 맥락의 힘을 확신하게 되었다. 거의 모든 상황, 모든 관계에서 성과를 내기 위해서는 맥락이 중요하다. 하지만 우리의 사생활과 일에서 맥락을 설정하고 서로 공유하는 대화가 유독 부족하다는 사실을 알고 있는가? 우리가 해야 할 일은 새로운 대화를 시작하는 것이다.

선언으로 할 수 있는 일들

우리는 선언을 함으로써 다음 네 가지 주요한 행위를 수행하게 된다.

- 가능성을 열거나 무언가를 시작한다.

- 가능성을 닫거나 무언가를 끝낸다.

- 무언가를 해결한다.

- 무언가를 평가한다.

이 네 가지 행동을 몇몇 예시와 함께 살펴보자. 새롭거나 혹은 기존과 다른 선언이 우리 삶의 변화를 설계하는 도구가 될 수 있고, 종종 새로운 출발점이 될 수 있다는 점에 주목하길 바란다.

열거나 시작하는 선언

- "우리 아메리카합중국 사람들은······": 새로운 맥락과 국가를 창건할 수 있는 새로운 가능성을 가져온다.

- "우리 임원 일동은······": 새로운 조직을 창립한다.

- "안녕하세요, 제 이름은······": 관계를 맺는다.

- "오늘부터 우리는······": 함께 일할 수 있는 새로운 방법을 도입한다.

- "내일부터 나는······": 새로운 방향성을 제시하며 새로운 맥락을 창조한다.

- "사랑합니다.": 배우자 혹은 연인 관계, 서로에 대한 인정認定, 돌봄의 맥락을 설정한다.

- "우리의 다음 미션은······": 조직의 새로운 맥락과 방향을 제시한다.

- "밤 10시 이후 게임 금지": 가정에서 새로운 규칙을 설정한다.

- "잘 모르겠습니다.": 학습이 이루어질 수 있는 여백을 제공한다.

- "귀하는 채용되었습니다.": 고용이 시작된다.

- "고맙습니다.": 기쁨과 만족의 가능성을 넓혀준다.

- "이 방법은 효과가 없습니다.": '실패'를 선언하고, '현상 유지'와 '기계적인 행동'을 끊는다. 새로운 결과를 만들어낼 새로운 행동을 의도적으로 고안할 수 있는 가능성을 창출하고, 행동과 결과를 개선하기 위한 새로운 학습의 가능성을 생성한다.

닫거나 끝내는 선언

- "죄송합니다.": 누군가와 한 국면을 정리한다(그리고 새로운 국면을 맞는다).

- "용서합니다.": 사건을 마무리하고, 그에 따랐던 원망도 해소한다(또한 관계의 새로운 맥락을 연다).

- "고맙습니다.": 한 약속을 충실히 이행해 준 상대에게 만족을 선언하고 마무리한다.

- "귀하는 해고되었습니다.": 고용관계를 마감한다.

- "회의를 마칩니다.": 회의가 종료된다.

- "우리 관계는 끝났어.": 관계를 끊는다.

해결하는 선언

- "본 재판부는 피고에게…… 선고한다.": 유죄 혹은 무죄에 대한 의문을

해소한다(실제 일어난 일과 관계없이).

- "네."(모든 결정은 선언이다.)

- "아니요."

- "세이프" 또는 "아웃"

- "볼" 또는 "스트라이크"

평가하는 선언

- 맞다/틀리다

- 좋다/나쁘다

- 게으르다/부지런하다

- 도움이 된다/도움이 안 된다

- 오만하다/겸손하다

- 키가 크다/키가 작다

- 수줍음이 많다/사교적이다

- 시의적절하다/때를 놓치다

- 효과적이다/효과적이지 않다

- 받아들일 수 있다/받아들일 수 없다

위의 예에서 보듯이 선언은 열고 닫고 해결하고 평가한다. 우리의 선언은 가능성과 길을 열어준다. 무언가를 시작하거나 끝내기도 하고, 과거에 일어난 일을 완료하기도 한다. 문제를 해결하고 앞으로 나아갈 수 있게 해주고, 이후 여정에 큰 영향을 미친다. 이열기와 닫기, 해결과 이동은 물론 물리적인 것은 아니지만 매우실재적인 것이다. 이는 우리의 경험과 세상에서 취하는 행동과 밀접하게 연결되어 있다.

해결이나 평가의 선언은 특정 가능성이나 해석을 향해 나아가지만 다른 가능성이나 해석으로부터 멀어지게 하는 효과가 있다. 일단 무언가를 결정하면 우리는 한 방향으로 가고 다른 방향으로 가지 않으며, 한 가능성을 받아들이고 다른 가능성을 받아들이지 않게 된다. 앞서 살펴보았듯이 이러한 평가는 미래를 향한 '디딤돌'과 같다. 행동의 방향을 제시하고, 그에 따라 우리의 결과에 큰 영향을 미친다.

조직이나 개인에게 선언은 배의 방향키와 같다. 권한을 가진 사람이 선언함으로써 배(조직이나 개인)는 방향을 바꿀 수 있다. 선언은 우리의 우선순위와 미래에 대한 약속을 밝히고 특정 존재 방식(자부심, 행복, 존엄성 등)을 실현하기 위한 방법이다.

다음은 우리의 삶, 결과, 행복에 큰 영향을 미치는 중요한 선언들이다. 각각에 대해 차례로 알아보기로 하자.

1. 네.

2. 아니요.

3. 모르겠습니다.

4. 죄송합니다.

5. 용서합니다.

6. 고맙습니다.

7. 사랑합니다.

8. 나는 ……입니다.

9. 이 방법은 효과가 없습니다.

네/아니요

우리는 이 책의 앞부분에서 '네' 또는 '아니요'라고 말하는 간단한 행동이 우리의 삶에 엄청난 영향을 미칠 수 있다는 것을 살펴보았다. '네'라고 대답하고 어떤 행동을 약속하면 그 가능성이 열리고, 다른 가능성은 닫힌다. '아니요'라고 대답하고 다른 길을 택하면 다른 가능성이 열리고 그 밖의 가능성이 닫힌다. 모든 결정은 선언이다. 모든 결정, 모든 선택은 우리를 움직이게 하고, 어떤 방향으로 나아가게 한다. "선택하지 않는 것도 하나의 선택이다. 결정하지 않는 것도 하나의 결정이다."라는 말이 있는데, 정말 맞는 말이다.

'아니요'라는 말을 좀처럼 하지 못하는 사람을 떠올려 보자.(여러분은 어떠한가?) '아니요'를 못 한다는 것은 단순히 말 한마디를 할 수 없다는 뜻이 아니다. 자기주장을 하지 못하고, 자신의 삶을 존엄하게 꾸려나가지 못한다는 뜻이다.

'아니요'라고 말하지 못하는 것은 세상에 널리 퍼져 있는 삶의 방식과도 통한다. 스트레스가 쌓이고 있다고 느껴본 적 있는가? 이 질문을 던지면 실제로 많은 사람이 손을 든다. 많은 경우, 그 이유는 '과도한 공언over-commitment'에 기인하는 경우가 많다. 타인의 요구에 "네, 할 수 있습니다."라고 대답하면서 추가 약속을 하고, 아직 이행하지 않은 약속을 방치하는 것을 잊어버리면서 스트레스를 느낀다. 그리고 그 스트레스로 인해 분노하고 불행해진다. 이것이 현실이다. 나 자신도 마찬가지다. 최근 나는 약속의 단절을 시작했고 차츰 좋아지고 있다. 이를 극복하는 데는 많은 시간과 노력이 필요하고, '아니요'의 의미에 대한 새로운 해석은 그 출발점이다.

여러분에게 '아니요'란 무슨 의미인가? 많은 사람이 '아니요'를 '거부'와 동일시하는 경향이 있다. 누군가에게 '아니요'라고 말하는 것이 그 사람을 거부하는 것이라고 생각하고, 다른 사람이 자신에게 '아니요'라고 말하는 것은 그 사람이 자신을 거부하는 것이라고 생각하는 식이다. 하지만 이 둘은 다르다. '아니요'는 인간을 거부하는 발화가 아니다. 단지 요구에 대한 거부이다. 사람과 요구는 별개다. 내가 '아니요'라고 말할 때는 단순히 상대의 요구를 거절하는 것이지, 상대를 거부하는 것이 아니다. 실제로 그렇게 배운 적이 없는데도 불구하고, '아니요(사양합니다)=인간을 거부함'이라는 전통적인 이해가 매우 널리 퍼져 있음을 알 수 있다.

그러나 '아니요'의 해석을 바꾸면 우리가 원하는 결과를 설계할 수 있다. 추후 약속과 합의에 대한 내용을 다루면서 '아니요'에 대해 좀 더 자세히 논의해 보기로 하자.

모르겠습니다

아마도 학습에 있어 이보다 더 중요한 선언은 없을 것이다. '모른다'라고 말하는 것이 학습을 시작하는 첫 번째 단계이다. 그러면 학습할 수 있는 공간이 생기고, 이전에는 없던 맥락이 만들어진다. 누군가에게 무언가를 가르치려 할 때, 상대방이 '이미 알고 있다'는 태도를 보인 적이 있었는가? 그때 상대방이 얼마나 많은 것을 배울 수 있었을까? 별로 기대할 수 없을 것이다. 맥락이 잘못되어 있기 때문이다. 이러한 상황에서는 가르치는 여러분이 무엇을 하든, 상대방에게 학습이 이루어질 가능성은 거의 없다고 할 수 있다.

끊임없이 변화하는 세상을 살아가는 우리에게 학습은 매우 중요하다. 개인에게도, 모든 조직에도 동일하다. 학습은 곧 성과와 행복으로 이어진다.

앞서도 살펴보았듯이 '모르겠습니다'는 학습의 반대편이 아니라 친구임을 알아야 한다. 그러나 우리 대부분은 "모르겠습니다."라고 말하는 훈련을 잘 하지 않는다. 또한 많은 조직, 가족, 인간관계에서 "모르겠습니다."라는 말은 '나는 멍청하다', '상관없다', '알고 싶지 않다' 등의 의미로 해석될 뿐, '나는 배울 준비가 되어 있다'는 의미로 해석되지 않는 것 같다. 우리에게 필요한 것은 학습에 대한 대화, 학습을 가능케 하는 동인, 그리고 자신과 타인이 어떤 일에 초심자가 될 수 있음을 인정하는 태도다.

죄송합니다

이 강력한 선언은 깨진 약속을 복구하고 실수를 인정하는 역할을 한다. 다시 말하지만, 물리적인 복구가 아니라 언어적 관계 회복이다. 우리는 조직이나 개인과 함께 일하면서 누군가가(나일 수도 있다) 약속을 하고도 지키지 않고 사과도 하지 않는 상황을 반복해서 겪는다. 또는 약속을 실제로 이행했는지, 그리고 그 결과에 대해 모두가 만족했는지 등에 관해 서로 의견이 엇갈리거나 확신하지 못하는 상황도 종종 마주한다.

누군가가 여러분과의 약속을 어겼는데도 이를 인정하지 않고 사과도 하지 않는 상황을 상상해 보자. 그 행위가 여러분과 그 사람의 관계에 영향을 미칠까? 물론이다. 왜 그럴까? 이 답은 약속의 종류와 맥락에 따라 달라질 수 있다. 말은 약속을 전달하고, 약속이 없었다면 일어나지 않았을 사건을 일어나게 한다. 만약에 내가 여러분에게 어떤 약속을 한다면, 여러분은 내가 하기로 약속한 일을 하리라 믿고 다른 일을 시작할 것이다. 그런데 내가 약속을 지키지 않는다면, 여러분의 공적 정체성, 재무 성과, 무엇보다도 다른 인간관계가 손상될 수 있다.

조직 현장에서는 직원들 입장에서 보면 리더가 약속을 해놓고는 지키지 않고 사과도 없는 상황이 더러 있다. 이는 조직의 '분위기'와 '문화'에 큰 영향을 미친다. 또한 이후 직원들이 리더의 발언을 어떻게 받아들이고 해석하는지에 큰 영향을 미친다. 이와 같은 리더의 태도는 원망과 냉소를 불러일으키고, 알다시피 이 두 감정은 성공에 필요한 혁신과 창의성을 학습하는 데 기여하지 못한다. 하지만 리더가 약속을 어겼다는 사실을 인정하고 (때로는 공개적으로) 진심으로 사과하면 직원들의 반응은 전혀 달라진다. 앞으로 나아가는 데 중요한 것은 어떻게 듣는가, 즉 해석이다.

개인적인 상황에서도 사과는 충분히 힘을 발휘할 수 있다. 여러분이 누군가에게 진심으로 사과하고 상대방이 이를 받아들였을 때, 혹은 그 반대의 경험을 떠올려 보자. 이 언어 행동은 관계를 형성하고 회복하며 문제 상황을 끝내고 새로운 국면을 여는 행동이다. 한 장이 닫히는 것을 인정하고 허용하는 동시에 새로운 장을 위한 공간을 창출하는 것이다.

반대로 절대 사과하지 않는 사람이 어떤 인간관계를 맺을 수 있을지 생각해 보자. 그 사람의 파트너가 어떤 반응을 보일지 생각해 보자. 그런 사람이 만들어내는 공적 정체성을 생각해 보자. 이 모든 것은 진심 어린 사과가 가진 창조적, 생성적 힘의 문제다.

실수를 해본 적이 없는 사람이 있을까? 혼자서만 살려고 하는

것이 아니라면, '죄송합니다'라는 선언은 분명 우리에게 도움이
될 것이다.

용서합니다

바로 앞에서 이야기했듯이, 사람은 누구나 실수를 저지르기 마
련이다. 평생을 살아가면서 여러분에게 영향을 미치는 실수를 하
는 사람을 한 명도 만나지 않기란 불가능하다. 그런 의미에서 곧
살펴볼 이 선언이 가장 직접적으로 우리의 기분에 영향을 미치고
삶에 평온을 가져다주는 말일 것이다.

사람은 일을 망칠 수 있다. 때로는 자신이 망쳤다는 사실을 깨
닫지 못할 때도 있다. 일을 망친 마크는 자신이 그런 줄도 모르고
행복하게 꿀잠에 빠져 있을 때, 나는 그가 한 일 때문에 그를 깊이
원망하고 증오할 수도 있다. 게다가 이런 감정은 마크와의 관계뿐
아니라 마크와 전혀 관계가 없는 다른 인간관계들에까지 영향을
미친다.

용서는 한 장을 닫고 다른 장을 열 수 있는 강력한 선언이다. 내
가 마크를 용서했는지 안 했는지 마크가 알건 모르건 중요하지 않
다. 용서는 상대방을 위한 것이 아니다. 용서는 용서하는 자신을
위한 것이다. 왜냐하면 고통을 받고 있는 사람이 용서하는 사람이
기 때문이다.

모든 선언이 그렇듯이 '용서합니다'는 매우 생성적이고 창조적

인 선언이다. 그리고 용서하느냐, 용서하지 않느냐는 우리가 용서를 어떻게 해석하느냐에 따라 크게 좌우된다. 용서는 다음과 같이 정의할 수 있다. '당신이 내게 한 짓은 나에게 해를 끼치고 내 가능성에 부정적인 영향을 주었다. 나는 그 일을 용납하지도, 당신이 같은 실수를 저지르도록 허용하지도 않을 것이다. 하지만 동시에 나는 당신을 용서하고, 이런 식의 대화를 그만두려 한다. 당신과 당신이 한 일에 대한 대화를 곱씹으며 살아가는 대신, 다른 영역에 내 관심과 의식을 집중할 것이다. 나는 앞으로 나아가기를 선택한다. 어떻게든 당신에게 복수하겠다는 다짐을 철회한다. 나는 이 원망에서 벗어나 평온하게 살아가기를 선택한다.'

용서함으로써 우리는 한 장을 닫고 새로운 장을 열게 된다. 용서를 통해 실재적인(그러나 비물리적인) 방식으로 '앞으로 나아가는' 것이다. 어떤 것에서 벗어나 다른 무언가를 향해 '방향을 전환하는' 것이다. 누군가를 용서했을 때 이런 느낌을 받아본 적이 있는가?

그렇다면 용서를 가로막는 일반적인 해석이나 신념은 무엇일까? 우리의 어떤 내적 대화가 상대방을 용서하기 어렵게 만드는 걸까? 내가 수많은 사람과 이 이야기를 나누고 추린 몇 가지 해석은 다음과 같다.

- "하지만 내가 옳다."
- "그 사람은 용서받을 자격이 없다."

- "용서한다는 것은 그가 한 일을 용납한다는 뜻이다."

- "용서는 약함의 증거다."

- "용서한다는 것은 잊어버린다는 뜻인데, 나는 결코 잊을 생각이 없다."

- "용서하지 않는 것은 그가 계속 고통 받기를 바라기 때문이다."

- "용서하면 그의 부채감만 덜어준다."

이 문장들을 보고 떠오르는 기억이 있는가? 이 외에도 다른 해석을 떠올릴 수 있을 것이다. 이러한 해석들은 별로 힘이 없다. 중요한 것은 어떤 해석이 '옳다' 또는 '그르다'가 아니라 이러한 신념이 가져오는 행동, 상호작용 및 결과다. 새로운 행동을 시작하려면 이 신념을 개선해야 한다. 이러한 해석으로는 용서하는 행동이 일어날 것 같지 않다. 용서하는 행동이 일어나지 않기 때문에 용서의 결과(이익)도 기대할 수 없다.

용서의 근본적인 의미는 '붙잡기를 거부한다'는 뜻이다. 용서한다는 것은 붙잡기를 거부하고 놓아주는 것이다. 무엇을 붙잡기를 거부하는가 하면, 누군가에 대한 원한, '언젠가 복수하겠다'는 감정이다. 우리가 버리는 것은 타인에게 나쁜 의도와 책임을 전가하는 동시에 자신을 피해자로 만드는 부정적인 평가다. 우리가 버려야 할 것은 은둔, 불신, 단점 찾기, 친밀감 회피와 같은 방향성이다. 원망은 매우 강력하고 부정적인 감정이며, 누구나 한두 번쯤은 경험해 보았을 것이다. 나는 용서에 대한 이해를 바꾸면, 보다 건강하고 생산적인 방식으로 좌절과 고통, 고난을 극복할 수 있다고 믿는다.

"통증pain은 생물학적인 것이지만, 고통suffering은 언어적인 것이다."라는 말이 있다. 통증을 해소하는 데는 의학적 도움이 필요하지만, 고통을 해소하는 데는 자신의 결단이 필요하다. 그중에서도 용서는 고통에 직접 대처하는 방법이다. 건강하고 행복한 삶을 설계하기 위해 내가 발견한 **가장 강력한 도구**가 바로 용서를 선언하는 것이다. 이것은 사생활뿐만 아니라 사회생활에서도 마찬가지다. 내가 워크숍을 진행해 온 수많은 사람도 똑같은 경험을 들려주었다. 그리고 용서하는 행위는 일시적인 것이 아니라 과정이라고 할 수 있다. 따라서 지속적인 의식과 노력 그리고 실천이 필요하다.

우리는 용서forgive를 선언할 수는 있지만, 망각forget을 선언할 수는 없다. 즉, 용서는 새롭게 선언하는 의식적인 과정이며 내 선택인 것이다. 반면 무언가를 '절대 기억하지 않겠다'는 선택은 할 수 없다. 설사 의식적으로 노력한다고 해도, 특정한 기억을 가끔 '떠올리지 않겠다'고 선언할 수도 없고, 어떤 사건이나 상황을 가끔 떠올리겠다고 선언할 수도 없다. 하지만 내가 어떻게 반응할지, 어떻게 움직일지는 선택할 수 있다. 이것이 핵심이며, 이 모든 일은 언어 속에서 일어난다.

용서는 평온을 가져다준다. 게다가 아주 간단한 일이다. 여러분

의 주변에서 평온한 삶을 살고 있다고 할 만한 사람을 떠올려 보
자. 사회 속에서 살아가는 우리는 필연적으로 용서하지 않고서는
평온이 찾아오지 않는다. 나아가 자신을 용서하는 능력도 타인을
용서하는 능력만큼이나 중요하다. 타인과의 관계에 종지부를 찍
고 새로운 맥락을 가져다줄 뿐만 아니라 존엄성, 자아 존중, 자기
수용을 실현할 수 있다.

돈 미겔 루이스는 『네 가지 약속』에서 용서를 선언하는 힘에 대
해 이렇게 썼다.

> 용서하는 것이 치유하는 유일한 방법이다. 우리는 스스로를 자비
> 롭게 여기는 마음에서 용서를 선택할 수 있다. 원망을 내려놓고
> "이제 그만!"이라고 선언할 수 있다. 나는 더 이상 피해자가 아니
> 다. 그것이 자유로운 인간의 시작이다. 용서가 열쇠다.[4]

고맙습니다

'고맙습니다'는 다른 사람의 기여와 친절에 대한 인정이다. 누군
가가 선물을 주거나 자신을 위해 무언가를 해주었을 때 "고맙습니
다."라고 말하지 않는다면, 그 관계는 분명히 부정적인 영향을 받
게 된다. 배은망덕한 사람으로 비치고, 많은 사람이 점차 등을 돌
릴 수도 있다. 이는 사회적 존재인 우리에게 무척 중요한 일이다.

'고맙습니다'는 어떤 약속이나 합의를 마무리하는 수용의 선언

이라고도 할 수 있다. 예를 들어, 식당에서 주문한 점심이 나왔을 때 우리는 보통 "고맙습니다."라고 말한다. 이로써 웨이터의 약속(주문한 음식을 가져다주는 일)은 끝났고, 자신의 약속(식사비를 지불하는 일)이 남게 된다. "고맙습니다."라는 내 말을 웨이터는 '아무 문제 없다, 손님이 내가 제공한 것을 받아들였다.'라고 해석할 수 있다.

'고맙습니다'는 기분과도 밀접한 관련이 있다. 기쁨이라는 기분은 감사로 이어진다. 기뻐하는 사람이 무언가에 감사하지 않는다고 생각하기는 어렵다. 우리는 이렇게 배워왔다. 인생에서 더 많은 기쁨을 느끼고 싶다면 먼저 감사를 선언하는 것부터 시작하라. 우리는 언제든, 어떤 이유에서든, 심지어 이유 없이도 감사를 선언할 수 있다. 살아 있는 것, 걸을 수 있는 것, 말할 수 있는 것, 생각할 수 있는 것, 들을 수 있는 것, 볼 수 있는 것, 올라갈 수 있는 것, 껴안을 수 있는 것, 어떤 것이든 감사할 수 있다. 하루 중 어느 때라도 우리는 잠시 멈춰 서서 우리 삶에 있는 많은 좋은 것에 대해 신이나 자연에 감사를 표할 수 있다. 그렇게 함으로써 의식적으로 자신의 삶에 더 많은 기쁨을 가져다줄 수 있다.

나는 사실상 우리 모두가 감사할 일이 있다고 생각한다. 다만 그것을 우리가 알아차리느냐, 받아들이느냐의 문제일 뿐이다.

사랑합니다

우리가 행복에 대해 이야기할 때 사랑은 어딘가에는 꼭 포함되는 주제다. '사랑'이라고 한마디로 말해도 그 의미는 셀 수 없이 다양하다. 우리는 배우자를 사랑할 수 있고, 자녀를 사랑할 수 있고, 직장을 사랑할 수 있다. 어떤 스포츠 팀을 사랑할 수도 있고, 햄샌드위치를 사랑할 수도 있다. 로맨틱한 사랑도 있고, 플라토닉한 사랑도 있고, 음악에 대한 사랑도 있고, 신에 대한 사랑도 있다.

여기서는 '사람'과 '관계'와 '결과'에 초점을 맞추어 살펴보기로한다. 먼저 '사랑한다'는 말을 결코 입 밖으로 꺼내지 않는 두 사람의 관계를 생각해 보자. 우리가 계속 살펴보았듯이 '말하는 것'과 '생각하는 것'은 전혀 다르다. '말하는 것'과 '아는 것'은 전혀 다르다. 누군가에게 "사랑한다."고 소리 내어 말하는 것은 관계를 구축하고 형성하는 행위다. 이전에 없던 공간을 만들어내기 때문에 맥락을 창조하는 행위이기도 하다. 이는 확실히 우리의 신체와 감정의 영역을 포함한다.

우리의 빅아이로 돌아가 보자. 여러분이 한동안 "사랑해(요)."라고 말하지 않은 소중한 사람이 있는지 떠올려 보자. 그 이유는 무엇인가? 특별한 사연이 있기 때문인가? 그 사람에게 그 말을 하는 상상만 해도 몸에 두드러기가 돋는다든가? 어쩌면 그 말을 하는 훈련이 부족해서 어떻게 말해야 하는지 모르는 것일 수도 있다. 아니면 "사랑해."라는 말 한마디로 관계가 바뀌고 맥락이 달라진다는 사실을 어느 정도 알고 있기 때문에 말하지 못하는 것일 수도 있다.

내가 지금까지 들은 가장 흥미로운 사랑에 대한 관점 중 하나는 움베르토 마투라나의 말이다. 그가 말하는 사랑의 정의는 "타인을 나와 공존하는 정당한 존재로서 근본적으로 받아들이는 것"이다.[5] 처음에는 이러한 관점이 매우 이상하게 느껴졌지만, 시간이 지날수록 익숙해졌다. 이 관점은 낭만적 사랑에 대한 일반적인 관점과는 달리 수용의 선언과 정당성의 선언에 초점을 맞추고 있다. 먼저 우리는 다른 인간이 자신과 공존하는 것이 정당하다고 인정하는 선언을 한다. '진정하고 동등한 파트너'라는 표현이 떠오른다. 이런 선언을 함으로써 서로를 존중하고 수용하는 공간이 만들어진다. 그리고 우리가 함께 해야 할 일을 어떻게 할지 설계할 때 유연성과 개방성을 유지하면서 서로에게 요구할 수 있게 된다.

이러한 사랑에 대한 관점은 개인과 집단 모두에서 서로가 어떤 존재가 되고, 어떻게 살아갈 것인가에 대한 윤리도 이야기하고 있는 것 같다. 이처럼 수용과 정당성에 초점을 맞춘 사랑의 정의를 통해 우리가 '사랑하는' 사람의 범위를 크게 넓힐 수 있지 않을까?

에크하르트 톨레는 『지금 이 순간을 살아라』에서 건강하지 않은 관계에서 더 나은 관계로 전환하는 계기에 대해 비슷한 말을 했다. "관계를 변화시키는 가장 큰 촉매는 상대를 판단하거나 변화시킬 필요 없이 있는 그대로 온전히 받아들이는 것이다."[6] 우리의 평가는 마치 자동적으로, 습관적으로, 마치 저절로 형성되는 것처럼 이루어진다. 앞서 살펴봤듯이 대부분의 평가는 순전히 머릿속에서 나온 것으로, 근거가 없는데도 불구하고 미래에 영향을 미치고 해석과 관계에 영향을 미친다. 이를 알아차리는 것이 첫 번째 단계다. 그래야만 무언가 다른 것을 선택하고 실천할 수 있다.

오래전에 부모님께 "사랑해요."라고 말씀드렸을 때 나는 확실히 훈련이 부족한 상태였다. 나는 항상 부모님을 사랑했고, 부모님도 그 사실을 알고 있었다. 하지만 그 전까지는 어른이 된 후 한 번도 부모님께 사랑한다는 말을 해본 적이 없었다. 나는 부모님께 사랑한다고 말하고 싶었지만, 내 몸이 즉시 경직되는 것을 느꼈다. 심장이 두근거리고, 손에 땀이 나고, 무슨 말을 해야 할지 생각만 해도 불안했다. 내 몸은 분명히 사랑한다는 말을 하는 훈련이 되어 있지 않았다. 하지만 나는 필사적으로 노력했고, 부모님께 "사랑해요."라고 말했고, 심장이 두근거리고 무릎이 후들거렸지만 어쨌든 해냈다. 그리고 이것이 내가 어른이 된 후 우리의 관계를 이전보다 더 깊고 풍요로운 관계로 재설계하는 계기가 되었다. 우리의 관계는 이전보다 훨씬 더 나은 관계로 발전했다.

나는 ……입니다

이 말은 내가 누구인지 선언하는 시작점이며, 우리의 정체성 혹은 '자아'라고 부를 수 있는 부분이다. 이를 '일차 선언'이라고 부르며, 우리가 지금까지 해온 존재론적 코칭에서 실천의 핵심이 된다. 이런 의미에서 존재론적 코칭은 관찰자, 언어, 기분과 감정, 신체의 식별과 상호관계에 주의를 기울이면서 사람들의 '존재 방식'을 변화시키도록 대화를 통해 타인을 가르치는 것이라고 정의할 수 있다. 여러 선구자가 오래전부터 닦아왔으며 나를 비롯해 수많은 사람이 따르는 코칭 방법이기도 하다.

대부분의 고통은 우리가 삶에서 원하는 방향으로 나아가도록 해주는 행동과 기분을 만들어내는 데 하등 도움이 되지 않는 일차 선언에서 비롯된다. 그 '뿌리'가 되는 선언은 자신에게는 전혀 보이지 않는 경우가 많다. 보이는 것은 똑같은 실수를 반복하고 매번 똑같은 유형의 사람이나 상황을 끌어들이는 자신뿐이다. 이때 나 같은 코치가 개입해 코칭 대상이 밑바탕에 품고 있는 스스로에 대한 선언과 해석을(진실이 아니라) 볼 수 있는 공간을 대화를 통해 만들어내는 것이다. 코치는 이런 선언과 해석이 코칭 대상의 행동에 미친 영향을 드러내 보이고, 그가 새로운 선언을 고안하고 실천할 수 있도록 돕는다. 이제껏 내가 오래전에 스스로에 대해 만들어낸 하나의 해석이나 일차 선언에 따라 살아왔다면(지금은 그것이 나에게 별로 도움이 되지 않는다는 사실을 깨닫기 시작했다.), **내가 가고 싶은 곳으로 향하는 데 더 도움이 되는 새로운 해석이나 일차 선언을 지금 만들어내지 못할 이유가 있을까?**

인생에서 큰 변화를 일으키는 사람들은 보통 '말'의 단계부터 시작한다. 이 단계는 자주 개인적인 선언, 즉 자신이 누구인지를 새롭게 선언하는 "나는 ……입니다."의 형태를 취한다. 예를 들어, 다음과 같이 스스로에게 선언하면 어떤 변화가 일어날지 생각해 보자.

- "나는 정직하고, 사랑스럽고, 사회에 기여하는 사람입니다."
- "나는 강하고 윤리적인 리더입니다."
- "나는 인간이고 중요한 존재입니다."
- "나는 영향력 있는 교사입니다."
- "나는 좋은 친구입니다."
- "나는 가치 있고 인정받는 사람입니다."
- "나는 용서받고 포용을 받은 사람입니다."
- "나는 야심만만하고 열정적인 사람입니다."
- "나는 용감하고, 관대하고, 진실한 사람입니다."

이 선언들의 의미가 무엇인지, 이 선언들을 소리 내어 말할 때 어떤 느낌이 드는지, 나 자신에게 무엇을 말하고 싶어 하는 것 같은지, 선언을 통해 어떤 새로운 맥락이 만들어질지 생각해 보자. 새로운 존재 방식을 창조하기 위해 정말 중요한 첫 번째 행위가 바로 나 자신에 대한 선언이다. 닐 도널드 월시가 『신과 나눈 이야기』에서 선택하고 선언함으로써 자신이 이 세상에서 어떤 존재인지 스스로 창조하는 능력을 강조하며 우리 모두가 "스스로에 대해 가졌던 가장 위대한 비전 중 최상의 버전"이 될 수 있다고 한 말을 나는 무척 좋아한다.[7]

자신에 대한 선언을 통해 나는 여전히 차머스이지만, 이전과는 다른 존재인 차머스가 된다. 여러분도 여러분 자신에 대한 선언을 통해 이전과는 다른 존재인 자신이 될 수 있다. 우리는 말함으로써 어떤 존재가 된다. 우리 자신과 우리 삶의 새로운 맥락을 선언하는 것이다. 우리는 완성된 존재가 아니라 만들어져 가는 존재다. 이것이 이 책 내용의 전부다. 우리 자신을 위해 무엇을 선택할 것인가? 무엇을 선언할 것인가? 무엇을 창조할 것인가? 우리는 그 모든 것을 말로 실현한다.

"나는 수줍음을 많이 타는 사람이다."라는 선언에 대해 생각해 보자. 전통적인 관점에서 '수줍음'은 우리가 타고난 '성격'의 하나로 여겨졌다. 어떤 사람은 선천적으로 외향적이고 어떤 사람은 선천적으로 내향적이라고 말이다. 나는 물론 생물학이나 유전자의 영향을 부정하지는 않는다. 하지만 현실을 보면 다양한 영역에서 생물학적 영향만큼이나 해석과 연관된 영향이 두드러진다. 나는 여기서, 특히 우리가 지금과는 다른 결과를 만들어내기 원한다면, 적어도 다른 해석과 그에 따른 결과를 검토해 볼 필요가 있다고 주장한다.

첫째, 우리는 이제 "나는 수줍음을 많이 탄다."라고 말할 때, 이 말이 내 미래의 행동과 결과에 영향을 끼친다는 사실을 알고 있다. 예를 들어, 내가 수줍음이 많고, 지금 회사에서 아이디어 회의에 참여 중이며, 마침 좋은 아이디어가 떠올랐다고 해보자. 나는 손을 들고 내 아이디어를 발표할 수 있을까? 그럴 수도 있지만, 어쩌면 내가 한참 용기를 그러모으며 속으로 어떻게 말할지 시뮬레이션을 반복하는 동안, 이미 누가 손을 들고 비슷한 아이디어를 제시할지도 모른다. 자기 자신에 대한 선언과 평가가 스스로의 가능성을 제한하는 경우다.

그렇다면 내가 발표하는 데 어려움을 느낀다는 상황을 인식하고 초심자임을 선언한 뒤, 화술 학원에 다니거나 동영상 강의를 보거나 관련 책을 읽으며 상황에 맞게 생각을 조리 있고 분명하게 말하는 법을 배우고, 집에서 혼자 소리 내어 연습하고, 가족이나 친구 앞에서 시연했다고 해보자. 그다음 회의 때, 아마 처음에는 여전히 떨리고 긴장되겠지만, 좀 더 수월하게 손을 들고 말할 수 있을 것이다. 그러고 그다음에는 조금 더 수월해질 것이다. 이런 식으로 시간이 지나면서 나는 발표에 훨씬 더 능숙해지게 된다. '나는 수줍음이 많다'는 것은 내 불변하는 성격에 대한 설명이 아니라 나에 대해 스스로 내린 평가이며, 그것도 어떤 '행동'을 충분히 해보지 않은 상태에서 비롯된 평가이다. 우리가 나는 원래 이렇다고 생각하는 많은 부분이 실은 관찰자로서 각자의 기준,

기분, 신념에 따라 내린 평가이자 판단일 뿐이다. 물론 모든 사람이 똑같이 발표에 능숙해질 수는 없을지도 모른다. 하지만 적어도 '수줍음'에 대한 새로운 해석이 새롭게 행동할 수 있는 가능성을 열어준다는 뜻이다.

사실 많은 사람이 무한히 다양한 이야기를 만들 수 있음에도 불구하고, 자신을 무력화하거나 스스로 가능성을 제한하는 이야기를 만드는 경향이 있는 것 같다. 여러분은 어떠한가?

이 방법은 효과가 없습니다

이 선언은 우리가 '와해breakdown'라고 부르는 것, 그리고 인생에서 겪게 되는 다양한 와해에 대처하는 것과 관련이 있다. 이 식별은 원래 페르난도 플로레스가 개발한 것으로, 자신의 삶을 설계하는 능력의 핵심이다. 간단히 말해서, 와해란 자신이 하던 일의 일반적인 흐름, 내 하루의 일반적인 일과에 예상치 못한 '단절'이 발생하는 것이다. 흔히 와해를 부정적인 일로만 생각하기 쉽지만, 그 자체로는 플러스도 마이너스도 아니다. 와해의 발생 여부를 파악할 수 있는 몇 가지 방법을 소개한다. 만약 갑자기 '아차!'라는 생각이 든다면, 대부분의 경우 와해가 일어났다고 볼 수 있다.

구체적으로 와해란 어떤 약속이나 약속의 이행이 예기치 않게 중단되는 상황으로, 그 약속의 예는 다음과 같다.

- 아침마다 공원에서 친구와 만나 러닝을 한다.

- 회의 시작 시간까지 회의에 참석한다.

- 이번 분기 실적 목표를 달성한다.

- 화요일 정오까지 문제를 해결한다.

- 프로젝트 팀을 관리한다.

- 시스템 테스트 결과를 처리한다.

- 지역 봉사단체에서 자원봉사자로 활동한다.

그 밖에도 우리가 가정이나 업무에서 일상적으로 행하는 거의 모든 행동은 어떤 사전 약속을 이행하기 위해 하는 행동이라고 할 수 있다. 명시적이든 암묵적이든, 단기적이든 장기적이든, 개인적이든 업무적이든 종류는 다를지라도 모두 '약속'이며, 우리는 약속의 '그물망' 속에 살고 있다고 할 수 있다.

와해가 일어나면 지켜야 할 약속을 기존의 방식대로 자동적으로 처리할 수 없게 된다. 이 말은 즉 우리가 더 이상 '투명하게' 작동하지 않는다는 뜻이다. 혹시 분명 회사에서 나와 집까지 운전해서 왔는데, 그 중간 과정이 생략된 것처럼 잘 기억나지 않는 경험을 한 적이 있는가? 어떤 사거리에서 신호를 기다리고, 어디서 코너를 돌고, 옆으로 어떤 차가 지나가고 등의 세부적인 과정 말이다. 이것이 존재론적 코칭에서 '투명성'이라고 부르는 것의 훌륭한 예다. 어떤 일을 끊임없이 반복하면서 특별히 의식하지 않고도

행할 수 있는 습관으로 굳어진 것이다. 우리는 이런 상황을 일상의 곳곳에서 마주한다. 투명성은 삶을 이루는 한 부분이며, 역시 그 자체로는 좋은 것도 나쁜 것도 아니다.

와해는 이렇게 무의식적으로 행하는 자동운전 모드에 갑자기 찾아오는 단절이다. 상황을 완전하게 인식하고 의식하며 선택하는 상태에 놓이는 것이다. 그리고 이 와해의 순간에 무엇을 하느냐가 이후 결과에 중요한 영향을 미친다. 와해의 순간에 우리는 의도적으로 '익숙한 습관'과 결별할 수 있다.

아래는 가정이나 업무에서 와해를 선언하는 일반적인 예들이다. 아마 여러분도 다른 예들을 충분히 떠올릴 수 있을 것이다.

- "궤도에서 벗어난 것 같다."
- "뭔가 잘못되었다."
- "이것만으로는 더 이상 만족할 수 없다."
- "잠시 멈춰보자. 한 발짝 물러서서 우리가 하고 있는 일을 살펴보자."
- "이 방법으로는 할 만큼 했다."
- "이건 너무 과하다."
- "이런 일은 용납할 수 없다."
- "이것은 큰 새로운 기회다."
- "이것은 큰 새로운 위협이다."
- "바로 그것이 문제다."

- "이대로는 안 된다."

- "그것에 관해 좀 더 공부해야 한다."

- "무언가 조치를 취해야 한다."

이 '와해'라는 새로운 식별에 대해 몇 가지 사항을 더 살펴보자. 왜냐하면 ① 우리는 누구나 와해를 경험하며, ② 그 상황을 어떻게 다루고 극복하느냐에 따라 평온함과 생산성(행복)을 창출하는 능력에 큰 영향을 미치기 때문이다.

- 관찰자가 다르면 와해도 다르다. 어떤 관찰자에게는 큰 와해일지라도 다른 관찰자는 전혀 눈치채지 못할 수도 있다. 관찰자마다 관심사도, 식별하는 방법도 다르기 때문이다.

- 와해는 그 자체로 좋은 것도 나쁜 것도 아니다. 그저 존재할 뿐이다.

- 와해는 외부 요인으로 발생할 수도 있지만, 우리가 주도적으로 선언할 수도 있다.

- 우리 각자는 현재 상태를 와해 상황이라고 선언할 수 있다. 조직에서라면 권한의 정도에 따라 선언할 수 있는 와해의 유형이 달라질 수 있지만, 개인적인 삶에서는 우리에게 어떤 측면이든 와해를 선언할 수 있는 권한이 있다. 많은 경우 이 선언이 진정한 변화, 학습, 개선을 위한 첫 단계가 된다.

- 와해를 선언함으로써 개인이나 조직이 새로운 행동을 할 수 있는 새로

운 맥락이 조성된다.

- 와해는 피할 수 없는 일이며, 인생의 한 과정일 뿐이다. 따라서 모든 와해를 피하려고 하기보다는 발생한 와해에 효과적으로 대처할 수 있는 능력을 기르고, 나아가 적극적으로 와해를 선언하여 원하는 결과를 얻을 수 있는 방법을 익히는 것이 중요하다.
- 우리는 대화를 통해 와해를 해결하지만, 모든 대화가 동일한 것은 아니다. 어떤 대화는 와해를 해결하는 방향으로 나아가지만, 어떤 대화는 그렇지 않다.

많은 경우 '아!' 하고 깨달은 직후에야 왜 그런 일이 일어났는지, 그게 어떤 의미인지를 놓고 자신의 이야기, 자신의 평가를 다른 사람들과 나누는 대화를 하게 된다. 그 자체가 반드시 나쁜 것은 아니며, 오히려 매우 유익한 일이다. 하지만 언제까지나 이런 사후 대화를 반복한다면, 실제로 와해를 해결하는 방향으로 나아갈 수 없을 것이다. 어느 시점에서 우리는 새로운 행동을 취해야 한다. 이를 위해 필요한 일은 평가나 판단을 모으는 것이 아니라 새로운 약속과 합의를 이끌어내는 것이다. 이 새로운 대화야말로 와해를 해결하고 다음 단계로 나아가기 위해 필요한 **행동**이다.

와해에 대처하는 방식은 다양한 분야에서 우리에게 영향을 미친다. 내 정체성의 큰 부분은 인생에서 피할 수 없는 '와해', '문제', '과제'에 대처하는 행동과 그 대처법을 바탕으로 구축한 이야기로부터 형성된다. 이 책의 앞부분에서 이야기했듯이, 자신에 대한 인식은 항상 스스로에 대해 지어낸 이야기를 바탕으로 한다는 데 주목해야 한다. 이 이야기에는 설명, 선언("나는 ……이다."), 개인적 평가 등이 포함된다. 이 이야기는 때로 강력한 힘을 불어넣어 이와 같은 상황에 효과적으로 대처할 수 있도록 도와주기도 하지만, 때로는 힘을 잃게 하고 마비시키기도 한다.

나의 가치를 스스로 정하는 선언

자, 이제 아홉 가지 핵심 선언에서 벗어나 선언 전반에 대해 좀 더 보충해 보기로 하자.

- 주장이 참인지 거짓인지에 대한 것이라면, 선언은 유효한지 무효한지에 대한 것이다.
- 선언의 유효성 또는 비유효성은 선언을 하는 사람에게 공동체가 부여한 권한에 달려 있다.
- 업무든 사생활이든 인간관계의 어려움은 누가 무엇을 선언하는지에 대한 '모호함', '불분명함'과 관련이 있다.

두 사람이 같은 말을 할 수는 있지만, 선언의 힘은 선언하는 사람에게 그럴 권한이 있거나 그것을 뒷받침할 역량이 있을 때만 발휘된다. 내가 길모퉁이에 서서 "우리 백화점은 혁신적인 고객 맞춤형 서비스를 바탕으로 시장을 선도해 나갈 것입니다!"라고 선언할 수 있다. 얼굴이 새빨갛게 달아오르도록 큰 소리로 외치면 어떻게 될까? 세상은 그대로일 것이다. 하지만 만약 백화점의 CEO가 이사회 대표와 함께 TV에 나와서 같은 말을 한다면 어떨까? 그때는 세상이 달라질 것이다.

여러 영역에서 권한은 사회적으로 부여된다. 결혼을 성립시키고, 죄를 심판하고, 자원을 투입하고, 전쟁을 시작하고, 정책을 수립하고, 경계를 설정하고, 조직이나 국가에서 방향과 우선순위를 조정하는 등의 권한은 모두 사회, 제도, 조직으로부터 부여된다. 하지만 초기 아메리카 식민지 정착민들은 독립을 선언할 수 있는 권한이 없었다는 점에 주목해 보자. 당시 그 권한을 가진 것은 영국 왕실뿐이었다. 결국 정착민들은 선언을 할 수 있는 역량을 쟁취했지만, 그로써 새로운 국가가 탄생하리라는 보장은 없었다. 그러나 여기서 분명한 사실은, 미국의 독립은 **최초의 선언이 없었다면 실현되지 않았으리라**는 점이다.

다른 사람이 관련된 상황에서 내가 무엇을 선언할 수 있는지 명확한가? 배우자 연인 또는 동료와 경계선이 어디까지인지에 대해 합의가 이루어졌는가? 이런 대화를 아예 나누지 않거나 모호하게 나눔으로써 관계가 훼손되고 문제가 반복되는 경우를 어렵지 않게 볼 수 있다.

그리고 어쩌면 행복한 경험을 만들어내는 데 좀 더 가까운 질문은 **우리가 한 인간으로서 무엇을 선언할 수 있느냐**일 것이다. 직장이나 업계의 역학에서 벗어나 창조하고, 성장하고, 학습하는 우리 각자에게 초점을 맞춰보자. 우리 각자는 자신을 위해 다음과 같은 선언을 할 수 있는 권한이 있다.

- 어떤 공적 정체성을 만들어낼 것인가.
- 앞으로 어떤 삶을 살아갈 것인가.
- 나는 어떤 사람인가.
- 내게 중요한 것은 무엇인가.
- 나만의 기준은 무엇인가.
- 내가 받아들일 수 있는 것과 받아들일 수 없는 것은 무엇인가.
- 개인적 또는 업무적 관계를 유지하기 위해 어떤 대우를 받을 것인가.

혹시 자신에게 이러한 선언을 할 수 있는 권한이 없다고 믿어서 선언하지 않은 적이 있는가? 선언을 하지 않는 것이 그 후의 성과와 관계가 있을까? 여러분의 행복, 평온함, 효율성과 관련이 있을까? 물론 관련이 많다.

자신이 어떤 사람인지, 혹은 어떤 사람이 아닌지 공개적으로 선언하는 것만큼 강력한 선언은 없다. 이 강력함은 대부분 오래된

(보통 말로 표현되지 않고 눈에 보이지 않는) 이야기, 효과가 없어진 선언, 거부당하는 느낌과 무력감을 떨쳐버리는 데서 비롯된다. 새로운 맥락은 우리의 기분, 해석, 행동에 강력한 영향을 미친다. 이것이 바로 존재론적 코칭의 본질이며, 놀라운 변화의 힘의 근간이 되는 것이다.

우리 모두는 개인의 기준이라는 영역에서 선언할 수 있는 권한을 가지고 있다. 이 기준은 상황과 자신 그리고 타인을 평가하는 방식에 큰 영향을 미친다. 인생에서 '해야 할 일'을 결정하는 데도 큰 역할을 한다. 우리가 영위하는 삶의 '영역'을 생각해 보자.

- 가족·배우자
- 직업·경력
- 사회·친구 관계
- 취미·놀이
- 신체·건강
- 영성·종교 생활
- 기분·태도
- 돈·금융
- 학습·교육
- 존엄성
- 세계·거시적 연결

이러한 각 영역의 기준(또는 기준의 부재)은 평가의 유형과 행동에서 드러나는 경향이 있다. 모든 평가의 밑에는 기준이 숨어 있다. 이전 장에서는 주장과 평가를 다루면서 동일한 사물에 대해 다른 사람들이 서로 다른 평가를 내릴 수 있다는 점을 살펴보았다.

예를 들어, 나는 교통체증이 심하다고 생각하지만, 친구는 괜찮은 편이라고 생각한다. 나는 비상사태에 대비하여 은행에 세 달치 저축이 필요하다고 말하지만, 아내는 한 달치면 충분하다고 말한다. 나는 프레젠테이션이 훌륭했다고 말하지만, 동료는 그다지 인상적이지 않았다고 말한다. 요점은 각자가 가진 기준에 따라 평가를 내리고 있으며, 그 기준은 선언이라는 사실이다. 그 사실을 인지하든 인지하지 못하든 간에 우리는 선언함으로써 기준을 세운다. 이 기준은 해석의 기초로 사용되고, 그 해석에서 평가가 나온다. 내가 계속 평가를 강조하는 이유 중 하나는 평가가 우리를 미래로 인도하기 때문이다. 평가는 사물에 대한 '입장'을 결정하는 것이고, 미래의 사람이나 사건과 관계를 맺는 방식에 대한 '방향성'을 제시하는 것이다.

우리가 잘 놓치기는 하지만, 각자가 가진 주요 기준은 남들이 자신을 어떻게 대우할지를 결정한다. 남의 태도를 자신이 결정한다는 게 이상하게 들릴지도 모르지만, 사실이 그렇다. 타인과 함께할 때 우리가 하는 행동은 그들과의 관계에서 어떤 것은 괜찮고 어떤 것은 괜찮지 않은지를 상대에게 알려주는 효과가 있다. 우리는 타인이 자신을 특정 방식으로 대하도록 허용한다. 그들이 우리 스스로 설정한 기준을 넘어서기 전까지는 말이다. 이에 관해 내가 들은 인상적인 말이 있다.

우리는 다른 사람에게 자신을 어떻게 대우해야 하는지 가르친다.

요점 및 새로운 해석

● 선언은 매우 강력하고 창조적인 언어 행동이다. 선언을 통해 우리는 가능성을 여닫고, 문제를 해결하고, 맥락과 방향을 바꾸고, 이전에 없던 것을 실현한다.

● 선언이 새로운 것을 가져오는 힘은 선언하는 사람이 그럴 권한이 있느냐 없느냐에 따라 달라진다. 조직에서 이런 권한은 공적으로 부여된다. 정치, 사법제도, 그 밖의 다양한 분야에서도 마찬가지다.

● 개인이라면 어떤 경우에나 자신이 누구인지, 자신의 기준이 무엇인지, 내 인생이 나아갈 방향은 어디인지, 어떻게 살아갈지 등을 스스로 선언할 수 있는 권한이 있다.

● 주장에는 참과 거짓이 있다. 평가에는 근거 있는 평가와 근거 없는 평가가 있다. 선언에는 유효한 선언과 유효하지 않은 선언이 있다. 선언의 유효성은 선언한 사람이 그럴 사회적 권한이 있는지에 따라 결정된다. 유효하지 않은 선언을 연발하면 '바보', '괴짜'와 같은 공적 정체성을 만들어낸다.

● 자신이 선언한 대로 행동하느냐, 하지 않느냐에 따라 '진실한 사람' 또는 '위선자'라는 공적 정체성을 만들어내는 효과가 있다.

● 선언은 기분이나 감정과 매우 밀접한 관계가 있다. 기분과 마찬가지

로 선언은 새로운 가능성의 지평에 영향을 미친다. 기분에 따라 특정한 종류의 선언이 일어날 확률이 달라진다.

● 모든 결정은 선언이다. 즉, 모든 '네'와 '아니요'는 선언이다. 이러한 선언을 통해 우리는 사물을 설명하는 것이 아니라 새로운 방향으로 움직이고 행동하게 된다.

● "모르겠습니다."라는 선언은 학습에 대한 새로운 관점을 만들어낸다. "용서합니다."는 관계에서 원망을 해소하고 평화를 불러온다. "고맙습니다."는 관용을 보여주고 기쁨을 낳는다. "죄송합니다."는 과거를 받아들이고 새로운 배경과 맥락을 설정한다. "이 방법은 효과가 없습니다."는 '와해'를 선언하는 것이다. 와해를 선언할 때 우리는 문제를 수용하는 동시에 새로운 맥락을 창조한다. 새로운 맥락은 새로운 행동을 취하고 새로운 결과를 창출하는 데 필요한 출발점, 중요한 첫걸음이 된다.

새로운 행동의 가능성을 찾아라!

1. 앞의 장들에서 계속 다뤄온 여러분의 샘플 사례를 다시 활용해 보자. 선언에 주목함으로써 개선할 수 있는 가능성을 생각해 보자. 누가 무엇을 선언하는지에 대해 오해나 모호한 부분이 없는지 살펴보자. 새로운 합의를 도출하기 위한 대화가 다음 단계가 될 수 있다. 선언과 일관되지 않게 행동하는 사람이 있는가? 그들은 그 사실을 알고 있는가? 권한이 없는 선언을 하고 있지는 않은가? 내가 공개적으로 선언함으로써 얻을 수 있는 이익이 있는가? 나와 주변 사람들은 학습에 긍정적인가, 부정적인가? "모르겠습니다."라고 말할 수 있는 환경에 놓여 있는가? 진심 어린 사과가 변화를 가져올 수 있을까? 그렇다면 사과는 누가 해야 할까? 감사의 마음을 전하면 무엇이 달라질까? 그렇다면 감사는 누가 해야 할까?

_____

_____

_____

_____

2. 1번의 상황에 대해서 가까운 사람과 대화해 보자. 도움이 될 수 있는 새로운 행동, 새로운 선언, 새로운 대화를 추측하고 파악해 보자.

_____

_____

_____

_____

3. 앞서 살펴본 '부정적인 내적 대화'를 떠올려 보자. 자신과 자신의 능력 그리고 미래에 대해 지금까지 해왔던 선언 중에 더 이상 쓸모가 없어졌거나 없어지고 있는 것이 있는가? 아니면 과거에 하지 않았던 선언 중 지금이라면 좋은 결과를 얻을 수 있을 것 같은 것이 있는가?

_____

_____

_____

_____

4. 부정적인 내적 대화에서 벗어나는 데 도움이 되는 새로운 선언을 적어도 한 번은 만들어보자. 그 선언과 일치하는 자신의 구체적 행동을 찾아보자. 선언과 새로운 행동을 가까운 사람과 공유하고, 그 사람에게 내 새로운 선언과 일관된 행동을 지지해 달라고 요청해 보자.

_____

_____

_____

_____

5. 평소에 감사할 만한 일이나 대상을 생각해 보자. 그리고 내 삶에 축복이 되어준 대상에게 감사를 표현해 보자("고맙습니다."라고 말해보

자). 내 삶에 긍정적으로 기여하고 있는 사람들에게 감사의 마음을 전해보자.

_____

_____

_____

_____

6. **빅아이**: 이유가 무엇이든 약속한 것을 이행하지 못한 상황이 있는가? 만약 그렇다면 진심으로 사과한 적이 있는가?

_____

_____

_____

_____

7. **빅아이**: 나를 부당하게 대했다고 생각해 용서하지 않은 사람을 찾아 용서해 보자. 용서를 선언하는 힘으로 얻을 수 있는 새로운 가능성에 대해 가까운 사람과 대화를 나눠보자. 무엇이 나를 붙잡고 있는지, 그리고 내가 앞으로 나아가고 용서하기 위해 무엇이 필요한지 생각해보자.

_____

_____

_____

_____

섹션 3. 요청과 제안

시도하지 않은 슛은 100% 실패다.
— 웨인 그레츠[*]

    지금까지 주장, 평가, 선언에 대해 살펴보았다. 이 섹션에서는 요청request과 제안offer이라고 부르는 언어 행동에 대해 살펴보고자 한다. 이 두 가지 언어 행동은 다음 섹션의 약속promise과 이 책의 나머지 부분으로 이어지는 연결고리 역할을 할 것이다.

    이 섹션에서 다루는 내용은 대부분 요청과 제안 두 가지 모두와 관련되어 있지만, 간단하게 설명하기 위해 요청을 위주로 이야기

---

[*] 캐나다의 전설적인 하키 선수

할 것이다. 거의 모든 상황에서 내가 요청에 대해 말하는 내용은 제안에도 동일하게 적용될 수 있기 때문이다. 유일한 차이점은 누가 특정한 행위를 하겠다는 의사를 밝히고 누가 그것을 수락 또는 거절하느냐인데, 우선 이 부분을 살펴보자.

요청과 제안 그리고 약속은 사회적 존재로서의 인간과 직접적인 관계가 있을뿐더러 실제로 인간을 사회적 존재답게 만드는 발화 행위라고 할 수 있다. 주장과 평가와 선언은 나 혼자서도 할 수 있다. 하지만 요청, 제안, 약속을 통해서 우리는 다른 사람들과 (사전적 의미의) 대화를 나누고 미래의 행동을 조율한다.

이 점을 이해하는 일은 매우 중요하지만, 너무 당연해서 쉽게 간과할 수 있다. 인간으로서 우리 대다수의 삶은 놀랍도록 다양한 방식으로 다른 사람들과 행동을 조율해 나가는 과정이다. 우리는 타인과 함께 그리고 타인을 통해 할 일을 한다. 행복을 포함한 모든 영역에서 우리가 얻는 결과는 이와 밀접한 관련이 있다. 요청, 제안, 약속은 이 기본적이고 보편적인 연결의 모든 부분과 관련되어 있다. 그럼 이런 질문으로 시작해 보자. 여러분은 살면서 요청을 하는가?

거의 대부분이 물론 그렇다고 대답한다. 매일, 많은 요청을 한다고 말하는 사람도 있고, 자주 요청을 한다고 말하는 사람도 있다. 누구나 살면서 적어도 한 번 이상은 요청을 하게 마련이다. 한번 생각해 보자. 공식적으로 요청이라고 부르지는 않지만 직장이

나 가정에서, 업무상 또는 개인적인 상황에서 하는 요청에 대해 생각해 보자. 인간은 매우 다양한 상황에서 항상 요청을 한다. 따라서 요청은 우리 삶의 절대적인 일부분이라고 말할 수 있다.

두 번째 질문. 여러분이 요청을 하는 이유는 무엇인가? 아니면 다른 사람이 요청을 하는 이유는 무엇일까? 분명 사람들은 특정한 이유로 특정한 요청을 한다. 나는 여기에서 좀 더 포괄적인 답변을 찾고자 한다. 여러분에게 요청이라는 현상 전체, 즉 애초에 어떤 사람이 어떤 요청을 할 때 어떤 일이 일어나고 있는지를 살펴보기를 권한다. 요청이라는 전체 카테고리를 이러한 방식으로 살펴보는 것이 가능할까?

이런 식으로 볼 수 있다. **우리의 미래가 특정한 방식으로 전개되리라고 평가를 내리고 그 방식이 마음에 들지 않을 때 우리는 요청을 한다. 미래가 지금 예상되는 방식과 다른 방향으로 전개되기를 바라며, 이를 실현하기 위해 무언가를 해야 할 필요가 있을 때 우리는 요청을 한다. 요청은 근본적으로 창조적인 것이다!** 예를 들어, 내가 교사이고 무슨 수를 내지 않으면 지금부터 꼼짝없이 혼자서 150개의 시험지를 채점해야 하는 상황이라고 가정해 보자. 나는 이런 상황이 싫어서 이를 모면하고자 동료에게 도움을 요청한다. 다행히 동료가 내 요청을 수락하면서, 이제 미래는 내 관점에서 훨씬 나은 방향으로 펼쳐질 것이다. 내일까지 채점을 마쳐야 하는 시험지가 150개인 때보다 75개인 때가 훨씬 낫다!

또는 내가 앞마당을 이대로 방치한다면 미래에는 잔디가 제멋대로 자라나 관리하기가 더 어려워지리라는 평가를 내릴 수도 있다. 나는 이 미래가 마음에 들지 않아서 친한 이웃인 대니에게 대신 잔디를 깎아달라고 요청한다. 대니가 내 요청을 수락하면 지금과는 다른 미래가 펼쳐질 것이고, 나는 그러한 변화를 마음에 들어 할 것이다. 또는 지금 아무 일도 하지 않는다면 회사는 앞으로도 계속해서 A 프로세스를 동일한 방식으로 수행하리라고 믿을 수도 있다. 그러나 나는 그보다 더 나은 방법이 있다고 생각하기 때문에 회사의 방식이 마음에 들지 않는다. 그래서 프로세스 관계자들에게 함께 모여서 다른 가능성을 논의해 보자고 요청한다. 내가 그 대화를 주도하거나 조율해 보겠다고 제안할 수도 있다. 이로써 회사는 새로운 가능성의 미래가 시작되는 것이다.

물론 요청을 이러한 식으로만 볼 수 있는 것은 아니다. 이런 관점으로 요청을 바라보는 것은 우리가 미래에 영향을 미치는 힘을 행사하는 데 초점을 맞추는 방식이다. 우리는 이런 방식으로 미래를 바꿀 수 있다. 우리가 생각하는 미래의 모습에 직접 관여할 수 있고 원하는 결과를 가져오게끔 지금 필요한 행동을 할 수 있다.

요청을 하고 싶은데 두려움이나 걱정 등 무언가에 가로막혀서 실행에 옮기지 못한 적이 있는가? 만약 비슷한 상황에서 그럼에도 불구하고 어떻게든 요청을 했다면 어떻게 되었을까? 여러분과 다른 사람에게 얼마나 다른 상황이 펼쳐졌을까? 내 주장은 우리가 요청을 할 때 단지 요청만 하는 것이 아니라는 것이다. 여러분은 세상에서 자신의 '존재 방식'을 바꾸고 있는 것이다. 아무 말도 하지 않고 그냥 넘어가는 사람에서, 일어서서 당당하게 요청하는 사람으로 말이다. 다른 사람들이 여러분을 다르게 바라보기 시작하고, 이로써 여러분은 다른 공적 정체성을 획득하게 된다.

이를 바탕으로 다음 두 관계의 차이에 대해 생각해 보자.

관계 1: A가 하고 있는 일이 B가 원하는 방향과 다르다. B는 이에 대해 힘들어하지만, 어떤 방식으로든 A에게 의논을 요청하지 않는다. A의 행동은 변하지 않고 계속 이어진다.

관계 2: A가 하고 있는 일이 B가 원하는 방향과 다르다. B는 이에 대해 힘들어하다가, 용기를 내어 A에게 의논을 요청한다.

그 대화에는 '○○을 시작했으면 좋겠다', '○○을 그만뒀으면 좋겠다'는 B의 요청이 포함될 것이다. 그 요청에 A가 '알았다'고 대답하면 약속이 성립되고, 새로운 미래를 여는 첫걸음이 된다.

우리는 관계의 균형, 맥락, 존엄성, 결과에 대해서 대화할 수 있다. 이 모든 게 위의 두 가지 관계, 즉 요청이 있는 관계와 요청이 없는 관계에 따라 갈린다. 요청을 하지 않는 B는 신체적으로나 감정적으로 어떠한 상태에 있을까? 아마도 속으로 A를 원망하고, 불만이 쌓이고, 계속 기분이 저조할 것이다. 이런 감정은 B가 의도적으로 만들어낸 게 아니다.

그러면 요청을 해도 항상 거절만 당하는 사람은 어떤 기분일까? 대부분은 '매우 외롭다', '실망스럽다'고 생각할 것이다. 그리고 이런 상황이 반복된다면 무엇이든 혼자서 하려고 할 것이다. 혼자서 쇼핑하고, 혼자서 일하고, 혼자서 여행하고…… 모든 것을 혼자서 하려 할 것이다. 본인이 원치 않은 고립은 사람을 불행하게 만든다.

요청을 하는 것은 새로운 미래를 만들고 싶기 때문이고, 그러기 위해서는 상대방으로부터 긍정적인 반응을 얻어내야 한다. '네'가 없으면 다른 일을 하겠다는 약속이나 다짐을 할 수 없고, '네'가 없으면 응원해 주거나 도와줄 사람도 없고, '네'가 없으면 할 수 있는 일이 크게 제한될 수밖에 없다. **그럼 어떻게 하면 "네, 좋습니다."라는 말을 끌어낼 수 있는 요청을 할 수 있을까?**

달리 말하면, 공동의 이해와 공동의 약속을 이끌어내는 효과적인 요청은 어떤 것일까? 다음과 같은 간단한 연습을 해보면 도움이 될 것이다. 지금껏 여러분이 생각만 하고 어떤 이유에서인지 실제로는 시도하지 못했던 요청을 떠올려 보자. 또는 과거에 시도해 봤지만 어떤 이유로 원하는 결과를 얻지 못한 요청을 떠올려 보자. 그리고 그런 요청을 이 책의 여백이나 노트에 적은 뒤 지금부터 알아볼 요소들에 따라 검토해 보자. 다음은 요청의 효과를 극대화할 수 있는 여섯 가지 핵심 요소다.

'네'를 이끌어내는 요청의 여섯 요소

- 열성적인 화자
- 열성적인 청자
- 미래 행동 및 만족 조건
- 시간제한
- 요청할 때의 기분
- 맥락

각각을 살펴보고 우리의 대화와 결과가 얼마나 달라질 수 있는지 알아보자.

요소 1: 열성적인 화자

우선 누군가가 필요에 따라 요청을 해야 한다. 대부분의 사람은 누구인지 알 수 없는 익명의 요청(벽보 같은)에는 잘 반응하지 않는다. 따라서 만약 내가 여러분에게 요청을 해야 한다면, 열성적인 화자가 되기 위해(그렇게 보이기 위해) 몇 가지 행동을 할 수 있다. 예를 들어, 복도에서 스쳐 지나가며 어깨너머로 던지듯 말하기보다는 걸음을 멈추고 상대의 얼굴을 마주 보며 말할 수 있다. "밥, 언제든 시간이 되면 A 프로젝트에 대해 이야기 좀 할 수 있을까? 오래 걸리진 않겠지만, 잠깐 시간을 내어 함께 의논해 보았으면 하는 게 있는데……"라는 식으로 상대의 시간을 배려하며 말을 꺼낼 수 있다. 그러면 밥과 나는 바로 복도 가장자리로 이동하여 대화를 나누거나, 향후 대화를 나눌 시간을 별도로 정할 것이다. 열성적인 화자는 말뿐만 아니라 몸동작과 표정까지 상대에게 집중한다.

반대로 열성적인 화자라면 하지 말아야 할 행동도 있다. 예를 들어, 사무실 문을 열고 들어갔을 때 상대방이 무언가를 메모하면서 피자를 먹고 있는 모습을 보고도 자신이 하려고 했던 요청부터 대뜸 꺼내는 것이다. 이럴 경우에는 바로 요청을 하는 대신 상대방에게 "A 프로젝트에 대해 상의하고 싶은 일이 있는데 잠깐 시간 좀 내줄 수 있어?"라고 묻는 편이 낫다.

그럼 이제 조금 전에 적어두었던 요청에 관한 상황을 여기에 대입해 보자. 그 상황에서 여러분은 열성적인 화자였는가? 그렇지 않았다면 앞으로 열성적인 화자가 되기 위해 무엇을 다르게 할 수 있을까?

요소 2: 열성적인 청자

열성적인 청자는 예컨대 대화 도중에 핸드폰을 들여다보며 다른 사람과 메시지를 주고받거나, 노트에 낙서를 하거나, 주전부리를 하지 않는 사람이다. 당연한 말이지만 이런 사람은 화자에게 온전히 집중하지 못한다. 열성적인 청자란 다른 일에 적극적으로 몰두하고 있지 않으며, 눈을 똑바로 마주치고, 화자에게 주의를 기울이는 사람이다. 내가 다른 일에 집중하며 복도를 걸어가고 있을 때, 여러분이 어깨너머로 내게 어떤 요청을 한다면 나는 청자로서 그다지 집중할 수 없을 것이다. 여러분이 열성적이지 않은 청자에게 요청해 본 경험을 떠올려 보자. 그 결과는 어떠했는가?

아까 적어둔 과거의 요청 상황을 대입해 보자. 그 당시 열성적인 청자가 있었는가? 다음에는 어떤 방식으로 열성적인 청취를 유도할 것인가?

요소 3: 미래 행동 및 만족 조건

여기서는 우리가 요청을 받는 사람이 무엇을 하기를 원하는지(미래 행동)와 그 행동을 할 때 어떤 기준을 지켜야 하는지(만족 조건)에 대해서 살펴볼 것이다. 예를 들어, 나는 이렇게 말할 수 있다. "아들아, 네가 **우리 집** 잔디를 깎아줬으면 좋겠다. 우리 집의 **모든** 잔디를 깎아주길 바란다. 잔디를 깎을 때는 우리 집 잔디깎이를 사용해야 하고, 잔디깎이는 항상 전원이 켜져 있어야 한다. 또 우리 집 예초기를 사용하여 잔디밭 가장자리를 다듬어주되, 마당 둘레를 빠짐없이 전부 다듬어야 한다. 모든 작업이 완료되면 우리 집 호스를 사용하여 우리 집 진입로에서 잔디깎이와 예초기를 세척해야 한다. 호스를 다 쓰면 벽 선반에 다시 정리해 놓고, 잔디깎이와 예초기는 햇볕에 말려서 차고의 원위치에 다시 가져다 놓은 다음 차고의 문을 닫아주어라."

아니면 이렇게 말할 수도 있다. "아들아, 잔디 좀 깎아라." 내가 하고 싶은 말은, **모호한 요청을 통해 원하는 결과를 충분히 얻고 있다면 계속해서 모호한 요청을 하**라는 것이다! 솔직히 말해서 그게 핵심이다. 궁극적으로 원하는 결과를 얻느냐 못 얻느냐가 관건이다. 요청을 하는 데 **올바른** 방법이나 **잘못된** 방법은 없다. 하지만 다른 방법보다 **더 강력한** 방법은 있다. 그 판단은 오로지 결과에 달렸다.

많은 상황에서 위의 잔디 깎기 예시에서 제공한 것과 같은 세부 사항과 조건을 제공하지 않는 이유는 무엇일까? 이 질문을 워크숍에서 해보았을 때, 사람들은 이렇게 대답했다.

- 상대방의 지능을 모욕하고 싶지 않다.
- 상대가 이미 모든 세부 사항을 알고 있다고 가정한다.
- 세부 사항을 일일이 설명할 시간이 충분하지 않다.

나는 이 답변들을 부정하지 않는다. 모두 타당한 우려이자 해석이다. 하지만 여전히 결과의 문제를 들여다보아야 한다. 요청을 통해 원하는 결과를 얻고 있는가? 만일 그렇지 않다면 더 살펴볼 필요가 있다. 진정으로 우리가 원하는 것을 요구하고 있는가? 화자와 청자가 요청 사항에 대해 똑같이 이해하고 있는가? 열 살짜리 남자아이에게 네 방을 "깨끗이" 치우라고 요청해 본 적이 있는 사람이라면 우리가 '깨끗함'에 대해 근본적으로 다른 기준과 근본적으로 다른 이해를 가질 수 있다는 사실을 알 것이다. 공동의 이해가 선행되지 않고는 공동의 약속이란 성립할 수 없음을 기억해야 한다.

위의 상황, 특히 상대방의 지능을 모욕하고 싶지 않아서 원하는 것을 정확히 요구하지 않는 경우에 대해 간단히 논의해 보자. 이 경우는 내 워크숍 중 다양한 상황에서 여러 번 등장했다. 하지만 그럼에도 여전히 요청을 통해 원하는 결과를 얻기 위해 노력한다면, 어떤 '행동'을 할 수 있을까? 이 상황뿐만 아니라 많은 상황에서 우리 모두가 할 수 있는 두 가지 강력한 행동이 있다.

자신의 우려를 털어놓는다.
자신이 초심자임을 선언한다.

무슨 말이냐면, 먼저 상대방의 지식 수준을 무시해서 그러는 것이 아니라는 사실을 직접적으로 밝히는 것이다. 그리고 이런 식으로 대화하는 데 자신이 익숙하지 않음을 설명한다. 둘 다 지극히 진지하고 정당한 방법이다. 이를테면 다음과 같이 말할 수 있을 것이다. "밥, 여기서 어떻게 진행해야 할지 잘 모르겠는데 잠깐 내 이야기 좀 들어줄 수 있을까? 네가 A 프로젝트에 참여해 주었으면 좋겠는데. 내가 지금 네가 무얼 해줬으면 하는지 설명하는 내용을 네가 이미 다 알고 있을 것 같기도 하지만, 결코 널 무시해서 그러는 건 아니니 양해 부탁해. 내가 이런 프로젝트를 처음 맡아봐서 이런 요청을 할 일도 없었거든. 어쩌면 당연한 이야기일 수도 있겠지만 가능한 한 오해가 없도록 구체적으로 생각을 공유하려고 하는데 괜찮을까?" 등등. 우려를 털어놓고 스스로를 초심자라고 선언하면 정확히 무엇이 달라질까? 전후 맥락이 달라진다. 상대방이 자신의 말을 훨씬 더 경청할 수 있는 상황이 조성되는 것이다.

우리가 때때로 정말로 원하는 바를 요구하지 않는 또 다른 이유는 거절당하는 것을 원하지 않기 때문이다. 진정으로 원하는 바를 요청하면 상대방이 거절할까 봐 두려워서 이를 피하고자 매우 애매모호한 요청을 하게 되고, 이러한 요청은 오해를 불러일으킬 여지가 많아 결국 내가 진짜로 원하는 결과를 얻지 못하게 된다. 아마도 매우 익숙한 상황일 것이다.

한편으로 '내게는 요청할 자격과 권한이 없다'는 해석 때문일 수도 있다. 이러한 해석으로 인해 요구 사항이 모호해지기 쉽고, 한쪽은 합의했다고 생각하는데 다른 쪽은 전혀 다른 생각을 하는 경우가 발생할 수 있다.

특히 관계의 초기에는 요청이 구체적이고 명확한 것이 도움이 된다. 시간이 지나면서 서로에 대해 더 많이 알게 되고, 굳이 설명하지 않아도 되는 분명한 배경을 더 많이 공유하게 되면, 모르는

것을 언제든 자세히 물어볼 수 있고 상대방이 자신의 요구 사항을 완전히 이해할 수 있다는 확신을 가질 수 있다.

회사에서 어떤 일을 신입 사원에게 요청하는 방식과 20년 차 베테랑에게 요청하는 방식이 다르다는 것쯤은 꼭 직접 경험해 보지 않았어도 짐작으로 알 수 있을 것이다. 신입 사원과는 아직 서로의 배경을 명확하게 공유하거나 이해하지 못했기 때문에 동일한 수준의 이해와 희망한 결과를 기대한다면 우리는 더 구체적인 요구 사항을 제공해야 한다.

문제는 나에게는 분명한 사실이 상대에게는 분명하지 않은 경우가 많다는 것이다. 특히 관계를 맺는 초기에는 분명한 배경이라는 것이 거의 없다고 가정하는 편이 현명하다고 생각한다. 시간이 지나면서 요청했던 내용과 그로부터 얻은 결과에 대한 성공적인 경험이 쌓이면 더 적은 단어로도 큰 의미를 전달할 수 있음을 알게 된다.

나에게 지원인 것이 누군가에는 이른바 마이크로 매니징이나 과잉 간섭이 될 수 있다. 더 '지원'을 해달라, 더 '창의적'으로 해달라, 더 '투명하게' 해달라는 등의 비슷한 요구들에서 우리는 각자 그 의미를 직관적으로 이해하지만, 그렇기에 서로가 생각하는 의미가 다를 수 있다. 서로가 동일하게 이해하고 있지 않은 부분에 대해서는 약속을 하기 전에 미리 이야기를 해보는 편이 좋지 않을까? 그래야 서로가 동의하는 지점을 찾을 수 있고, 약속을 이행하기 위해 더 나은 일을 할 수 있다.

거의 아무 말도 하지 않고(때로는 전혀 말하지 않고) 상대방이 내 요구의 의미를 일관되게 이해할 수 있다는 것은 대단한 일이다. 이는 보통 매우 오랜 기간에 걸쳐 관계를 맺은 사람 사이에만 허용되는 것으로, 시간이 지나면서 자연스럽게 형성된다. 그러나 이런 경우에도 자신의 의도와 다르게 해석될 가능성에 대해서는 항상 열린 마음을 가져야 한다.

요소 4: 시간제한

앞에서 이야기했던 잔디 깎기 예시를 기억하는가? 내가 여행에서 돌아와 마당을 보니 잔디를 깎지 않은 것이 분명하다고 가정해보자. 나는 아들에게 이렇게 말한다. "잔디를 깎지 않은 것 같은데 어떻게 된 거니? 여행을 가기 전에 네가 분명히 잔디를 깎을 거라고 아빠에게 말했던 것 같은데." 그러자 아들이 대답한다. "곧 깎을 생각이에요." 이런, 내 요청에 무엇이 누락되었을까? 바로 시간제한이다. 다른 사람에게 어떠한 요청을 할 경우 상대방이 언제까지 그것을 해주기를 원하는지 정확하게 말해야 한다. 때로는 전후 배경이 명확하여 별도로 시간을 정할 필요가 없을 수도 있다. 명시적인 시간제한을 두지 않아도 요청을 통해서 여러분이 원하는 결과를 얻을 수 있다면 상관없겠지만, 많은 경우 시간제한을 명시하지 않음으로써 원하는 조건을 충족하지 못하기도 한다. 다음은 우리가 시간을 포함해 어떤 요청을 할 때 비효율적인 경우이다.

- "가능한 한 빨리 받았으면 합니다."
- "가능하신 가장 빠른 시간 내에 해주세요."
- "적절한 시일 내에 완성 부탁드립니다."
- "즉시 부탁드립니다."

한번쯤 해보거나 들어본 말인가? 만약 여러분이 진심으로 여러분의 요구가 언제든 실현되기만 하면 괜찮다면 상관없지만, 적어도 이러한 방법으로는 여러분의 요구가 즉시 실현되리라는 기대는 버려야 한다.

내 '빨리빨리'와 여러분의 '빨리빨리'는 전혀 다른 의미일 수 있다. 하지만 "내일 오후 3시까지 부탁드립니다."라고 요청하면 상대방이 내가 요구하는 시간을 명확하게 이해할 수 있다. 물론 상대가 이를 받아들일 수도 있고, 거절할 수도 있으며, 잠깐 생각해보고 연락을 주겠다고 할 수도 있지만 훨씬 더 강력한 수준의 이해가 공유된 것만큼은 분명하다.

요소 5: 요청할 때의 기분

요청할 때의 기분이란 말하는 사람의 감정 상태와 듣는 사람의 감정 상태를 모두 의미한다. 당연하게도 듣는 사람이 어떻게 해석하고 반응하는지는 요청이 이루어질 당시의 기분에 많은 영향을 받게 된다. 또한 말하는 사람의 기분이 요청하는 순간에 영향을 미친다는 것도 쉽게 상상할 수 있다. 여러분도 알겠지만, 어떤 단어를 선택하느냐보다 어떻게 말하느냐가 더 중요한 경우가 많다. **올바른 대화라도 잘못된 기분으로 하면 잘못된 대화가 될 수 있다.**

자신을 바라보는 빅아이 근육을 단련해서 자신의 기분을 관찰하는 것은 확실히 도움이 된다. 우리는 자신이 성취하고자 하는 바를 돕는 기분을 설계할 수도 있고, 적절한 때가 될 때까지 기다릴 수도 있다. 한편, 다른 사람의 기분을 잘 관찰하는 것 역시 도움이 된다. 예를 들어, 상대방이 화나 슬픔에 휩싸여 있다는 것을 알아차리면, 이를 감안해서 말을 고를 수 있다. 혹시 무슨 문제가 있는지 물어볼 수도 있고, 나중에 이야기하는 게 좋을지 의중을 파악할 수도 있다. 사실 우리 상당수는 이미 의식하지 않고도 이런 일을 하고 있다. 그러나 그러지 못하는 사람들은 의식적인 노력이 필요할 것이다.

요소 6: 맥락

상대방이 상황을 잘 이해하지 못할 가능성이 높다면, 배경을 설명하지 않은 채 다짜고짜 "축제 포장마차 만들기 좀 도와줄 수 있어?"라고 묻지 않는다. 대신 이렇게 말할 수 있다. "존, 우리가 회사 여름 축제에서 포장마차 운영을 맡게 됐는데, 다음 주 월요일까지 포장마차 설계를 준비해야 해. 나는 오늘과 내일 다른 프로젝트로 매우 바빠서 금요일 오후에 같이 설계 작업을 해도 될까?"

배경이 무엇인지, 과거에 무슨 일이 있었는지, 그 요구가 무엇을 의미하는지, 전체에서 어떤 위치에 있는지, 더 넓고 적절한 관점을 청자에게 전달하기 위해 맥락을 설정한다. 이 역시 많은 사람이 별다른 생각 없이 무의식적으로 하는 일이다. 어떤 사람들은 의식적으로 그렇게 하기도 한다. 어떤 방식이든, 맥락은 상대가 내 말을 듣고 (해석할 수 있도록) 준비하는 데 도움이 된다.

지금까지 살펴본 여섯 가지 요소는 여러분이 보다 의도적이고 효과적으로 요청을 하는 데 도움이 될 것이다. 또한 다른 사람의 요청에 귀를 기울일 때에도 도움이 된다. 특히 내가 해야 할 구체적인 일과 시간제한에 대해 서로 이해를 공유하고 있는지에 주의를 기울이고 경청할 수 있다.

요청에는 피드백이 필요하다

요청의 또 다른 기능은, 우리가 약속을 지키거나 선언한 내용과 일관되게 행동할 수 있도록 다른 사람들에게 지켜보고 도와달라고 할 수 있다는 것이다. 나는 여기에 큰 힘이 있다고 생각한다. 앞선 장에서 선언을 다루면서 이에 대한 예를 든 바 있다. 어떤 선언을 한 이후에는 그 선언에 따라 일관되게 행동하는지 관련된 사람들에게 피드백을 받는 게 좋다. 특히, 우리가 했던 선언과 어긋나거나 일관되지 않은 행동을 목격했을 때 곧바로 알려달라고 요청하는 게 중요하다.

이러한 과정은 많은 부분에서 긍정적인 요소로 작용한다. 이제 우리는 자신의 공적 정체성, 즉 자신이 '어떻게 비치는지'에 대해 훨씬 더 잘 인식하고 의식할 수 있게 되었다. 이를 통해 우리는 자신이 원하는 대로 공적 정체성을 형성하기 위한 행동을 훨씬 더 의식적으로 설계할 수 있을 것이다. 이는 결과적으로 더 만족스럽고 건강한 관계와 결과로 이어질 것이다.

요청은 선언, 평가, 주장과 마찬가지로 사회적 약속을 수반한다. 요청에는 다음의 두 가지 사회적 기대가 담겨 있다.

- 요청할 때 상대방에게 진심이어야 한다.
- 상대방이 요청을 이행하면 만족을 선언한다.

우리의 진심은 약속한 상대에 대한 후속 조치와 상대방이 이행한 바에 대한 반응으로 표현된다. 상대방이 약속을 이행했음에도 불구하고 언제까지나 만족을 표현하지 않는다면 곧 관계에 문제가 발생하리라는 사실을 쉽게 예상할 수 있다.

'요청'에 대해 마지막으로 짚어볼 문제가 있다. 다음과 같은 내적 대화 때문에 요청하기를 꺼리는 사람이 얼마나 될까? '굳이 말하지 않아도 당연히 알겠지!' 직장에서나 사적인 상황에서 흔히 일어나는 일이다. 상대방이 이미 알고 있을 거라거나 알아서 새로운 행동을 할 거라는, 일종의 '상식' 같은 것 때문에 별도의 요청을 하지 않는 경우다.

그 '상식'이 통하지 않을 때 우리는 조용히 분노하고, 내가 얼마나 옳고 상대가 얼마나 틀렸는지를 증명할 수 있는 증거를 열심히 찾지만, 그 과정에서 새로운 결과를 가져다주는 것은 아무것도 없다.

반면, 효과적인 요청을 통해 원하는 결과를 얻고, 만족감을 얻는 방법도 있다. 할 수 있는 일에 책임을 지고, '옳고 그름'을 떠나서 '잘될지 안 될지'를 기준으로 행동할 수 있다. 그 선택은 바로 우리 스스로가 하는 것이다.

제안의 무한한 가능성

지금까지 언급한 내용은 요청뿐만 아니라 제안에도 동일하게 적용될 수 있다. 사실, 효과적인 요청의 여섯 가지 요소는 효과적인 제안의 여섯 가지 요소로도 볼 수 있다. 우리가 '네'라는 대답을 얻기 위해 요청을 하고, 이를 통해 약속을 이끌어내 미래의 행동을 조율하는 것처럼, 제안도 같은 목적을 위해서 이루어진다.

그러나 제안에는 또 다른 중요한 측면이 있는데, 어떤 면에서 이는 요청과 제안을 구분 짓는 요소이기도 하다. 제안은 요청과는 다른 방식으로 직업 경력 및 비즈니스와 연결되어 있다. 직업 경력이나 비즈니스를 대중에게 지속적으로 제공하는 일관된 제안의 집합체라고 보는 견해가 있다. 이러한 견해에 따르면, 택시는 일정한 요금으로 승객을 한 장소에서 다른 장소로 데려다주겠다고 제안하는 서비스다. 세무 서비스는 개인 및 기업 금융 분야에서 유료 도움을 제안한다. 석유회사는 일정한 가격 체계로 석유를 시장에 공급하겠다고 제안하고. 자동차 제조업체는 자동차와 관련 서비스를 시장에 제안한다. 이 외에도 무수히 많은 예를 들 수 있다.

직업 경력에 있어서도 관련 있는 일련의 제안이 이어지면 경력을 쌓았다고 말할 수 있다. 세상에 하는 제안을 바꾸면 그 사람의 경력도 바뀌게 된다. 이직이나 인생의 전환점을 고민하는 사람들에게는 이러한 방식으로 제안을 바라보는 것이 도움이 될 수 있다. 내가 무엇을 하고 싶은지 생각하기 전에 내가 무엇을 제안하고 싶은지 생각해 보는 것도 한 가지 방법이다. 그리고 이러한 사고방식은 자연히 사람들의 관심사라는 개념으로 이어지게 된다.

제안은 누군가의 관심사에 다가가는 일이다. 단순하게 말하면, 사람들의 관심사에 대응하는 상품이나 서비스를 제안하는 것, 이것이 곧 비즈니스다.

우리 스스로에게 다음과 같이 물어보자. 자신이 상품이나 서비스를 제안하고 싶은, 이미 세상에 존재하는 관심사가 있는가? 또는 아직 세상에 드러나지 않았지만 곧 나타날 것으로 보이는 관심사는 무엇인가? 그러한 새로운 관심사에 대응하기 위해 어떤 구체적인 제안을 하고 싶은가? 그리고 새로운 제안을 실현하기 위한 나 자신의 능력의 한계는 어디까지인가? 이를 실현할 수 있을 만큼 역량을 갖추려면 어떤 새로운 학습이 필요할까? 등등.

공개적으로 제안한 약속을 일관되게 지키는 것은 우리의 공적 정체성에 매우 긍정적인 영향을 미친다. 이는 우리의 정체성을 형성하고, 관심사에 대응하는 능력과 연결된다. 개인으로서 이 정체성은 경력 및 사적인 인간관계와도 연결된다. 조직에서 이 정체성은 비즈니스의 성공과 실패로 이어진다. 어느 경우든 각각의 맥락에서 이는 우리의 생산성, 평온함 그리고 행복과 직결된다.

요점 및 새로운 해석

● 요청과 제안은 언어 행동, 발화 행위로, 우리가 새로운 행동을 취하고 새로운 결과를 만들어내는 데 다른 사람들이 반드시 관여하게 되는 시작점이라고 할 수 있다. 요청(또는 제안)을 하는 것은 여러 가지 면에서 매우 창조적인 행동이다. 첫째, 요청은 다른 사람들과 함께 일하기 위한 기초가 되는 새로운 행동과 약속을 이끌어낸다. 둘째, 지금까지 하지 않았던 요청이나 제안을 하는 사람은 지금까지와는 전혀 다른 사람이 된다. 주변 사람들에게 다른 모습을 보임으로써 이전과는 다른 공적 정체성을 갖게 된다. 이전과 다른 요청과 제안을 하는 것은 이전과 다른 내가 되기로 선택하는 것이다. 요청이나 제안을 하지 않는 것은 자신의 삶을 능동적으로 이끌고 설계하는 데 참여하지 않는 것이다.

● 우리는 가정, 직장 등 모든 곳에서 다양한 요청을 하고 있다. 이는 미래에 원하는 변화를 가져오고 싶기 때문이다. 요청과 제안은 받아들여지면 새로운 오늘과 내일을 만들어낸다. 요청은 상대방에게 다짐과 약속을 받는 과정이고, 제안은 자신이 다짐과 약속을 하는 과정이다. 그리고 우리가 약속, 공언, 합의를 어떻게 이끌어내고 이행하느냐는 우리의 생산성, 평온함, 결과(행복)에 큰 영향을 미친다.

● 모든 요청이 동일하다고 볼 수는 없다. 어떤 요청은 다른 요청보다 더 효과적일 수 있고, 어떤 요청은 다른 요청보다 더 쉽게 받아들여질 수 있다. 어떤 요청은 다른 요청보다 더 명확하고 확고한 이해로 이어지며. 어떤 요청은 함께 일할 수 있는 출발점이 되기도 하고, 어떤 요청

은 오해, 분노, 나쁜 결과를 낳는 출발점이 되기도 한다. 우리가 '효과적인 요청과 제안'이라고 부르는 요소에는 다음과 같은 것들이 있다.

- 열성적인 화자
- 열성적인 청자
- 미래 행동 및 만족 조건
- 시간제한
- 요청 또는 제안할 때의 기분
- 맥락

● 이 여섯 가지 요소에 주의를 기울이면 효과적인 요청을 할 수 있고, 삶에서 원하는 결과를 만들어낼 수 있다. "저 사람은 약속한 것을 지키지 않아.", "저 사람은 도무지 말을 듣지 않아." 등 오해나 불만이 생기는 경우는 이 요소들을 제대로 검토하지 못했기 때문인 경우가 많다.

● 화자와 청자 사이에는 항상 어느 정도의 '분명한 배경'이 존재한다. 즉, 화자와 청자 모두에게 '분명하다'고 여겨지는 것들이 있는데, 이 경우 구체적인 내용이나 세부적인 설명 또는 묘사가 없이도 서로를 이해하는 데 큰 무리가 없다. 하지만 한쪽에서는 당연한 것이 다른 쪽에서는 당연하지 않은 경우도 흔히 볼 수 있다. 이럴 때는 기대하는 미래의 행동과 만족의 조건, 시간제한에 주의를 기울이면 매우 효과적이다.

새로운 행동의 가능성을 찾아라!

1. 2장 2번에서 적은 샘플 사례에서 상황이 더 나아지거나 개선되려면 반드시 그 앞에 와야 하는 구체적인 주장은 무엇인가? 이 주장으로 이어질 새로운 행동을 불러오기 위해 필요한 요청이나 제안이 있을까? 달리 말하면, 샘플 사례의 상황을 개선하려면 어떤 새로운 행동이 필요할까? 어떤 새로운 조치를 취해야 할까? 누가 필요한가? 언제까지 할 것인가?

_____

_____

_____

_____

2. 1번의 요청들은 누가 무언가를 시작하게 하는 요청인가? 무언가를 멈추기 위한 요청인가? 아니면 무언가를 계속하거나 방법을 변경하기 위한 요청인가?

_____

_____

_____

_____

3. 그중에 누군가가 새로운 선언을 하는 데 필요한 요청이 있는가? 아

니면 새로운 선언을 할지에 대한 합의를 도출하기 위해 두 명 이상이 대화를 나누어야 하는가?

_____

_____

_____

_____

4. 누군가에게 무언가를 요청하거나 제안할 때, 앞에서 살펴본 여섯 가지 요소를 각각 고려하는 것을 잊지 말자. 가능하면 중요한 부탁을 하기 전에 누군가와 대화 연습을 해보자.

_____

_____

_____

_____

5. **빅아이**: 지금까지 실행하지 않았던 중요한 요청을 하려고 할 때, 나의 내적 대화(몸과 감정까지 포함해)에 주목해 보자. 이 내적 대화가 나에게 도움이 되고 내가 원하는 결과를 가져다줄 수 있는가? 그 대화 속에 '학습의 적'이 숨어 있다면 어떻게 극복할 수 있을지 생각해 보자.

_____

_____

_____

_____

섹션 4. 약속, 공언, 합의

숲은 아름답고, 어둡고도 깊다.
하지만 나에게는 지켜야 할 약속이 있다.
잠들기 전에 가야 할 길이 멀고도
멀다, 잠들기 전에 가야 할 길이.[1]
— 로버트 프로스트, 「눈 내리는 저녁 숲가에 서서」

아마도 우리가 취하는 그 어떤 행동보다 약속promise을 다루는 법이 비즈니스와 개인의 영역에서 인간관계와 결과에 지대한 영향을 미칠 것이다. 사회적 존재인 우리에게 약속은 매우 광범위하며 삶의 거의 모든 영역에서 마주하는 것이다. 약속, 공언, 합의······ 어떤 용어를 사용하든 중요한 것은 동일하다. 약속은 우리의 인간관계, 정체성, 효율성, 그리고 행복과 직접적으로 관련이 있다. 우리가 세상에서 만들어내는 수많은 결과와 직접적으로 연결되어 있다.

약속은 어디에나 존재한다. 인간의 삶은 다른 사람과의 협업을 통해 이루어진다는 것을 기억하자. 직장을 갖고, 학교에 다니고, 아이를 키우고, 친구를 만나고, 자원봉사를 하고, 다른 사람들과 여행을 하는 등 우리 곁에는 도처에 약속이 있다. 누군가가 상대방의 요청에 '네'라고 대답할 때마다 새로운 약속이 만들어진다. 우리의 사회 구조 전체, 경제 네트워크 전체가 기업과 조직 간의 약속, 그리고 개인 간의 약속에 의해 지탱된다. 누군가는 일정 금액과 조건의 대가로 비행기 좌석을 확보하겠다고 약속하고, 누군가는 몇 시에서 몇 시 사이에 케이블을 연결하겠다고 약속하고, 누군가는 몇 시까지 누군가를 데리러 가겠다고 약속하고, 데이터 파일을 기한 내에 완성하고, 입력된 데이터를 받아 결과물로 출력하여 다음 부서로 보내겠다고 약속한다. 약속과 그에 대한 합의, 공언은 우리가 다른 사람과 하는 모든 일의 근간을 이룬다.

너무나도 친숙하기 때문에 가끔은 놓치기 쉽다. 하지만 일단 명확하게 관찰할 수 있게 되면, 약속에 대해 완전히 새로운 세계가 열린다. 관련하여 다음 한 가지 이야기를 소개한다.

약속을 잘 지키는 사람과 안 지키는 사람

　오래전에 내가 테네시주 내슈빌에서 독신으로 살 때의 이야기다. 녹스빌에서 열린 리더십과 커뮤니케이션 관련 콘퍼런스에 참석했다. 그곳에서 나는 베치라는, 역시 독신으로 컨설턴트이자 세미나 강사로 일하는 젊은 여성을 만났다. 그녀와 함께 세미나와 콘퍼런스에서 진행하는 세션에 대해 이야기를 나누다 보니 어느새 개인적인 이야기로 넘어가게 되었다. 가족 이야기, 학교 이야기, 일 외의 취미와 관심사 등 다양한 이야기를 나누었다. 얼마 지나지 않아 나는 '벌써 한 시간 넘게 이야기하고 있네. 이 사람 참 괜찮은 사람이구나.'라는 생각이 들기 시작했다. 그리고 그녀가 녹스빌에 살고 있다는 것을 알고 용기를 내어 데이트를 신청했다. "일 때문에 녹스빌에 올 일이 있어요. 다음에 같이 밥 먹지 않을래요?" 그녀는 흔쾌히 승낙하고 이름과 전화번호를 알려주었다.

　그 뒤 돌아온 화요일에 나는 사무실로 복귀해 '이번 주말에 녹스빌에 가야 할 것 같다.'고 생각하며 베치에게 전화를 걸었다. 그리고 토요일 저녁 7시까지 그녀를 데리러 가서 함께 나가 저녁을 먹기로 약속했다. 나는 속으로 '만세!'를 외치면서 그녀가 불러준 집 주소와 길 안내를 적어두고 그 주를 보냈다.

　하지만 막상 토요일이 되니 바빠지기 시작했다. 출발하기 전에 처리해야 할 일이 있었고, 예상치 못한 메일이 도착해서 월요일 아침까지 답장을 해야 했다. 녹스빌까지 세 시간 정도 걸리고 데이트 약속이 7시이니 일을 서둘러서 마무리하고 여유 있게 3시 45분쯤에 출발했다. 녹스빌을 향해 동쪽으로 가는 길에 고속도로 가장자리에 있는 작은 녹색 간판을 발견했다. 거기에는 "동부 표준시에 오신 것을 환영합니다."라고 적혀 있었다. 순간 내 머릿속에는 '안 돼!'라는 비명이 울려 퍼졌다. 한 시간의 시차를 고려하지 않았던 것이다. 전속력으로 밟으면 잘하면 아주 늦지 않게 도착할 수 있을 것 같았다. 녹스빌 교외에 도착해 주머니에서 그녀의 집 주소와 가는 길을 적은 메모를 찾았지만 아무것도 없었다. 서둘러 출발한 탓에 집 탁자 위에 메모를 두고 왔던 것이다. 핸드폰 충전을 깜박해서 배터리도 나가 있었다. 길과 주소는 어렴풋이 기억이 났지만, 한참을 돌아도 그녀의 집을 찾지 못하다가 문득 시계를 보니 7시 40분이 되어가고 있었다. 데이트 약속은 7시였는데…….

장면을 바꾸어 베치의 집으로 가보자. 그녀는 그 시간 동안 무엇을 하고 있었을까? 그녀의 마음속에서는 어떤 대화가 오갔을까? 몇 가지 가능성을 생각해 볼 수 있다.

- '그는 오지 않는다, 나를 바람맞혔다.'
- '그는 정말 몰상식한 인간이다.'
- '나는 얼마나 어리석은 인간인가?'

- '그가 제대로 된 핑계가 있으면 좋겠는데.'
- '그에게 헷갈리게 길 안내를 했을지도 모른다.'
- '그의 차가 고장 난 게 아니기를.'
- '사고를 당한 걸까?'
- '왜 전화도 하지 않는 걸까?'
- '나는 왜 항상 이런 남자에게만 끌리는 걸까⋯⋯.'

자, 다시 이야기를 돌려서, 주변을 빙빙 돌면서 그녀의 집을 찾지 못하는 나, 나는 어떨까? 내 머릿속에는 어떤 이야기가 소용돌이치고 있을까?

- '어디에 있는 걸까? 메모를 두고 나온 건 정말 바보 같은 짓이다.'
- '이 모퉁이를 돌면? 아니면 다음 모퉁이를 돌면? 가까이 있는 건 안다.'
- '어떻게 설명하면 좋을까?'
- '내가 망쳤어. 정말 맘에 들었는데.'
- '최악의 시작이다. 이 끔찍한 첫인상을 만회하는 것은 불가능하다.'
- '또 지각이라니. 왜 나는 항상 시간을 지키지 못하는 걸까?'
- '뭐가 잘못된 거지? 요즘 이런 일들만 있지 않나?'
- '아까 그 사람에게 길을 물어볼 걸 그랬나?'

이 수많은 이야기의 범람 속에, 우리가 알 수 있는 단 한 가지 사실은 무엇일까? 바로 '나는 약속을 했고, 약속을 어겼다.'는 것이다. 약속을 어떻게 다루느냐는 그 사람의 공적 정체성과 인간관계에 큰 영향을 미친다. 특히 다음과 같은 네 가지 측면이 약속의 이행과 파기에 의해 영향을 받는다.

- 신뢰
- 관계
- 성공
- 자존감

위의 데이트 약속을 예로 들어보자. 베치의 마음속에서 나에 대한 신뢰가 높아졌을까, 낮아졌을까? 나에 대한 그녀의 신뢰가 낮아지고 있다는 것을 예측하기는 어렵지 않다. 일주일 전에 기분 좋은 대화를 통해 형성된 관계 또한 나빠지고 있다. 그렇다면 첫 데이트의 성공률은 어떨까? 이 역시 낮아지고 있다. 마지막으로, 그녀의 자존감은 어떨까? 더군다나 그녀가 최근에 사귀었던 남자들이 연달아 그녀와의 약속을 어겼다고 가정해 보자. 그녀의 자존감은 올라갈까, 내려갈까? 물론 떨어질 것이다.

나는 어떨까? 나 스스로가 그녀의 데이트 상대로 적합한 남자라고 자신을 믿을 수 있을까? 아니다. 내 관점에서 볼 때, 이 새로운 관계는 하향 곡선을 그리는 것 같다. 나 자신의 자존감은 어떨까? 신뢰, 관계, 성공, 자존감, 이 모든 것이 하락하고 있다. 이는 타인과 약속을 하고 이를 어기는 행위로 인해 발생하는 예측 가능한 결과이다. '승산이 없는' 상황이다. 양 당사자 모두, 어느 쪽도 상승할 여지가 있는 것은 없다.

그런가 하면 우리는 '뭐, 하루이틀 약속을 어긴 것도 아닌데 한 번쯤 더 어긴다고 별일 있겠어……'라며 무의식적으로 약속을 어기기도 한다. 약속을 어기면 어길수록 계속 어기는 것이 쉬워지고, 더 이상 약속을 하는 것에 대한 충분한 자각이 없는 상태로 빠져든다.

지금까지의 내용을 요약하면 다음과 같다.

데이트 약속 이야기로 돌아가, 다시 처음부터 같은 상황을 가정

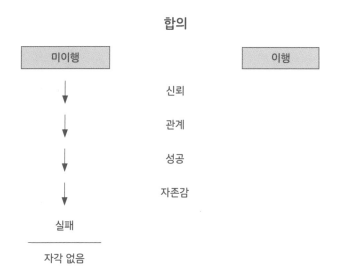

해 보자. 그리고 이번에는 내가 얼마나 건망증이 심한지 알기에, 메모를 열 장이나 복사해서 한 장은 지갑에, 두 장은 차에, 한 장은 주머니에, 나머지는 서류 가방에 넣었다고 해보자. 자, 이제 베치의 주소를 잊을 일은 절대 없을 것이다! 토요일이 되자, 떠나기 전에 정신이 팔리지 않도록 할 일을 일찌감치 마친다. 녹스빌은 동부 표준시를 사용하므로 여기서 오후 3시에 출발하면 그쪽에 오후 7시쯤 도착할 수 있다는 것을 알고 있다. 하지만 도로 정체나 길을 찾는 데 문제가 생길 경우를 대비해 여유 시간을 두고 2시 30분에 출발한다.

고속도로를 타고 동쪽으로 달리는데 "동부 표준시에 오신 것을 환영합니다."라는 표지판이 보이지만, 아무런 문제도 없다. 음악을 들으며 계속 달린다. 챙겨 간 세 가지 도로 안내지도 중 하나에 명확하게 표시된 출구에 도착하니 시간이 좀 남았다. 꽃집에 들러 장미 한 다발을 산다. 다시 차를 몰아 7시 1분 전에 그녀의 집에 도착한다. 제시간에 현관에 서서 꽃을 손에 들고 환한 미소를 짓고 있는데, 그녀가 초인종에 응답한다.

자, 지금 베치는 무슨 생각을 하고 있을까? 지금 그녀의 마음속에는 어떤 대화가 오갈까? 아마 이런 식일 것이다.

- '최고야.'
- '그는 믿을 수 없을 만큼 좋은 사람이야.'

- '그는 나를 좋아해.'

- '이 남자가 좋아.'

- '멋진 밤이 될 거야.'

- '훌륭해.'

- '첫 데이트에 꽃이라니. 뭘 원하는 거야?!'

나는 어떨까? 나는 무슨 생각을 하고 있을까? 위와 아주 비슷한 내적 대화가 오가고 있을 것이다. 이전 시나리오에서 나와 베치가 각자 떠올린 내적 대화와는 거리가 멀다. 여기서 단 한 가지 분명한 사실은 우리가 약속을 했고, 나는 그것을 지켰다는 것이다.

이를 요약하면 다음 흐름도처럼 나타낼 수 있다. 신뢰, 관계, 성공, 자존감이라는 네 가지 핵심 요소가 모두 긍정적인 방향으로 움직이고 있음을 알 수 있다. 나에 대한 베치의 신뢰와 나의 신뢰가 모두 상승하고, 이 관계는 이제 긍정적인 방향으로 '움직이고' 있다. 적어도 첫 데이트는 성공한 것 같다. 이전 세 명의 남자에게 바람맞고 추락한 그녀의 자존감은 확실히 상승하고 있다. 내 자존감은 어떨까? 약속을 제때, 정확히 지켰고, 그녀의 얼굴에는 환한 미소가 가득했으므로 확실히 상승하고 있다.

약속을 지키는 것은 서로 윈윈하는 일이다. 물론 이것은 새로운 이야기가 아니다. 오래전부터 사람들은 약속을 지키는 것의 중요성과 사람들이 약속을 잘 지키는지 여부에 대해 이야기해 왔

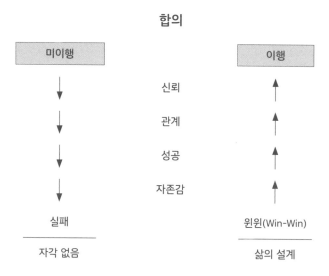

다. 하지만 실제로 우리는 약속을 지키고 이행하는 데 얼마나 헌신적인가? 이는 우리의 성실성, 그리고 단단한 인간관계를 구축하는 능력과 관련이 깊다. 다음 아리스토텔레스의 말에 함께 생각해 볼 만한 힌트가 숨겨져 있다. "우리는 자신이 반복해서 하는 일의 결과다. 따라서 탁월함이란 행동이 아니라 습관의 산물이다."[2] 그리고 우리가 반복적으로 하는 많은 일은 사실 반복적으로 하는 '말'로 바꿔 말할 수 있다. 이는 우리의 미래 행동(미래의 언어 포함), 과거 및 현재의 행동(과거 및 현재의 언어 포함)과 연결된다.

중요한 것은 앞의 흐름도의 오른쪽 또는 왼쪽, 어느 쪽에 있고 싶은가이다. 그건 오롯이 여러분의 선택이다. 약속을 지키지 않아도 결과가 있을 것이고, 약속을 지켜도 결과가 있을 것이다. 나는 워크숍에서 이 주제를 다룰 때 다음 그림과 함께 그 차이를 설명한다. 우리가 '할 것'이라고 말한 것과 '실제로 하는 것' 사이에 존재하는 차이의 각도를 나타낸 것이다.

이 각도를 '비진실성의 각도Angle of Inauthenticity', 쉽게 말해 '헛소리의 각도Angle of Bull Shit'라고 부른다. 이 각도에 비추어 우리의 질문을 다음과 같이 바꿔볼 수 있다. **여러분은 얼마나 많은 헛소리를 내뱉고 있는가?** 이 질문은 매우 중요하다.

왜냐하면 여러분이 의식하든 의식하지 못하든, 다른 사람들은 그런 헛소리를 알아차리기 때문이다. 인간은 상당히 뛰어난 헛소리 감지 센서를 가지고 있고, 이에 대한 훈련도 잘되어 있다.

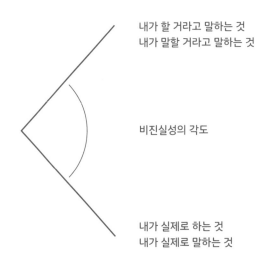

내가 할 거라고 말하는 것
내가 말할 거라고 말하는 것

비진실성의 각도

내가 실제로 하는 것
내가 실제로 말하는 것

'시간 관리'가 아니라 '약속 관리'다

이 점에 대해 좀 더 깊게 들여다보자. 앞서 얘기했듯이, 식별은 지금까지 보이지 않던 것을 보이게 할 것이다. 그리고 지금까지 할 수 없었던 일을 하게 할 것이다. 의식하기의 핵심은 미래의 행동과 결과에 대한 선택의 폭이 넓어진다는 것이다. 그럼 이제부터 어떤 유형의 약속이 있는지, 그리고 그것이 우리 삶에 어떻게 나타나는지 살펴보자.

- 굳건한 약속: 나는 약속을 반드시 지킨다. 당신은 나를 믿어도 좋다.
- 가벼운 약속: 언뜻 보기에는 굳건한 약속처럼 보이지만, 마음속으로 생각만 하고 말하지 않는 전제조건이 있다. 예를 들어, "그래, 토요일에 동창회에서 봐."라고 말하면서 입 밖으로 꺼내지 않는 것은 '만약 비가 오지 않는다면', '다른 일이 없으면' 같은 조건이다. 약속을 지키고 어기는 자기만의 기준이 있지만, 그것을 상대방에게 알리지 않는다.
- 범죄적 약속: 약속을 하는 순간부터 자신이 지킬 의사가 없다는 것을 알고 있는 약속이다.

이러한 약속의 유형과 관련하여 우리 삶의 주요 영역을 살펴보는 것은 우리에게 도움이 될 것이다.

- 가족·배우자

- 직업·경력

- 사회·친구 관계

- 취미·놀이

- 신체·건강

- 영성·종교 생활

- 기분·태도

- 돈·금융

- 학습·교육

- 존엄성

- 세계·거시적 연결

이제 우리가 하는 약속의 유형과 관련하여 어떠한 패턴이 나타나는지 관찰해 보자. 연인, 가족, 나 자신, 친구, 동료, 상사에게 한 약속을 살펴보고 무엇이 나타나는지 보자(빅아이).

의외로 많은 사람이 스스로에게 '범죄적 약속'을 하는 것을 발견한다('이번엔 담배를 끊어야지.', '이번 여름에는 꼭 살을 빼야지.' 등). 또는 가족에게 '가벼운 약속'을 하는 경우도 많은데, 약속을 계속 어겨도 가족은 당연히 내 곁에 있어주리라 생각하기 때문이다. 또 다른 패턴도 발견할 수 있다. 약속을 하는 방법이나 지키는 방법은 인간관계나 행복감과 밀접한 관련이 있다. 먼저 자신이 지금까지 해온 행동을 깨닫고 그것을 받아들이면, 지금의 상황이 '와해' 되었다, 즉 '잘 돌아가지 않는다'고 선언하고 새로운 행동을 취할 수 있다.

약속은 세상을 당장, 곧 약속을 하는 순간 바꿀 수 있는 힘이 있다. 왜냐하면 말은 단순히 정보를 전달하는 게 아니라 새로운 행동을 만들어내기 때문이다. "말을 보면 그 사람을 알 수 있다."라는 말을 하곤 한다. 흔히 간과하는 사실은 우리가 약속을 통해 자신의 정체성을 설계한다는 것이다. 약속은 공적 정체성과 인간관계에 큰 영향을 미친다. 우리의 결과는 자주 우리가 하는 약속의 종류와 여러 약속을 관리하는 능력에 달려 있다. 이는 기업, 조직, 가족 등 모든 유형의 인간관계에서 분명히 볼 수 있는 현상이다. 개인 차원에서도 자신과의 약속인 '자기 선언'이 변화와 개선을 위한 출발점이 된다.

다시 자존감으로 돌아가 보자. 우리가 약속을 가장 많이 어기는 상대는 누구일까? 바로 자기 자신이다. 자존감 문제로 고민해 본 사람이라면 누구나 알 것이다. 자신과의 약속을 지키지 않은 이유에 대해 많은 이야기를 만들어내고, 합리화하고, 그럴듯한 변명을 늘어놓아도 내 몸은 진실을 알고 있다. 깨어진 약속은 우리의 뼈와 몸에 '새겨져' 시간이 지날수록 기분과 행동, 결과에 영향을 미친다. 기분과 몸과 언어는 확실히 서로서로 연결되어 있다.

약속을 성실하게 이행하려 노력했지만 불의의 사건으로 인해 지키지 못하게 된 경우가 있는가? 누구나 적어도 한두 번쯤은 겪어봤을 것이다. 여기서는 '약속을 관리하는 방법'에 대해 이야기해 보자. 만약 누가 "약속을 했는데 지키지 못할 것 같을 때 어떻게 하면 좋을까?"라고 묻는다면 여러분은 어떤 조언을 할 것인가? 아마 대부분은 "즉시 상대방에게 알려야 한다."고 대답할 것이다. 그렇다면 상대방에게 알리는 타이밍은 언제가 좋을까? 당연히 빠르면 빠를수록 좋다. 약속을 지키지 못할 것 같으면 즉시 상대방에게 알려야 한다. 우리는 이 사실을 잘 알고 있지만, 여전히 많은 인간관계와 조직에서 문제가 되고 있는 부분이다.

'흠잡을 데가 없다'라는 것은 자신이 한 약속을 모두 지킨다는 뜻이 아니다. 약속을 최대한 지키려 노력하되 혹시 어기더라도 책임감 있게 처리하는 것을 의미한다. 이때 가능한 선택지는 약속에 대해 상대방과 재협상을 하는 것이다. 예를 들어, 내가 배달원이고 여러분에게 전화를 해서 어떤 물건을 약속한 X일까지 배송할 수 없다고 말한다면, 다음 Y일까지 배송할 것을 재약속하는 대화를 나눌 수 있다. 물론, 여러분이 X일까지 반드시 배송을 받아야만 해서 재협상이 불가능한 경우도 있다. 이 경우에는 합의하에 기존의 약속을 취소하고, 여러분은 다른 사람을 찾아 그 약속을 이어가게 될 것이다.

그러나 만약 내가 언제나 약속을 재협상해야 하는 상황에 처해 있다면, 스스로를 돌아봐야 한다. 비슷한 상황이 반복적으로 발생하는 것은 외적 요인 때문인가, 아니면 내적 요인, 즉 나 자신의 습관적 성향 때문인가? 만약 주변 사람이 여러분과 한 약속을 계속해서 재협상하고 있다면(마감일 연기를 여러 번 요청하는 등), 터놓고 대화를 나누는 일이 필요하다. 그 대화의 분위기와 맥락, 그리고 거기서 나오는 결과에 따라 이후 미래에 큰 영향을 미칠 수 있다.

약속을 관리하는 것은 관계 형성을 위한 행위이다. 만약 내가 당신과의 관계를 소중히 여기지 않는다면, 당신과 한 약속을 이행하지 않고 그 사실을 알리지도 않을 것이다. 그 행동은 당신이 앞으로 나와 함께하고 싶지 않아 하는, 예측 가능한 효과를 불러올 것이다. 다음에 당신이 걸어가는 것을 보면 나는 어떻게든 피하게 될 것이고, 그렇게 우리 둘은 서로에게 미래가 없는 부정적인 방향으로 나아갈 것이다.

우리가 약속을 적극적으로 관리하는 유일한 이유는 약속한 상대와의 관계를 중요하게 여기기 때문이다. 그리고 대다수의 사람에게 인간관계는 행복, 만족감, 그리고 실제로 무언가를 성취할 수 있는 능력과 직결된다.

하나의 약속은 다른 사람이나 다른 약속과 연결되는 경우가 많으며, 이는 가정에서뿐만 아니라 조직에서 특히 두드러진다. 예를 들어, A가 여러분과 한 약속을 어겼기 때문에 여러분은 B와의 약속을 지킬 수 없게 되었다고 가정해 보자. 여러분은 B에게 전달하기 위해 A가 제공할 자료를 기다리고 있었다. 그런데 A가 약속을 지키지 않음으로써 이제 B와의 약속을 지킬 수 없게 된 것이다. B는 상사와 약속한 이사회 자료를 정리하기 위해 여러분이 약속한 자료가 꼭 필요했는데 말이다.

이러한 약속의 사이클을 이해하는 것은 조직 내에서 매우 강력하고 효과적인 변화의 기초가 될 수 있다. 약속은 다른 약속과 결합하여 조직 내에서 일어나는 일의 기초를 형성하기 때문이다.

또한 우리는 개인으로서 백지상태에서 약속을 하는 것이 아니라 이미 한 약속 위에 또 다른 약속을 한다. 누군가의 요청에 "네, 알겠습니다."라고 대답하면 약속이 성립되지만, 상대는 우리에게 이미 스물일곱 개의 미이행한 약속이 있다는 사실은 모른다. 흔히 시간 관리를 주제로 많은 책이 출간되고, 세미나가 열리지만, 나는 애초에 누구에게나 평등한 시간을 늘리는 것은 불가능하다고 생각한다. 시간은 그런 의미에서 '관리'할 수 없는 것이다. 관리한다는 것은 그 사물에 대해 어떤 통제력이나 영향력을 갖는 것을 의미하는데, 시간은 그런 대상이 아니다. 따라서 여기서는 시간 관리와 다른 개념을 다음과 같은 그림으로 설명해 보고자 한다.

우리가 관리할 수 있는 건 약속이다. 하지만 시간을 관리할 수는 없다. 이 간단한 발상의 전환, 초점과 역점의 전환은 삶을 보다 효과적이면서도 여유롭게 설계하고자 하는 사람들에게 매우 큰 가치가 있다.

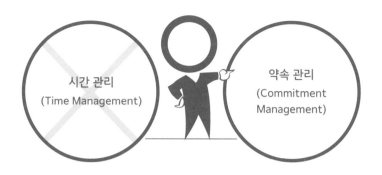

앞서 '아니요'라는 선언에 대해 살펴본 내용을 기억하는가? 여기서는 시간과 연습을 통해 '아니요'라고 말하는 방법, 즉 거절하는 법을 배우는 것이 우리에게 어떤 도움이 되는지 살펴보자. 거절은 약속을 관리하는 강력한 도구다. 거절을 잘 활용하지 못하면 약속을 관리하는 것은 사실상 불가능하며, 우리는 자신의 삶이 다른 사람에 의해 조종당하고 있다는 느낌을 받을 것이다. 이런 상황은 흔히 원망의 감정으로 이어진다.

앞서 말했듯이, 많은 사람이 '아니요'라고 말하기 어려워하는 것은 거절을 우리에게 도움이 되지 않는 부정적인 의미로 해석하기 때문이다. 요청 자체와 요청을 하는 사람은 별개이며, 상대방의 요청에 '아니요'라고 응답하는 것은 그 사람 자체를 거부하는 의미가 아니라 그 사람의 요청을 거절한다는 의미로 해석하는 편이 나에게 도움이 된다. '아니요'는 인격을 거부하는 것이 아니라 단순히 요구를 거부하는 것이다. 타인이 우리의 요구를 거절할 권리가 있는 것처럼, 여러분도 나도 타인의 요구를 거절할 권리가 있다.

다른 모든 학습과 마찬가지로 거절하는 법을 배우려면 시간과 연습이 필요하다. 이러한 과정 없이 거절하는 법을 배울 수 있는 방법은 없다. 특히 오랜 시간 거절하는 행동을 해보지 않았다면 더욱 그럴 것이다. 반대 방식으로 행동하는 연습을 많이 한 사람은 많은 상황에서 '아니요'라고 말하지 않는 데 매우 익숙하다. 그리고 많은 상황에서 주변 사람들 역시 거기에 익숙해졌을 수도 있다. 하지만 '아니요'라고 말하는 것을 연습하고 실행하는 것은 그만한 가치가 있다. '아니요'라고 말할 수 있다는 것은 자신의 삶을 설계하고, 우선순위를 정하고, 중요하다고 선언한 목표를 향해 나아가는 데 도움이 되는 행동을 취할 수 있다는 것을 의미하기 때문이다. '아니요'라고 말할 수 있다는 것은 존엄한 인간이 될 수 있다는 것이고, 어떤 식으로든 자신의 삶을 위해 '일어설' 수 있다는 것을 의미한다. 거절할 수 있다는 것은 개인적인 관계이든 업무적인 관계이든 모든 관계에서 상대와 완전히 동등한 파트너가 될 수 있다는 것을 의미한다. 이는 우리의 말과 대화의 힘을 보여주는 좋은 예다. 특정한 말을 할 수 없다는 것은 특정 방식으로 행동할 수 없다는 것을 의미한다. 인간으로서 우리 각자는 다른 사람의 요청을 거절할 권리가 있다.

조직에서 '아니요'라고 말하기와 약속 관리에 대해 살펴보자. 세미나를 진행하다 보면 직장 내에서 당당하게 '아니요'라고 말할 수 없는 상황을 자주 접하게 된다. 예를 들어, 특정 직장에서의 요청은 그 직종 고유의 요구 사항일 수도 있고, 업무 수행의 조건일 수도 있다. 어떤 의미에서 특정 조직의 직원이 되는 데 동의한다는 것은 사람들이 우리에게 요구하는 의식적인 요청에 '네'라고 답하고 그에 따라 업무를 수행하기로 동의하는 것과 마찬가지다. 그러나 이러한 경우에도 '요구 사항'과 실제 요청 사이의 경계가 어디인지 명확히 하기 위해 대화를 나누는 일은 가능하다. 특정 요청을 하는 사람은 이를 거절하거나 반대 제안을 할 수 있는 요청으로 여기는 반면, 이에 응하는 사람은 거절하거나 재협상할 여지가 없는 요구로 여기는 경우가 종종 있다. 이러한 대화는 업무 역할을 재정의하고 보다 건강하고 생산적인 직원 관계를 구축하는 데 도움이 될 것이다.

상대가 약속을 지키지 않을 때 할 수 있는 세 가지 행동

이제 자신이 한 약속을 어떻게 관리할 것인가에 대한 이야기에서 조금 벗어나, 내가 상대방의 입장이 되었을 때 할 수 있는 '언어의 움직임'을 생각해 보자. 구체적으로 타인이 우리에게 약속한 것을 어떤 이유로 지키지 않았을 때를 생각해 보자. 사생활이든 업무든, 타인이 약속을 지키지 않는 일은 종종 발생한다. 누군가가 약속한 것을 이행하지 않았을 경우, 우리에게는 최소한 다음 세 가지의 선택지가 있다.

- 아무것도 하지 않는다. 무시한다.
- 분노에 휩싸여 상대를 비난한다.
- 책임감 있는 불만responsible complaint을 제기한다.

차례로 살펴보자. '아무것도 하지 않는 것'은 권장할 만한 행동이 아니다. 아무것도 하지 않으면 대개 분노와 원망으로 이어지는 평가가 나오기 때문이다. 우리는 소리 없는 분노에 차 있게 되고, 이는 이 관계뿐만 아니라 다른 많은 관계에도 영향을 미친다. 따라서 처음의 약속은 결국 실현되지 않고, 누구에게도 행복을 가져다주지 못한다. 두 번째, 분노를 터뜨리는 것도 원하는 결과를 가져다주지 못한다. 상대를 향한 비난은 상대방의 방어기제만 강화할 수 있다. 평소 누군가가 화난 목소리로 여러분을 비난할 때 어떻게 반응하는가? 아마 마주 화를 내고 즉시 내 입장을 방어하려 할 것이다. 이는 분명히 관계를 강화하거나 처음 약속을 이행하는 데 도움이 되지 않는다. 세 번째, '책임감 있는 불만'은 조직이나 개인 양쪽 상황에서 강력하지만 충분히 활용되지 않는 수단이다. 관계를 원만히 유지하고 약속을 이행하고자 할 때 효과적인 행동이다. 인간관계를 중요하게 생각하지 않는다면, 첫 번째나 두 번째 방법이 합리적일 수도 있다. 하지만 관계의 질은 우리 인생 여정의 질, 즉 우리 행복과 연결된다.

책임감 있는 불만을 실행하는 첫 번째 단계는 그게 무엇인지에 대해 대화하는 것이다. 즉, 서로 영향을 주고받는 사람들이 약속과 약속의 관리에 대해, 그리고 약속이 지켜지지 않거나 제대로 관리되지 않을 경우 어떤 결과가 초래되는지에 대해 나누는 대화다. 이 대화에서는 지켜지지 않은 약속에 대해 서로 지적할 수 있도록 허용해야 한다. 이 대화에서 우리는 각자가 경험이 없는 초심자라는 점, 내 의견을 잘 전달하지 못할 수도 있다는 점, 의도치 않게 상처를 입힐 수 있다는 우려도 솔직하게 나눌 수 있다. 이렇게 우리는 책임감 있는 불만을 서로에게 전달함으로써 의도한 결과를 위한 최선의 기회를 얻을 수 있는 토대를 마련하고, 다음 미래를 향해 상황을 만들어갈 수 있다.

책임감 있는 불만은 이행되지 않은 약속에 대해 '약속을 받은' 쪽에서 관련 당사자와 특정 대화를 시작하는 것을 말한다. 이 대화의 초점은 깨지거나 관리되지 않은 약속을 다루고, 관계가 유지되고 강화될 수 있도록 하는 것이다. 특히 처음 이 대화를 꺼낼 때는 감정과 맥락에 세심한 주의를 기울여야 한다. 먼저 사실관계, 즉 우리가 앞서 살펴본 언어 행동인 '주장'에서부터 대화를 시작한다. 애초에 약속이 있었는지 없었는지, 그 약속이 실제로 이행되었는지 이행되지 않았는지를 밝히는 것이다.

정말 약속이 있었는데 이행되지 않았다면, 다시는 같은 일이 일어나는 것을 용납할 수 없다고 선언한다. 최종적으로 발생한 부정적인 결과에 대한 '평가'를 공유하고, 향후에 약속이 관리될 수 있도록 상대방에게 요청할 수 있다. 새로운 시간제한을 정하여 원래 했던 약속의 이행을 다시 요청할 수도 있다. 또는 원래의 약속을 깔끔하게 파기할 수도 있다. 이러한 행동을 통해 우리는 약속과 약속에 대한 우리의 태도를 주변 사람들에게 가르치게 된다. 책임감 있는 불만은 강력한 언어 행동이며, 다음과 같은 것에 직접 영향을 미친다.

- 타인과 함께, 타인을 통해 자신이 원하는 결과를 실현하는 능력
- 조직 내에서 효과적인 리더와 관리자가 될 수 있는 능력
- 자기주장과 스스로 일어서는 힘
- 서로를 존중하는 관계 형성 능력
- 직장에서 신뢰, 책임감, 효율성을 특징으로 하는 분위기를 조성하고 유지할 수 있는 능력
- 존엄성
- 행복

맥락을 설정하고 연습하면 개인적 영역 또는 직장에서 책임감 있는 불만을 자연스럽게 자신의 것으로 만들 수 있다. 책임감 있

는 불만은 약속이 관리되지 않거나 이행되지 않은 경우에만 사용된다. 이것은 누군가가 다른 누군가의 (일반적으로 암묵적인) 기대에 부응하지 못한 경우와는 완전히 다른 상황이다. 이 구별은 매우 중요하다.

약속이 지켜지지 않은 것은 기대가 충족되지 않은 것과 다르다.

기대하는 것은 자유다. 따라서 본인이 원하는 만큼 기대하면 된다. 그러면 놀라운 사실을 깨닫게 된다. 세상은 여러분의 기대도, 나의 기대도 신경 쓰지 않는다! 물론 어떤 기대를 갖는 것은 나쁜 일이 아니다. 우리 모두는 어떤 기대를 가지고 있다. 문제는 그것이 내 기대 이상이 되었을 때, 즉 나만의 개인적인 기대라고 생각되지 않을 때다. 자신의 기대를 마치 남이 해준 약속처럼 여기게 되는 순간부터 문제가 시작된다. 이런 문제는 대부분 인간관계, 정서적 상태, 공적 정체성, 그리고 결과에 부정적인 영향을 미친다.

기대는 마음속으로 하는 대화나 표출되지 않은 내면의 이야기로서 언어 속에 살아 있다. 우리는 종종 기대가 무엇인지 실제로 보지 않고, 인식하지 못한 채로 행동하는 경우가 많다. 그리고 그 기대는 우리에게 강하고 종종 부정적인 영향을 미칠 수 있다. 돈 미겔 루이스는 『네 가지 약속』에서 다음과 같이 말했다.

우리 인간은 모든 일에 대해 가정하는 경향이 있다. 가정의 문제는 그것이 진실이라고 생각하게 된다는 것이다. 가정을 할 때마다 항상 스스로 문제를 만들고 있는 것이다. 우리는 가정하고, 오해하고, 사적인 감정을 품고, 쓸데없이 큰 드라마를 만들어낸다. 가정은 우리를 고통에 빠뜨리기 때문에 항상 가정하기보다는 질문하는 것이 더 좋다.[3]

약속이 지켜지지 않은 경우 책임감 있는 불만은 매우 강력한 행동이지만, 암묵적인 기대에 부응하지 못했을 때는 이야기가 달라진다. 이런 경우, 아무도 무언가를 위반하지 않았고, 약속 사항을 어기지도 않았다. 그들은 단지 내가 기대하는 행동을 자발적으로 하지 않았을 뿐이다. 여기서는 실제 요청이 이루어지고 약속이 성립되는 대화에만 초점을 맞추고 있다는 점을 기억하자.

비즈니스 세계에서 약속의 중요성

비즈니스 세계 전체는 약속을 하고, 약속을 지키고, 약속을 관리하는 세계라고 볼 수 있다. 이는 매우 기본적인 수준에서 전 세계 모든 곳에서 일어나고 있는 일이다. 기업들은 특정 방식으로, 특정 가격에, 특정 조건으로 상품이나 서비스를 제공하겠다는 약속을 한 다음, 그 약속을 실제로 이행하기 위해 역량을 모으고 유지한다. 새롭고 강력한 제안과 약속을 지속적으로 고안한다. 그렇게 고안한 새로운 제품이나 서비스를 제공하는 능력을 유지할 수 있도록 학습하고, 변화하고, 유연성을 기른다.

특히 업무 환경에서는 이를 약속이라고 부르지 않을 수도 있지만, 그럼에도 불구하고 약속은 약속이다. 내부적으로는 직원 또는 경영진 회의에서(또는 복도, 화장실 등 그 어디에서든) 새로운 목표, 프로그램 또는 변경 사항을 실행하기 위해 만들어내는 합의, 즉 누가 무엇을, 언제, 어떻게 할 것인지에 대한 합의와 결정의 형태를 취할 수 있다. 직무 기술서의 일부도 일종의 합의 또는 약속으로 볼 수 있으며, 신입 사원 오리엔테이션 과정의 많은 항목도 마찬가지다. 기업 간 거래(B2B) 환경에서는 일반적으로 약속을 '계약'이라고 부른다. 지금까지 배운 내용을 정리해 보면 다음과 같다.

- 조직에서는 모든 물리적 프로세스와 정보 프로세스의 밑바탕에 조직 전반의 운영과 각자의 역할에 관한 '약속 프로세스'가 있다.
- 가장 기본적인 수준에서 조직은 공동의 목적을 공유하고 서로의 행동을 조율하는 인간 존재들로 구성되어 있다. 이는 다음 그림에 묘사되어 있는 바와 같다.
- 내부 및 외부에서 행동을 조율하는 방식은 다양한 수준에서 다양한 형태로 이루어지는 약속, 공언, 합의다.

조직의 미션, 목표, 존재 이유 등

행동을 조율하는 인간들

- 조직은 본질적으로 약속의 네트워크로 구성되어 있으며, 이 네트워크
  는 대화 및 개인들의 관계와 밀접하게 연결되어 있다.

다시 한번 말하지만, 모든 조직은 직간접적으로 서로 연결되어 있는 네트워크화된 약속의 주기로 구성되어 있다고 볼 수 있다. 한 영역의 누군가가 약속을 지키지 못하면 다른 영역의 기한이나 약속을 지키는 능력에 영향을 미치고, 이것이 조직 내에 파급되는 사례를 많이 볼 수 있다.

이 주기는 사람들이 변화를 일으키고 다른 일을 할 수 있는 수

단 그 자체다. 새로운 목표와 우선순위가 전개되고 실행되는 방식이다. 자원을 재분배하고, 방향을 바꾸고, 특정한 일련 작업을 수행하는 데 사용되는 실제 메커니즘이다. 자신과 타인의 행동을 조율해 공동의 목적을 위해 서로 협력하는 과정이다.

지금 이 순간에도 모든 조직에서는 약속이 만들어지고 관리되고 있다. 약속된 목표를 달성하기 위해 프로세스가 구축되고, 행동이 조율되고, 약속이 이행되고 있다. 약속의 이행을 받는 사람(내부 및 외부 고객)은 이행의 결과로 제공된 내용에 만족하거나 만족하지 않을 수 있다. 만족하면 이 약속의 주기가 완료되고, 그 후 새로운 약속을 하고 새로운 단계를 밟게 된다. 만족하지 못하면 어떤 형태로든 상황과 결과에 추가 대응을 하게 된다.

앞서 '책임감 있는 불만'에 대해 이야기한 것을 기억해 보자. 분명히 하고 싶은 것은, 직원들이 책임감 있는 불만을 제기할 수 있든 없든, 다양한 수준에서 약속이 이행되지 않을 수 있다는 점이다. 문제는 약속이 이행되지 않았을 때 사람들이 어떤 '행동'을 취하는가, 그리고 그 행동이 조직의 생산성, 효과, 문화에 어떤 영향을 미치는가이다.

오랜 기간에 걸쳐 사람들이 교류하고, 약속하고, 협력하고, 행동을 조율하면서 조직의 특정 문화 또는 기준이 만들어진다. 약속이 공개적으로 명확하게 이루어지고, 대다수의 사람이 그 약속을 진지하게 받아들이고, 모두가 적극적으로 관리할 책임이 있는 조직에서 일하면 어떨지 생각해 보자. 이런 조직에서는 항상 상황을 파악하고 소통하며 실시간으로 약속을 재논의하고 수정하기 때문에 막판에 예상치 못한 문제에 휘말릴 확률이 낮다. 이런 조직에서는 관리자라도 약속을 관리하지 못하면 동료나 부하 직원에게도 지적을 받게 된다. 그러나 그것은 부정적이고 인격적으로 비난하는 방식이 아니라 신뢰, 책임, 팀워크의 문화에 부합하는 방식으로 이루어진다.

그렇다면 약속이 자주 무시되고, 암묵적인 가정과 오해가 많으며, 사람들이 약속을 관리할 책임이 없는 회사에서 일하면 어떨지 생각해 보자. 생산성뿐만 아니라 서로의 기분과 조직에 퍼져 있는 분위기에 미치는 영향도 생각해 보자. 이런 환경에서는 자주 다른 사람을 탓하거나 약속을 이행하지 못한 이유와 변명을 항상 준비하는 등 자기방어책 마련에 몰두하는 경우가 많다. 여기에는 진정한 의미의 책임감이 존재하지 않으며, 모든 직위의 사람들이 모든 일에 대해 냉소적인 분위기에 빠지게 된다. 약속이 깨어지는 상황을 너무 많이 당한 사람은 원망을 품기 시작할 수도 있다. 누가 약속을 어겼다는 뒷말이나 불평을 하는 것이 점점 더 보편화된다. 그것이 점진적으로 조직의 기준이 되고 일반화된다. 하지만 실제로 상황을 개선하기 위한 행동은 아무도 하지 않는다. 아무도 더 나은 결과를 만들기 위한 대화를 하지 않는다. 약속은 계속 깨지고, 지켜지지 않고, 정리되지 않고, 합의된 약속은 이행되지 않은 채 시간만 흘러간다. 핵심적인 주제는 논의되지 않고, 진정한 변화를 이끌어낼 수 있는 대화는 이루어지지 않는다.

조직이 요구하고, 금지하고, 허용하는 대화는 그 조직의 문화, 분위기, 성공과 밀접한 관련이 있다. 모든 인간관계도 마찬가지다. 우리는 어떤 대화를 하는가? 어떤 상황에서 하는가? 누가 대화를 시작해야 하는가? 어떤 분위기의 대화를 지향하는가? 절대 하지 말아야 할 대화는 무엇인가? 그 대신 어떤 대화를 할 것인가?

출발점은 물론 '대화'다. 대화 자체에 대해 논의하고, 그것이 조직과 인간관계에 미치는 영향에 대해 평가해 보고 그 내용을 공유해 보자. 이는 조직 문화와 분위기를 재구성하기 위한 좋은 출발점이 될 수 있다. 우리가 할 대화와 하지 않을 대화에 대해 분명한 합의를 할 수 있다. 학습할 수 있는 분위기를 조성하겠다고 선언하고, 처음부터 아는 척할 필요가 전혀 없는 무대를 마련하는 것도 중요하다. 또한 과거의 습관이나 대화로 되돌아갈 것 같을 때는 주변에 도움을 요청할 수도 있다. 효과적인 대화를 함으로써 급여를 받는 모든 직급의 리더들에게 이러한 장을 만드는 것은 조직 변화를 위한 강력한 접근법이 될 수 있다. 또한 개인적 관계에서도 서로가 만족스러운 여정을 함께할 가능성이 더 높은 맥락을 만들어내는 더 강력한 도구가 될 수 있다.

페르난도 플로레스와 그의 동료들은 조직 구성원들이 서로 교류하고 행동을 조율하는 방식에 더 높은 수준의 인식, 엄격함, 목적의식을 가져다줄 수 있는 모델을 개발했다. 이 모델은 '약속의 주기Cycle of the Promise'라고 불리며, 이른바 '약속의 문화'로 전환하고 비난, 변명, 책임지지 않는 문화에서 벗어날 수 있는 훌륭한 도구다. 이 모델을 통해 모든 사람이 단단한 약속을 이끌어내는 효과적인 요청 행동을 배울 수 있다. 이 모델의 주요 행동 단계는 다음과 같다.

- 전후 맥락 설정하기
- 효과적인 요청 하기(여섯 가지 요소)
- 유효한 답변(동의, 거절, 반대 제안 또는 향후 답변 약속 등)을 얻기
- 약속한 것을 실현하기 위해 필요한 행동을 실행하기
- 상황을 공유 및 전달하고 약속이 이행되었음을 알리기
- 완성된 결과물에 대해 평가받기
- 한 약속의 주기 종료(또는 책임감 있는 불만을 제기)

이 일련의 과정은 변화를 촉발하는 수단으로 사용된다. 결과를 개선하기 위해 새로운 맥락을 창조하고, 조직과 생산성을 관찰하는 새로운 식별과 방법을 도입하는 과정이다. 위 단계들을 실행하면 조직 내 약속 관리 수준을 향상할 수 있다.

이 방법의 개선은 조직의 모든 사람이 현 상황을 초래하는 데 적어도 부분적으로 책임이 있다는 전제를 바탕으로 '책임 떠넘기

기'에서 벗어나는 일을 포함한다. 조직의 개선은 기본 상호작용, 즉 사람들이 서로 행동을 조율하는 방식에 초점을 맞춘다. 리더와 팀원들이 지속적으로 약속을 하고, 지키고, 관리하는 방식에 대한 의식과 목적의식을 갖도록 하는 것이 중요하다.

이렇게 보면 조직의 목표는 무수한 행동의 조율을 통해 실현됨을 알 수 있다. 개개인이 모든 약속을 무조건 지키는 것이 중요한 게 아니라, 모두가 자신의 약속을 적극적으로 관리하는 것이 중요하다. 즉, 관계가 항상 꼬이지 않게 유지하는 것이다. 약속을 적극적으로 관리한다는 것은 서로 소통하는 방법, 약속이 당초 계획대로 지켜지지 않을 것이 분명해졌을 때 나누는 대화를 포함한다. 약속이 지켜지지 않을 경우 어떻게 대처할 것인지, 책임감 있는 불만을 제기할 것인지 여부도 포함된다. 약속을 얼마나 명확하게 하고 있는지, 또한 이에 대한 개인의 내적 대화를 다른 사람들과 어떻게 공유하는지도 포함된다. 약속을 어떻게 관리하느냐에 따라 생산성, 효율성, 분위기, 결과가 모두 달라진다.

효과적인 상호 협력을 위해서는 자신의 요청에 주의를 기울이는 것이 중요하다. 또한 자신의 요청에 대해 타인이 어떻게 반응하는지에 주의를 기울이는 것도 효과적이다. 모든 요청이 동일하지 않은 것처럼, 어떤 요청은 다른 요청보다 더 효과적이다. 요청에 대한 모든 응답도 동일하다고 할 수 없다. 어떤 답변은 약속을 이행하는 데 도움이 되고, 어떤 답변은 그렇지 않을 수 있다.

이러한 문화, 즉 약속 관리에 대한 공언과 구성원의 주인의식, 책임감이 있는 조직 문화를 만들고 싶다고 가정해 보자. 적어도 내 경험에 따르면, 다음과 같은 대응이 만연한 조직은 장기적으로 볼 때 그런 문화에 도달할 수 없다.

- "일단 해보겠습니다."
- "아마 괜찮을 겁니다."
- "그럴 수도 있고 아닐 수도 있습니다."
- "아마 문제없을 것입니다."
- "일단 지켜보겠습니다."
- 침묵(무반응)

여러분이 어떤 요청을 했을 때 상대방이 이런 대답을 한다면, 조율이 잘 안 되고, 함께 일하기가 어렵고, 오해가 빈번할 것을 각오해야 한다. 또한 오해의 결과로 비효율성, 결과 미달성, 관계 훼손, 신뢰 상실 등을 초래하고 분노와 같은 부정적인 감정이 생길 수 있다는 것을 각오해야 한다.

(개인적 관계뿐만 아니라 비즈니스 환경에서도) 약속의 문화를 구축하기 위해서는 타인의 요청에 대해 한 가지 이상의 유효한 응답을 하는 것이 필요하다. 요청의 내용과 의미에 대해 다양한 측면에서 활발하게 논의할 수 있지만, 결국에는 이 네 가지 중 한 가지

가 성립된 상태에서 대화를 마무리해야 한다.

- "네.": 요청을 수용하고, 약속이 성립되었다.
- "아니요.": 요청을 거절하고, 약속이 성립되지 않았다.
- 답변 약속: 요청한 사람에게 지정된 시간까지 답변하겠다고 약속한다. "다른 프로젝트 일정을 확인한 후 화요일 정오까지 답변을 드리겠습니다."
- 새로운 제안: 첫 번째 요청과 첫 번째 조건을 거절하고, 특정 조건이 변경될 경우 수락하겠다고 제안한다. "아니요, 금요일까지는 완성할 수 없을 것 같습니다. 하지만 다음 주 월요일까지는 완성할 수 있습니다. 어떻게 생각하십니까?"

이 네 가지 답변의 공통점은 '명확하다'는 것이다. 모호하지 않다. 이 답변은 모든 관련 당사자가 언제 무슨 일이 일어날지 이해할 수 있도록 하는 명확한 상호작용을 제공한다. 함께 일하고 함께 조율할 수 있는 보다 견고한 기반을 제공한다. 공통의 약속을 위해서는 늘 공통의 이해가 전제되어야 한다. 이 네 가지 대응은 책임감 있는 불만과 함께 조직(및 인간관계) 내에 엄격함과 효과성을 설계하는 훌륭한 도구다.

기업 문화는 구성원의 상호작용 및 성과와 밀접한 관련이 있음이 분명하다. 이 책을 통해 약속 관리에 주의를 기울이고, 그것에 대해 이야기하고, 약속 관리를 더욱 강화하면 개방적이고, 서로를 존중하고, 책임감 있고, 효율적인 직장 분위기를 조성할 수 있다고 확신한다. 약속을 무시하고, 약속을 제대로 관리하지 않는 것이 그 조직의 기준과 규범이 된다면 분노, 원망, 냉소주의로 가득 찬 직장이 되리라는 사실을 충분히 예상할 수 있다.

그렇다면 조직 내 행동을 조율하기 위해 상사나 부하 직원과는 어떤 대화를 나누면 좋을까? 상사 및 기타 직속 보고자와 다음 질문에 대해서 솔직하게 대화해 보는 것을 고려해 보자.

- 내부와 외부, 공식과 비공식, 이메일과 대면, 회의실과 회의실 밖 등에서 다양한 요청과 약속이 어떻게 이루어지고 있는지를 떠올려 보자. 우리는 얼마나 효과적인 요청을 하고 있는가? 또는 우리는 얼마나 효과적인 대답을 하고 있는가?
- 내가 한 약속이나 공언을 상대방이 오해하는 경우가 있는가? 자주 있는가, 아니면 한 번도 없었는가? 또는 이러한 오해가 특정 분야에서 더 많이 발생하는가? 당사자들이 무엇을 해야 하는지에 대한 공통된 이해가 없다면 생산성과 업무 성과에 어떤 영향이 있을까? 특히 이런 오해가 장기적으로 지속될 경우 조직 문화, 직장 분위기, 윤리의식에 어떤 영향을 미칠지를 생각해 보자.
- 각자의 약속을 적극적으로 관리하는 데 개개인이 어느 정도 책임감을 가지고 있는가? 그것이 그들의 행동에 어떤 식으로 드러나는가?

- 약속의 유지 및 관리와 관련하여 사내에서 지켜야 할 기준이나 규범은 어떤 것이 있는가? 조직에서 약속을 자주 어기는 경우가 있는가, 아니면 그런 경우가 전혀 없는가? 모든 수준에서 약속이 지켜지지 않을 때 어떤 일이 벌어질지를 생각해 보자.
- 약속이 관리되지 않거나 지켜지지 않는 상황에 직면했을 때, 몇 퍼센트의 사람들이 책임감 있는 불만을 제기하는가?(긍정적 영향) 또는 몇 퍼센트의 사람들이 뒤에 숨어서 험담이나 불평을 하는가?(부정적 영향)
- 지금 여기서 놓치고 있는 대화는 무엇인가? 개선을 위한 노력을 시작하려면 어떤 새로운 대화와 합의가 필요할까?

요점 및 새로운 해석

● 약속(공언, 합의)은 요청이나 제안에 '그렇게 하겠다'라는 선언을 함으로써 성립된다. 약속은 다른 사람과 어떤 목적을 이루기 위해 하는 언어적인 '행동'으로 간주된다. 약속을 이해하는 것은 개인과 조직으로서 우리의 인간관계, 공적 정체성 그리고 성과를 이해하는 핵심 요소다.

● 우리를 둘러싸고 있는 전체 사회구조는 매우 기본적인 수준에서 사람들(및 이를 구성하는 조직)이 서로 약속을 맺음으로써 생겨났다고 볼 수 있다. 우리는 이러한 약속을 관리하고 이행하고 새로운 약속을 맺는 지속적인 비즈니스를 다양한 방식으로 수행한다.

● 우리 대부분은 자신을 잘 관찰하지 못하기 때문에 자신이 어떻게 약속을 만들고 관리하고 있는지 제대로 보지 못한다. 그래서 약속과 그에 따른 인간관계를 소중히 여기지 않고, 그것이 부정적인 결과를 낳고 있다는 사실을 깨닫지 못한다. 약속이 깨지면, 그 관계에서 무언가가 손상된다. 많은 경우 약속을 잘 관리하지 못하면 다음과 같은 요소에 부정적인 영향을 미치게 된다.
  – 신뢰
  – 관계
  – 약속과 관련된 모든 것의 성취 가능성
  – 관련자들의 자존감, 즉 정서적 공간

● 우리가 하는 약속은 처음 약속한 대로 지키는 것이 불가능할 수도 있다. 하지만 약속한 것의 이행 여부를 적극적으로 관리할 수는 있다. 자신이 약속한 것을 의식하고 행동하느냐, 그렇지 않느냐가 매우 중요하다. 우리가 무엇을 언제까지 이행할 것인지 말하고 방해하는 일이 생겼을 때 적극적으로 해결하려고 주의를 기울이는가, 주의를 기울이지 않는가?

● 타인이 약속을 어겼을 때, 우리는 유효한 선택권을 가지고 있다. 약속을 어겼을 때 적절한 대처를 하지 않으면 대부분의 경우 원망으로 인해 관계가 멀어지고, 생산성과 함께 무언가를 성취하는 효과도 떨어진다. 여기서 우리가 시도해야 할 강력한 언어적 움직임은 '책임감 있는 불만'이다.

● 약속을 관리하기 위한 다른 도구로 "죄송합니다."라고 말할 수 있는 능력을 기르고, 요청에 응답할 때는 다음 네 가지의 효과적인 반응을 사용한다. "네.", "아니요.", "확인 후 답변드리겠습니다.", "대신 이러면 어떨까요?"가 그것이다.

● '시간 관리'는 잘못된 용어다. 우리가 진정으로 갖춰야 할 능력은 '약속 관리'다. 자신의 삶을 설계하고 미래를 개척하는 것은 우리 스스로의 선언으로부터 시작된다.

새로운 행동의 가능성을 찾아라!

1. 지금 내게 필요한 새로운 약속은 무엇인가? 더 나은 결과를 가져오는 과정을 시작하기 위해 내가 해야 할 약속과 다른 사람이 할 수 있는 약속에 대해 생각해 보자. 이 장에서 배운 효과적인 요청의 여섯 가지 요소와 요청에 대한 네 가지 효과적인 응답을 염두에 두자.

_____

_____

_____

_____

2. 다른 사람들과 약속의 중요성, 약속을 관리하고 지키는 일의 중요성에 대해 대화를 나눠보자. 약속이 성공, 생산성, 인간관계, 정서적 공간, 달성되는 결과에 미치는 영향에 대해 의견을 나눠보자. 책임감 있는 불만과 그 가치에 대해 이야기하고, 서로가 합의한 내용을 명확하고 이해하기 쉽게 만드는 방법에 대해 이야기해 보자.

_____

_____

_____

_____

3. 약속을 관리하고 관계를 원만히 유지하는 방법에 대해 새로운 합의가 필요하다. 나와 다른 사람들이 책임감 있게 불만을 제기하고, 요청을 거절하고, 새로운 제안을 하고, 약속을 지키는 것이 허용되는 무대를 마련하자. 학습하고, 개선하고, 시간과 연습을 통해 협력 관계를 개선할 수 있는 맥락을 설정하고 적어보자.

_____

_____

_____

_____

4. **빅아이**: 약속을 잘못 관리하여 실패했던 상황을 기억해 보자. 만약 그런 상황이 있었다면, 앞으로 인간관계를 원만히 유지하기 위해 어떤 조치를 취할 수 있을 것인가?

_____

_____

_____

_____

8장

행복, 언어
그리고 지금 이 순간

Language
and the Pursuit of
Happiness

지금이 아니면 언제?

— 선문답

'과거에 산다'는 것은 실제로 무엇을 의미할까? '미래에 산다'는 것은? 또 '현재에 산다'는 것은 어떤 의미일까? 이것이 언어나 우리 자신이 만들어내는 결과와 관련이 있을까? 시간에 대한 우리의 지향성이 우리 자신의 행복과 관련이 있을까?

　많은 사람이 과거나 미래를 생각하는 데 너무 많은 시간을 보내거나 신경을 쏟는 것은 생산적이지 않다는 시각을 가지고 있다. 대부분의 경우, 과거나 미래를 생각하며 많은 시간을 보내는 것은 새롭게 무언가를 창조하는 능력을 손상하는 것과 같다고 할 수 있다. 더 깊은 수준에서, 많은 전통과 문화는 정신적 성장, 인식, 발달에 필요한 기본 개념으로 '지금 현재에 존재하는 것'의 중요성을 강조한다. 이는 도대체 무엇을 시사하는 것일까? 그리고 우리가 더 평화롭고 더 효과적인 '존재 방식'을 찾을 때, 언어에 대한 이해가 어떻게 도구나 지렛대로서 우리의 삶에 도움이 될 수 있을까?

많은 사람이 때때로 자신이 '과거에 살고 있다', '미래에 살고 있다'고 느낄 때가 있다. 물론 이것은 비유일 뿐이고, 우리는 항상 지금 여기에 살고 있다. 하지만 이 비유는 어떤 이유에서든지 우리가 '지금, 여기'에 존재하는 감각과 지금 여기서 무슨 일이 일어나고 있는지 의식하는 것을 가로막는 특정 행동이 있음을 암시한다. 그 결과 우리의 인식 능력, 경청 능력, 관점을 변화시키는 능력, 행동 능력을 떨어뜨린다. 바로 이것이 핵심이다.

이러한 결과를 만들어내는 행동은 놀랍지 않게도 언어 행동이다. 내적·외적 대화, 이야기, 평가, 해석이 반복되며, 앞의 사례에서 보듯 과거 또는 아직 일어나지 않았거나 앞으로 일어날(수 있는) 일에 항상 초점이 맞춰져 있다. 물론 이러한 대화는 다양한 감정과 기분에 따라 진행되거나 흘러갈 수 있다. 서로 다른 대화, 서로 다른 평가, 서로 다른 선언, 다양한 언어 행동이 서로 다른 정서적 공간을 만들어내는 역할을 하게 된다.

과거에 대한 대화 중 일부는 긍정적이고 유익하며 즐겁지만, 일부는 부정적이고 무익하며 불쾌하게 느껴질 수 있다. 대화를 '긍정적'으로 느낄지 '부정적'으로 느낄지는 그 대화가 담고 있는 감정 및 기분과 관련이 있다. 또한 지금 여기에서 현재진행형으로 이루어지는 대화의 시간도 중요하며, 거기서 얻을 수 있는 결과도 있다. 지금까지 우리는 이 책을 통해 '지금, 여기, 현재'에 대부분의 시간을 할애할 때 원하는 결과를 얻을 확률이 높아진다는 것을 함께 발견했다.

과거는 과거일 뿐이다. 우리는 이미 발생한 과거의 역사적 사건에 개입할 수 없다. 우리는 끊임없이 새로운 해석을 하고, 자기에 대한 새로운 평가를 내리고, 새로운 선언을 하고, 새로운 가능성을 열고, 특정 일과 그 관련자들을 바라보는 관점을 바꿀 수 있다. 사실, 그것이 언어를 이해하는 가장 큰 장점이다.

우리를 과거에 머물게 하는 많은 대화는 자신의 평가와 견해를 새롭게 업데이트하지 않기 때문에 일어난다. 새로운 선언을 하지 않는 것도 원인일 수 있다. 같은 선언과 해석을 머릿속으로 되뇌며, 그 안에서 살고, 그것을 옹호하고, 정당화하는 것이다.

그렇다면 우리가 지나치게 미래를 바라보면 어떻게 될까? 우리의 대화가 부정적이거나 쓸모없어 보이는 것은 어쩌면 '미래에 살고 있기 때문'이라고 할 수 있다. 예를 들어 다음과 같은 경우들이다.

- 불안과 걱정이 계속될 때. 이런 기분일 때 우리의 대화에는 미래의 불확실성이나 무슨 일이 일어날지 모른다는 우려가 많이 포함된다. 또한 이 불확실성을 해소할 수 있는 행동을 할 수 없거나, 불확실성 자체가 좋지 않다는 평가도 포함된다. 특히 부정적인 결과가 발생할 가능성이

높다는 점이 강조되는데, 그 근거가 되는 확실한 데이터(주장)가 없는 경우도 있다.

- 공포가 지속될 때. 이 경우는 걱정과 불안의 대화와 비슷하지만 더 불길하고 파멸적인 분위기로 이어진다. 불확실성과 부정적인 결과에 대해 극도로 우려하고 신경 쓴다. '어차피 아무도 어쩔 수 없다.'는 일종의 체념으로 연결된다.

- 포기가 계속될 때. 여기에는 '아무것도 변하지 않는다.', '어떤 아이디어도 효과가 없다.', '어떤 행동도 영향을 미칠 수 없다.'는 평가가 대화에 많이 포함된다. 마치 미래는 정해져 있고, 바꾸고 싶어도 아무도 아무것도 바꿀 수 없고, 노력해도 소용없는 것처럼 여긴다.

지금까지 이 책에서 다룬 내용을 바탕으로 생각해 보면, 미래는 미리 주어진 '사물'로 존재하는 것이 아니다. 그것은 고정된 사물이 아니라 언어 속에 존재하는 식별이며, 현재의 경험에서 비롯되는 것이다. 미래가 무엇이든, 현재의 행동(언어 행동 포함)을 통해 그것을 얻을 수 있다. 우리를 지배하는 기분과 그에 따르는 머릿속 '독백'은 행동에 앞서 나타나 해석에 강한 영향을 미치고, 특정 가능성과 행동의 문을 여는 동기가 된다.

'과거'와 '미래'의 대화에 몸과 마음이 계속 머물러 있으면 현재에서 멀어지게 된다. **우리가 행동을 취할 수 있는 유일한 장소는 현재라는 것을 기억해야 한다.** 이를 위해서는 신체 행동과 언어 행동,

사안에 대한 기존의 평가와 해석의 갱신, 새로운 요청, 새로운 선언, 새로운 약속, 타인의 관점에 귀를 기울이는 일 등 다양한 행동이 필요하다.

지금 이 순간이 우리의 전부다. 우리가 하는 일은 항상 현재이고 '지금'이다. 어떤 의미에서 이는 너무나 당연하고 단순한 것이지만, 그것을 의식하고 보면 우리 앞에 새로운 가능성, 새로운 사고방식이 열릴 것이다.

현재를 의식하기 위한 새로운 대화

현재를 의식하기 위해 새로운 대화를 만들어내고 기존의 대화를 보완하거나 개선하는 일에 대해 이야기해 보자. 언어와 기분 사이에 강한 연관성이 있다는 것을 염두에 두면, 우리는 기분을 특정 언어로 '번역'할 수 있다. 이를 통해 언어가 특정 기분을 강화하고 유지하는 방법과, 목적을 가지고 다른 방향으로 전환하고자 할 때 사용할 수 있는 '언어의 움직임'을 더 명확하게 볼 수 있다.

인간에게는 항상 감정과 기분이 있다. 감정과 기분이 없는 사람은 존재하지 않는다. 먼저 자신이 자신의 감정과 기분에 대해 중립적이지 않다는 것을 알아차려야 한다. 우리는 자신의 기분이 '옳다'고 생각하는 경향이 있고, 다른 사람들도 같은 기분을 느끼게 하려고 최선을 다한다. 자신의 감정과 기분에 사로잡혀 '내가 그런 것처럼 너도 그럴 거야.'라는 식으로 정당화한다. 내 경험에 비추어, 새로운 방향으로 나아가기 위한 한 가지 조건은 '내가 옳다'라는 내적 대화에서 벗어나려는 의지를 갖는 것이라고 한 말을 기억할 것이다. 한 기분에서 다른 기분으로 의도적이고 성공적으로 전환했던 경험이 있는 사람이라면 누구나 '내가 옳다'라는 대화의 고찰을 통해 이를 개선하려고 노력했던 경험이 있을 것이다. 왜냐하면 이 대화는 여러분이 이 대처 과정에서 가장 먼저 다루어야 할 내적 대화의 시작일 가능성이 높기 때문이다.

이 과정은 의식하고, 관찰하고, 알아차리는 것으로부터 시작되며, 시간과 훈련이 필요하다. 시간과 훈련이 뒷받침된다면 우리 스스로가 충분히 이러한 상황을 잘 극복해 나갈 수 있다. 이어서 특정 기분과 관련된 내적 대화와 이를 다른 기분으로 전환하기 위한 구체적인 대처 방법(주로 언어 행동)을 알아보자.

과거(죄책감)에서 현재로 전환하기

죄책감 속에 있을 때의 상태

- 내 기준에 어긋나는 행동을 했거나 하지 않았다고 확신한다.
- 이렇게 했어야 했다, 이렇게 하지 말았어야 했다.
- 이 일이 너무 후회되고 나 자신의 가능성을 좁혀버린 것 같다.
- 자신을 용서하지 않겠다고 다짐한다.

- 내 생각이 맞다.

- 아마 이 사실을 알면 아무도 나를 용서하지 않을 것이다. 어쩌면 나는 누구에게도 용서받을 자격이 없을지도 모르겠다.

죄책감에서 벗어나 현재로 이동하기

- 나는 오랫동안 이런 내적 대화 속에서 살아왔다. 하지만 이런 대화를 반복해서는 원하는 곳에 도달할 수 없을 것이다.

- 나는 지금까지 나 자신을 탓하고 이런 대화 속에서 오랫동안 살아왔다는 것을 선언한다.

- 나를 용서한다.

- 나를 받아들인다.

- 나를 사랑한다.

- 나는 인간이고, 아직 배우고 성장하는 중이다.

- 같은 행동을 반복하지 않을 것을 다짐한다.

- 같은 일이 다시 발생하지 않도록 ……한 조치를 취한다.

- 내 새로운 약속을 지지해 줄 사람들 ……에게 도움을 요청한다.

- 앞으로 나아갈 수 있는 기회를 준 삶 자체에 감사한다.

과거(원망)에서 현재로 전환하기

원망 속에 있을 때의 상태

- 나는 부당한 대우를 받고 있다.

- 내 인생은 이런 일의 연속이다.

- 지금의 나는 상황을 개선할 힘도 능력도 없다.

- 내 인생이 이럴 리가 없다.

- 무슨 수를 쓰더라도 반드시 복수한다.

- 내가 절대적으로 옳다.

원망에서 벗어나 현재로 이동하기

- 오랫동안 이런 내적 대화 속에서 살아왔다. 그러나 그 대화가 더 이상 내가 원하는 곳으로 나를 데려다줄 수 없다는 사실을 깨닫기 시작했다.

- 인생에서 좋은 일도 나쁜 일도 일어날 수 있다는 것을 받아들인다.

- 어떤 가능성은 지금 나에게 닫혀 있다는 것을 받아들인다.

- 내 삶을 받아들일 것을 선언한다.

- 내 선택에 대해 항상 책임질 것을 선언한다.

- 복수하겠다는 다짐을 철회한다고 선언한다.

- ……을 용서한다고 선언한다.

- 새로운 요청을 한다(유효적절한 요청, 책임감 있는 불만).

- 나는 여전히 배우고 있고, 계속 성장하고 있다.

- 이런 기회를 준 내 삶에 감사하며 앞으로 나아간다.

미래(불안과 걱정)에서 현재로 전환하기
불안과 걱정 속에 있을 때의 상태

- 어떤 사건이 반드시 일어나리라 생각한다.

- 그 사건으로 인해 미래에 자신이나 가까운 사람에게 나쁜 일이 일어날 가능성이 높다고 예측한다.

- 이 '나쁜 일'을 피하기 위해 무엇을 해야 할지 모르겠다.

- 이 불확실성을 없애는 것은 나로서는 불가능하다.

- 이 불확실성은 매우 좋지 않다.

- 이 불확실성을 해소하고 싶다는 생각이 강하게 든다.

- 내 느낌은 절대적으로 옳다.

불안과 걱정에서 벗어나 현재로 이동하기

- 나는 오랫동안 이런 내적 대화 속에서 살아왔다. 그러나 그 대화가 더 이상 내가 원하는 곳으로 나를 데려다줄 수 없다는 사실을 깨닫기 시작했다.

- 나의 삶에도, 그리고 모든 사람의 삶에도 항상 어떤 불확실성이 존재한다는 것을 받아들인다.

- 이 불확실성은 살아 있는 한 자연스럽고 영구적인 것으로 받아들인다.

- 나는 내가 영향력을 행사할 수 있는 영역에서 행동으로 옮길 수 있는 소질을 가지고 있다.

- 만약 내가 어떤 이유로 그 자리에서 행동을 취하지 못하더라도, 나는 여전히 배우고 있고 계속 성장하고 있다.

- 이런 기회를 준 내 삶에 감사하며 앞으로 나아간다.

미래(포기)에서 현재로 전환하기

포기 속에 있을 때의 상태

- 나의 행동과 상관없이 이 상태는 계속 이어질 것 같다.
- 내 마음을 바꾸고 싶지만, 이대로는 어쩔 수 없다.
- 내가 이 상황에 영향을 미칠 가능성은 없다.
- 따라서 나는 무력하고 아무것도 할 수 없다.
- 이에 대한 나의 인식은 절대적으로 옳다.

포기에서 벗어나 현재로 이동하기

- 나는 오랫동안 이런 내적 대화 속에서 살아왔다. 그러나 그 대화는 더 이상 내가 원하는 곳으로 나를 데려다줄 수 없다는 사실을 깨닫기 시작했다.
- 인생에는 다양한 가능성이 있다고 생각한다.
- 새로운 미래의 가능성에 마음을 열고 그것을 받아들이겠다고 선언한다.
- 미래는 아직 쓰이지 않은 것이라 생각하고, 내 행동이 미래에 영향을 미친다는 것을 받아들인다.
- 나는 이제부터 배우는 초심자로서, 이 문제를 해결하기 위해 새로운 행동을 하겠다고 선언한다.
- 이런 기회를 준 내 삶에 감사하며 앞으로 나아간다.

호흡이 인생의 비밀이다

현재에 존재한다는 것은 곧 다음 세 영역이 모두 함께 존재한다는 것을 의미한다.

- 언어
- 몸, 생물학적 구조, 신체 동작
- 기분·감정 상태

이러한 영역을 통해 의식을 과거와 미래에서 현재로 전환할 수 있다. 바로 앞에서 언어와 감정의 영역을 통해 의식을 전환하는 방법에 대해 설명했다면, 이제부터는 우리의 몸, 생물학적 구조, 신체 동작을 통해 의식을 전환하는 방법을 설명할 것이다.

이제 핵심 질문은 이것이다. 우리를 더욱 '현재로' 이끌어줄 예측 가능한 결과를 불러오기 위해 우리가 의도적으로 취할 수 있는 물리적·신체적 행동이 있을까? 이미 많은 사람이 이 질문에 스스로 큰 확신을 가지고 "네."라고 답해왔다. 현재에 존재하는 것을 절대적으로 뒷받침하는 신체적 수행이 있으니, 그것은 바로 **명상**이다.

명상은 고대부터 이어져 내려온 관습이지만, 수천 년간 셀 수 없이 많은 수련자들의 경험을 뒷받침하는 과학적, 의학적 연구가 활발하게 이루어진 것은 비교적 최근의 일이다. 명상과 관련한 많은 훌륭한 책과 워크숍이 있으며, 이를 통해 초보자에게 수련 방법을 소개하거나 더 깊고 다양한 버전의 수련 방법을 제안하고 있다. 미국과 전 세계의 많은 종교적·영적 전통에서 이 수련은 필수적인 것으로 자리 잡았다.

여러분은 명상을 해본 적이 있는가? 많은 사람에게 명상은 생각보다 어려운 일이다. 사실 명상 하면 흔히 떠오르는 '아무것도 하지 말고 가만히 앉아 있으라'는 요구는 '가만히 앉아 있는' 자세의 어려움과 '무언가를 하는 것에 대한 우리의 사회적 중독성'으로 인해 쉽지 않다. 끊임없는 변화가 일어나며 '더 많은 일을 해야 한다.', '생산성을 높여야 한다.', '반드시 목표를 성취해야 한다.'는 메시지에 과도하게 노출되어 있는 요즘, 일중독에 빠진다는 것은 많은 사람에게 부정적으로 받아들여지지 않는다. 깨어 있는 시간 중 몇 퍼센트를 금전적·물리적 이익을 직접적으로 창출하는 활동에 할애하지 않는 것은 '게으르다', '의욕이 없다', '변덕스럽다'는 식으로 인식되기도 한다. 그냥 앉아서 휴식을 취하는 것, 앉아서 자신의 존재를 중심에 두는 것, 앉아서 자신을 가만히 들여다보는 것은 '시간 낭비'로 간주한다. 이런 말들이 낯설지 않을 것이다.

하지만 명상을 꼭 앉아서 해야 하는 것은 아니다. 걸으면서 하는 명상, 서서 하는 명상, 심지어 설거지를 하면서 하는 명상도 있다. 전문가들은 궁극적으로 삶의 모든 것이 명상이 되고, 목적의식을 가지고 현재를 사는 훈련이 된다고 가르친다. 즉, 시간을 들여 훈련하고 의식과 주의를 기울임으로써 우리가 아무리 평범하더라도 삶의 모든 부분을 온전히 받아들이고 나라는 존재를 온전히 불러올 수 있다. 이렇게 해서 우리는 온전히 현재에 존재하고, 자신을 있는 그대로 받아들이고, 자신의 삶을 살아간다. 비록 우리가 거장이나 숙련된 승려와 같은 수행을 하거나 그들과 같은 존재감이 없더라도, 명상은 우리 몸을 이해하고 매개함으로써 완전히 새로운 길로 나아가는 훌륭한 통로가 될 수 있다. 명상은 새롭고 더 유용한 내적 대화가 생겨날 수 있는 훌륭한 공간으로 작용할 수 있다. 여기서는 명상과 신체, 그리고 우리의 평온함 및 생산성과의 연관성에 초점을 맞춘 내용을 소개한다.

- 우리의 몸, 언어, 정서적 공간은 각각 분리되어 있으면서도 서로 엮여 있다. 서로가 서로에게 강한 영향을 미친다.
- 명상과 같은 신체적 수행은 '현재에 존재하는' 능력을 강력히 뒷받침한다.
- 우리가 존재하길 원하는 곳은 현재다. 현재에 존재하는 능력은 다양한 방법으로 우리 삶의 여정의 질에 직접 영향을 미친다.
- 이러한 유서 깊은 신체적 수행은 우리가 새로운 대화를 만들어내고 삶에서 다양한 정서적 공간을 조성하려고 할 때 주요 동력이 될 수 있다.

명상에는 다양한 방법이 있다. 일반적으로는 10분 또는 15분 정도부터 시작해서 필요에 따라 훈련을 거듭하면서 시간을 늘려 간다. 다음은 명상을 시작하는 한 가지 방법에 대한 제안이다. 등받이가 딱딱한 의자나 바닥에 쿠션을 깔고 책상다리로 앉을 수 있는 편안한 장소를 찾는다. 몸을 똑바로 세우고 구부정한 자세가 아니라 긴장하거나 경직되지 않은 편안한 자세를 취한다. 몸이 왼쪽이나 오른쪽, 앞이나 뒤로 기울어지지 않고 중앙에 위치하는 자세가 되도록 유지한다. 이마, 뺨, 턱 근육을 포함한 모든 얼굴 근육을 이완한다. 턱을 약간 떨어뜨리고 부드럽게 이완한다. 혀를 이완하여 혀가 입천장을 누르지 않도록 한다.

눈을 감거나 '부드러운' 시선으로 부분적으로 감는다. 같은 자세를 유지하고 어깨와 목에 집중하면서 리드미컬하게 호흡한다. 근육에 주의를 집중하여 근육을 이완한다. 등과 복부 근육, 엉덩이와 다리 근육을 이완한다. 숨을 들이마시고 내쉬기를 반복하면서 근육을 이완한다.

조금 더 깊게, 그렇지만 여전히 리드미컬하게 호흡을 시작한다. 복식호흡, 즉 가슴을 '높여' 호흡하지 않고 배를 '낮춰' 숨을 들이마시도록 한다. 아랫배가 밀고 들어오는 것을 느껴보자. 이를 위해 복부 근육을 최대한 이완한다. 벨트나 옷을 느슨하게 해야 할 수도 있다. 호흡을 규칙적이고 깊게 유지한다. 잠시 이 자세를 유지한 뒤 자세를 다시 확인해 보자. 필요에 따라 다시 몸을 이완한다. 몸의 어느 부위가 긴장되어 있는지 확인한다. 해당 부위를 이완하고 같은 자세를 유지하면서 몸 전체에 긴장을 풀어준다.

부드럽게 호흡에 주의를 기울인다. 숨을 들이마실 때 '들이마시기'에 주의를 기울이고, 내쉴 때 '내쉬기'에 주의를 기울이면서 호흡에 온전히 집중한다. 다른 것은 신경 쓰지 말고 호흡에만 집중해 보자. 들숨과 날숨. 호흡을 옳다 그르다, 좋다 나쁘다, 이렇다 저렇다 판단하지 말고 그저 호흡을 관찰하고 알아차리는 것, 그것만으로 충분하다.

때때로 외부의 소리나 내부의 생각 또는 감각에 주의가 산만해질 수 있다. 판단하거나 비난하지 말고 이러한 것들로부터 주의를 돌려서 호흡으로 돌아가 보자. 산만함은 문제가 아니며 정상적이고 자연스러운 현상이다. 처음에는 방해 요소가 많아 극복하기가 매우 어려워 보인다. 내가 해야 할 일 목록, 다른 약속, 다른 걱정거리에 대한 내면의 생각들이 명상할 때 나의 주의를 끌기 위해 아우성치고 방해하는 것 같다. 나에게는 이러한 내적 산만함이 외부의 산만함보다 더 극복하기 어려운 과제다.

이 시간 동안 기분이나 감정이 바뀔 수 있다. 다시 말하지만, 판단하지 말고 그냥 알아차리고 호흡에 다시 주의를 집중해 보자. 긴장을 풀고 숨을 들이마시고 내쉰다. 정해진 시간이 다 될 때까지 이 행동을 계속하면서 호흡하고 사물을 알아차리고 판단하지 않는 방식으로 다시 호흡으로 돌아온다.

이런 방식으로 명상을 처음 접했을 때 호흡과 자각에 중점을 두는 것이 매우 흥미로웠다. 호흡에 주의를 기울이는 것이 얼마나 중요한지 깨달았다. 우리 모두는 자연스럽게 숨을 쉰다고 생각했다. 호흡은 호흡일 뿐 그게 뭐가 대수일까? 알고 보니 엄청난 일이었다. 리드미컬하게 아랫배를 아래로 내리는 호흡은 가슴을 위로 올리는 호흡과는 완전히 다르다. 그것은 눈에 띄게 다른 분위기를 만들어내고, 우리가 나누는 내적 대화에 눈에 띄게 다른 방식으로 영향을 미친다. 짧은 호흡은 긴 호흡과 매우 다르며, 깊은 호흡은 얕은 호흡과 매우 다르다.(물론 우리 중 많은 사람이 자신의 호흡을 잘 관찰하지 못한다.)

명상이 내게 가르쳐 준 한 가지 방법은 어려운 상황이나 감정에 휩쓸릴 것 같은 상황에 직면했을 때 과감하게 호흡을 늦추는 것이다. 호흡을 늦추고, 호흡을 길게 깊게 하고, 복식호흡으로 천천히 숨을 쉬는 것이다. 이렇게 하면 마음이 안정되고 상황에 더 잘 대처할 수 있게 되고, 보다 신중한 아이디어와 해결책을 생각해낼 수 있게 된다. 예전에 누군가가 말했다. "호흡은 인생의 비밀이다." 지금 나는 여러모로 이 말이 맞다고 생각한다.

명상은 우리의 육체를 쉬게 하는 것이 아니라 생각, 내적 대화, 내적 판단과 비난을 '쉬게' 하는 것이다. 불안, 분노, 죄책감에서 벗어나게 하는 것이다. 깨어 있는 상태는 유지하되, 의도적으로 어떤 대화를 일으키지 않도록 하는 것이다. 대신 관찰하는 데 좀 더 초점을 맞춘다. 이를 통해 우리는 우리가 평소에 생각하는 바가 무엇인지 더 명확하게 이해할 수 있다. 다양한 주제에 대해 끊임없이 만들어내는 수많은 생각과 판단을 볼 수 있게 되는 것이다. 이러한 생각과 판단은 누구의 요구도 없이 그저 끊임없이 생겨나는 것임을 냉정하게 바라볼 수 있게 된다.

명상은 우리를 언어에서 벗어나게 하고, 속도를 늦추고, 육체적·정서적·정신적 수준에서 자아를 새롭게 하는 연습이다. 명상은 우리에게 평화와 수용의 경험을 제공하고, 행동하고, 변화하고, 앞으로 나아갈 수 있는 토대를 제공한다. 만약 여러분이 명상을 해본 적이 없다면, 명상을 방해하는 내면의 대화는 무엇인지 생각해 보자.

9장

소유 - 행동 - 존재인가,
존재 - 행동 - 소유인가?

Language
and the Pursuit of
Happiness

다른 사람이 되고 싶다면 생각을 바꿔보세요.[1]

— 시스터 헤이즐, 「체인지 유어 마인드」 가사

이 책의 막바지에 이르러 우리의 행복 추구, 그리고 달라이 라마의 '모두에게 던져진 큰 질문'으로 돌아가고자 한다. **나는 어떻게 하면 행복해질 수 있을까?** 현대사회의 지배적인 문화는 물건을 소비하는 것을 지지하고 장려하고 있다. '소비자'라는 단어는 개인이든 집단이든 부정적인 의미로 사용되지 않는다. 오늘날의 광고 및 마케팅 업계는 많은 분야에서 '소유have', '행동do', '존재be' 사이의 연관성을 지속적으로 강화하고 촉진함으로써 잠재적 소비자를 적극적으로 끌어들이고 있다. 명시적이든 암묵적이든, 목소리가 크든 작든, 배경이 무엇이든, 그 연결고리는 다음과 같이 요약할 수 있다.

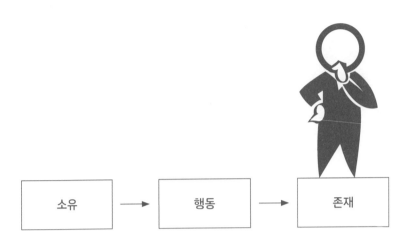

소유	→	행동	→	존재

이것을 소유하면 저것을 할 수 있고, 그러면 어떤 존재가 될 수 있다는 공식이다. 예를 들어, 이 차만 있으면 산길을 달리고, 사막을 횡단하고, 쭉 뻗은 고속도로를 달릴 수 있으며, 당신은 강인하고, 독립적이고, 자신감 넘치고…… 행복해질 수 있다. 이 골프채가 있으면 매번 샷을 똑바로 날릴 수 있으며, 당신은 자신감 넘치고, 성공하고, 승자가 되고…… 행복해질 수 있다. 이 여행 상품을 결제하면 사랑하는 사람과 함께 해변을 산책하고, 고급 레스토랑에서 식사를 할 수 있으며, 당신은 젊어지고, 기분이 전환되고…… 행복해질 수 있다. 우리는 다양한 마케팅 문구와 스토리 속에서 이런 종류의 약속을 보고 듣는다. 이들은 모두 '소유-행동-존재' 순서를 대전제로 한다.

이런 사고는 우리가 오랜 시간 동안 노출되어 온 미디어와 광고 메시지 속에 뿌리 깊게 박혀 있는 것이다. 너무 광범위하게 퍼져 있기 때문에 '당연한 사실'로서 우리의 생각 속에 자리 잡아 의심할 여지도 없다. 하지만 원하는 것을 많이 얻는다고 행복하지도, 평온하지도, 즐겁지도 않다는 것을 문득 깨닫게 된다. 많은 현대인이 이런 경험을 한다. '소유' 자체가 행복한 나라는 '존재'를 만들어내지 못한다는 것, '소유'가 '행복'과 직결되지 않는다는 것을 깨닫는 것이다.

지금이 바로 이 공식을 다시 생각해 볼 때이다. 생각을 바꾸면 모든 것이 달라진다. 다음과 같이 재인식하면 새로운 행동의 가능성이 나타나고, 자신의 성장과 학습에 대한 목적의식을 갖는 새로운 방법이 나타나며, 자신의 삶을 설계할 수 있는 새로운 선택지가 나타날 것이다.

나는 존재한다, 고로 행동하고 소유한다

더 강력한 해석은 방향을 뒤집어 다음과 같이 요약될 수 있다.

여기서는 먼저 '존재'하는 것부터 시작한다. 이 모델, 이 해석에서 우리는 우선 특정한 방식으로(최대한 현재에 존재하는 것을 포함해) 존재한다. 그 존재 방식에 따라 무엇이든 우리가 할 일을 하다 보면, 시간이 지나 결국 우리가 원하는 것을 가지게 된다. 그리고

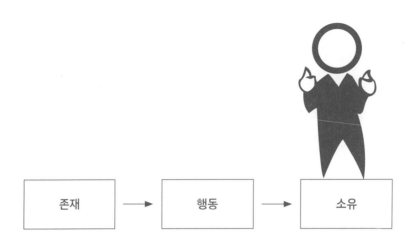

존재	→	행동	→	소유

여러 면에서 우리가 가지고 있는 것을 원하는 것처럼 보이기도 한
다. 이 모델에서는 일종의 부산물처럼 '소유' 자체가 덜 중요해진
다. 이는 우리가 그동안 잠겨 살면서 당연하다고 생각해 온 앞의
모델과 정반대의 모델이다.

　그렇다면 구체적으로 어떻게 행동해야 '존재-행동-소유' 모델
을 따를 수 있을까? 어떻게 하면 의식적으로 한 가지 방식으로 존
재하고, 다른 방식으로 존재하지 않을 수 있을까? 물론 '언어'에서
부터 시작해야 한다. 우리는 말함으로써 그 대상을 창조하기 때문
이다. 특정한 방식으로 존재하기 위해 필요한 행동은 절대적으로
언어 행동을 포함한다.

　새로운 선언. 나는 어떤 사람이고 어떤 사람이 아닌가에 대한 새
로운 일차 선언을 한다. 나 자신을 포함해 사랑하는 사람에게 사

랑을 선언한다. 다른 사람과 관계를 맺는 새로운 개인적 기준을 마련한다. 이전과는 다른 상황에서 '네' 혹은 '아니요'라고 말해 본다. 신뢰에 대한 새로운 선언을 한다. 학습을 향해 열린 자세를 보이는 새로운 선언을 한다. 자신의 과거와 타인을 있는 그대로 받아들이는 선언을 한다. 용서의 선언, 감사의 선언, 사과의 선언을 한다.

새로운 요청과 새로운 약속. 모든 영역에서, 다른 사람들에게 이러저러한 일을 함으로써 내 삶에 함께 참여해 달라고 요청한다. 상황이 달라졌으면 할 때 효과적인 요청을 하고, 그것을 요구가 아닌 요청으로 해석한다. 다른 사람들에게 내게 한 약속을 지켜달라고 요청한다(책임감 있는 불만). 지금부터 내 약속을 관리할 책임을 진다. 지금부터 다른 사람들에게도 내게 한 약속을 관리할 책임을 묻는다.

새로운 평가. 나 자신에 대한 평가를 검토하고 업데이트한다. 인생에서 가까운 사람들에 대한 평가를 재검토한다. 직업, 상사, 직장 동료도. 내 과거와 미래도. 자신의 평가를 다른 사람들과 공유하고 나와는 다른 방식의 관찰에서 비롯된 그들의 말에 귀를 기울인다. 자신의 평가에 근거가 있는지 점검한다.

우리가 한 방식으로 존재하고 다른 방식으로 존재하지 않을 수 있는 능력은 새로운 해석, 대화, 이야기를 만들어내고 실천하고 참여하려는 의지와 강하게 직접 연결되어 있다.

우리는 이미 우리 인생의 저자이다. 우리는 새로운 장을 쓸 권한이 있다. 먼저 의식하고, 관찰하고, 우리가 지금까지 써 내려온 장에 책임을 다하는 것부터 시작해 보자. 그러고 나서 우리는 선택을 해야 한다. 언어의 힘에 대해 아는 것을 바탕으로, 자신을 위해 어떤 새로운 이야기와 해석을 만들어낼 것인가? 우리가 생각해 낼 수 있는 무한한 이야기 중에 어떤 이야기를 만들어낼까?

우리가 한 방식으로 존재하고 다른 방식으로 존재하지 않는다는 개념에는 우리의 기분과 감정 공간도 포함된다. 장기적이고 지배적인 기분뿐 아니라, 단기적인 감정, 즉 사건과 상황에 대응하며 촉발된 패턴도 포함된다. 지금까지 논의해 왔듯이, 기분과 감정은 우리의 언어, 내적 및 외적 대화, 평가, 선언, 이야기와 큰 영향을 주고받는다.

우리의 몸과 생물학적 구조를 새로운 존재 방식의 출발점으로 삼을 수도 있다. 영양 섭취, 운동, 수면 습관도 그 기회다. 자세, 걷기, 앉기, 서기, 춤, 요가, 태권도, 마사지, 명상 등 자신의 몸을 움직여 특정한 활동을 하려는 의지, 자신이 초심자임을 선언하고 새로운 학습 과정에 '몸을 맡기는' 능력, 거기에 시간과 연습을 투자하는 것도 내 존재 방식을 바꿀 수 있다.

감사는 가성비가 뛰어난 선언이다

감사에 대해서는 이미 앞에서 살펴보았지만, 나는 이것이 무척 중요하다고 생각하기 때문에 존재-행동-소유의 맥락에서 다시 한번 이야기하고자 한다. 감사하는 마음은 누군가가 자신과 한 약속을 지키거나 자신에게 관대하게 행동함으로써 생길 것이다. 하지만 감사는 그보다 훨씬 더 깊은 감정이 될 수도 있다. 외부의 사건에 의해서만 유발되는 것이 아니라, 살아가는 보편적인 방식, 일반적인 감정 상태가 될 수도 있다. 라파엘 에체베리아의 말처럼, "살아 있는 것은 특권이며, 이 신비의 일부가 되는 것은 가치 있는 일"로서 살아 있는 것 자체로 감사한 일이기 때문이다. 이렇게 생각하면 감사는 기쁨을 구축하는 감정이라고도 할 수 있다. 감사를 선언하는 것과 기쁨을 경험하는 것은 직결되어 있다.

기쁨을 경험하는 사람은 감사를 선언하는 것이라고 할 수도 있다. 감사를 인정하고 선언함으로써 의식적으로 기분을 바꿀 수 있고, 의식적으로 삶의 질을 향상할 수 있다. 기쁨을 쌓기 위해서는 감사가 필요하다. 그리고 감사는 선언함으로써 존재하게 된다. 여러분도, 나도, 언제든, 어떤 이유에서든, 그리고 아무런 이유 없이도 그럴 수 있다.

여러분은 무엇에 감사하는가? 이 질문에 의도적으로 접근하고 감사를 표현하는 훈련은 '가성비'가 뛰어나다. 감사하기 위해 우리가 무엇을 포기해야 하는가? 그리고 감사함으로써 얻을 수 있는 이익은 무엇인가?

10장

앞으로의
여정을 시작하는
여러분에게

Language
and the Pursuit of
Happiness

계속 존재할 수 있는 것은 변화뿐이다.[1]

—헤라클레이토스

시대는 변한다.[2]

—밥 딜런

나는 헤라클레이토스와 밥 딜런의 말에 동의한다. 관점의 변화는 오늘날 우리가 직면하고 있는 몇 가지 문제에 대해 개인적, 집단적으로 대응하기 위해 필요한 더 큰 변화의 일부라고 생각한다. 세상을 바라보는 관점, 세상을 바라보는 방식뿐만 아니라 우리가 사는 장소에서 이미 변화가 시시각각 진행되고 있음을 우리는 경험을 통해 알고 있다. 우리 중 많은 사람이 이미 그 안에 있고, 그 일부라고 믿고 있다.

지금까지 이 책에서 공유한 학습 내용과 관점은 이러한 큰 변화와 완벽하게 일치한다. 이 변화는 긍정적이며, 집단적 성장과 학습의 자연스러운 부분이다. 실제로 다음과 같은 근본적인 질문에 답하기 위해서는 이 책에서 소개한 것과 같은 여러분 자신의 변화가 필요하다. **나는 어떻게 하면 행복해질 수 있을까? 우리(우리 모두의 집합)는 어떻게 하면 행복해질 수 있을까? 우리는 어떻게 함께 살아갈 것인가?** 인류의 역사에서 우리는 이 질문에 어떻게 답할 것인가를 오랫동안 고민해 왔다. 이는 물론 오랜 세월 동안 인류가 다양한 분야에서 '사물을 보는 방식'을 극적으로 변화시켜 온 것과 직접적인 관련이 있다. 우리는 패러다임을 바꾸고 새로운 관찰자가 되어있다.

윌리스 하몬이 1998년에 출간한 획기적인 책 『글로벌 마인드 체인지』는 이 주제와 관련해 내가 특히 좋아하는 책 중 하나다. 이 책에서 하몬은 이렇게 말한다. "지난 수십 년 동안 일부 사람들 사이에서 가치관의 강조점이 바뀌고 현실에 대한 근본적인 이미지가 바뀌고 있음을 충분히 시사한다." 세계 대부분의 현대화된 국가에서도 비슷한 변화가 나타나고 있다. 이러한 변화의 주요 요소는 다음과 같다.

- 외부 세계의 '사물'뿐만 아니라 우리의 내면과 주관적 경험을 포함한 모든 것의 연결성을 더욱 강조하게 되었다.
- 권위의 존재 방식이 외적인 것에서 내적인 것으로 바뀌었다. 종교, 정치, 과학 모두에서 외부의 권위에 환멸을 느끼고 직관적이고 내적인 지혜와 권위에 대한 의존도가 높아지고 있다.
- 원인에 대한 인식이 외적인 것에서 내적인 것으로 바뀌었다. "우리는

우리 자신의 현실을 창조한다."와 같은 진술의 약한 의미는 우리가 주변 세계(그리고 우리 자신)를 인식하는 방식이 무의식과 전의식의 내용에 영향을 받는다는 것이다. 이러한 진술의 강력한 의미(우연은 없으며 겉보기에 우연처럼 보이는 사건 뒤에도 숨겨진 의미와 패턴이 있다는 주장)는 우리가 실제로 그 세계의 공동 창조자이며 궁극적인 원인은 물리적 세계가 아니라 마음, 즉 의식에서 찾아야 한다는 것이다.[3]

하몬이 말하는 이 변화는 실제로 일어나고 있는 일이며, 그 자체로 또 다른 큰 트렌드, 또 다른 큰 변화로 이어질 가능성을 내포하고 있다. **우리는 집단적으로 낮은 인식의 상태에서 더 높은 인식의 상태로 이동하고 있다**는 것이다. 즉, 우리 인간이 자신의 창조적 힘, 자신과 세계의 연결과 상호의존성, 자신의 발전을 이끌고 자신의 경험을 불러오는 능력을 잘 의식하지 못한 채 살아왔던 상태에서, 그것을 더 의식하는 여정으로 나아가고 있다고 볼 수 있다. 우리가 그것을 의식하게 되면서 동시에 책임감을 갖게 되고, 일이 뜻대로 되지 않을 때 바로 남의 탓으로 돌리는 경향이 줄어들고, 타인에 대한 배려가 늘어나고, 다양한 형태로 타인을 받아들이는 경향이 강해지고 있다. 우리는 지금 모두 인류로서 비슷한 것을 이루려 노력하고, 비슷한 어려움을 극복하려 노력하며 살아가고 있다고 생각한다.

알베르트 아인슈타인의 말은 우리가 미래를 바라볼 때 방향을 제시한다. "우리가 할 일은 모든 생명체와 자연과 그 아름다움을 포용할 수 있도록 연민의 범위를 넓혀 우리 자신을 자유롭게 하는 것이다."[4]

지금까지 여러 차례 '빅아이'로 돌아가서 관찰하자고 이야기했다. 이 은유는 이러한 큰 시대적 흐름과 더 큰 의식의 움직임에 주목하는 데 가장 적합한 표현이다. 이제 여러분은 각자 고유한 관찰자이며, 각자의 관찰 성향에 대해 더 깊이 인식하게 되었을 것이다. 그 관찰력은 나 자신부터 가족, 지역사회, 국가, 문화와 전통에까지 확대될 수 있다. 의식적인 성장과 목적의식을 가진 학습은 스스로 발전하는 능력과 직결된다. 이 책에서 말하는 언어에 대한 모든 것은 이 능력과 일치한다. 더 의식적이고, 더 책임감 있고, 새로운 관찰자가 되는 큰 과정의 첫 번째 단계인 것이다.

만약 개인과 집단이 이런 식으로 의식을 높여간다면, 그리고 인류가 앞으로 몇 년, 몇 십 년, 몇 백 년, 몇 천 년 동안 이 상태를 유지한다면 어떻게 될까? 어떻게 살아갈까? 사물을 어떻게 바라보게 될까? 무엇이 가능해질까? 물론 나도 답을 알 수 없지만, 앞으로가 기대된다.

다 함께 살아가는 법

"평생 행복을 얻으려면 다음 세대를 도와야 한다." 이 중국 속담은 자신이 배운 최고의 것을 아이들과 공유하는 일이 얼마나 중요한지 잘 보여준다. 그리고 많은 사람에게 있는 타인에 대한 기여, 봉사, 지원, 공유와 자신의 삶의 질 사이에 존재하는 중요한 연결고리를 보여준다.

자신과 언어, 인간관계, 그리고 어떤 일의 결과를 이해하기 위해 식별하는 방법을 배우고 다음 세대에게 가르치면 좋은 영향을 미칠 수 있을까? 개인적 차원에서는 평온함과 생산성의 균형을 더 견고하게 다질 수 있을까? 성인이 되기 위한 준비와 성인으로서 살아가는 데 도움이 될까? 더 건강하고 만족스러운 관계와 경력을 쌓는 데 도움이 될까? 나는 그러리라 확신한다.

시간이 지나면서 더 많은 서로 다른 문화를 가진 사람이 각자의 신념, 전통, 역사적 담론을 반영하는 방식으로 '사물을 보는' 독특한 관찰자로서 서로를 이해하게 된다면 얼마나 좋을까? 자신의 '옳음'을 오래도록 믿고 의심하지 않는 사람이 줄어들면 세상은 더 좋은 곳이 되지 않을까? 모두가 해석하는 '있는 그대로의 모습'을 아무도 보지 않는다는 것을 더 많은 사람이 이해하게 된다면 어떤 일이 벌어질까? 우리 자신의 내적·외적 대화가 경험, 기분, 결과를 만들어낸다는 것을 더 많은 사람이 깨닫게 되면 어떤 일이 벌어질까? 더 많은 사람이 더 많은 선택권을 의식하고, 또 애초에 항상 선택을 하고 있다는 사실을 인식하는 것이 긍정적인 변화를 이끌까? 더 많은 사람이 큰 사회적 담론과 문화적 대화가 우리를 어떻게 형성하고, 반대로 우리가 그것들을 어떻게 형성하는지 인식하게 되면 사회에 긍정적인 영향을 미칠 수 있을까? 나는 그러리라 확신한다.

이 책이 여러분에게 의미가 있고, 이 책을 통해 여러분이 행복에 대한 진정한 가치를 발견할 수 있었다면 나는 행복할 것이다. 우리 모두는 학습하고, 변화하고, 인생에 새로운 결과를 가져올 수 있는 능력을 가지고 있다고 확신한다. 여러분이 이 책을 덮고 나서 언제든 여정에서 길을 잃게 되면 이 책에서 배운 '빅아이', 즉 자신을 관찰하는 능력, 그리고 '관찰하는 방법을 관찰하는 능력'으로 되돌아가길 바란다. 이것이 여러분의 출발점이 될 것이다. 먼저 알아차리고, 의식하고, 선택해야 한다. 그리고 학습으로 전환해야 한다. 관찰해야만 우리는 의식적으로 변화하고, 설계하고, 업데이트하고, 구축하고, 창조하고, 삶과 세상에 새로운 결과를 가져올 수 있다.

이 책을 여러분과 공유하게 되어 영광이다. 나 자신이 저자로서 여러분과 이 새로운 세계관을 공유할 수 있는 가장 적합한 사람이라고 생각하지는 않지만, 이렇게 여러분에게 소개할 수 있는 기회를 갖게 되어 매우 감사하게 생각한다. 그럼 다시 만나는 날까지 여러분이 생각해 볼 질문을 던지며 글을 마무리하고자 한다.

지금까지 여러분은 무엇을 알게 되었는가?

지금 여러분은 무엇을 하기로 결심하였는가?

이제 여러분은 어떤 선택을 할 것인가?

그리고 어떤 말을 할 것인가?

{ 주 }

들어가며
1. The Declaration of Independence of the United States of America; July 4, 1776.
2. *Diogenes Laertius: Lives of Eminent Philosophers*, by Diogenes et. al.; Harvard University Press; 1938.
3. *The Varieties of Religious Experience—A Study in Human Nature*, by William James; 1902.
4. *Ethics for the New Millennium*, by His Holiness the Dalai Lama; Riverhead Books/Penguin Putnam, Inc.; 1999.

1장. 내가 볼 수 있는 것만 바꿀 수 있다
1. *Remembrance of Things Past*, by Marcel Proust; Knopf Publishers; 1982.

2장. 언어를 보는 새로운 관점
1. *The Four Agreements: A Practical Guide to Personal Freedom*, by Don Miguel Ruiz; Amber-Allen Publishing; 1997.
2. *Conversations with God: An Uncommon Dialogue; Books 1, 2 and 3*, by Neale Donald Walsch; G.P. Putnam's Sons Publishing; 1996.
3. *Of Human Interaction*, by Joseph Luft and Harry Ingham; Palo Alto, CA; National Press; 1969.
4. *Leading Minds: An Anatomy of Leadership*, by Howard Gardner; Basic Books/Harper Collins; 1995.

5. *Reality Isn't What It Used To Be*, by Walter Truett Anderson; Harper & Row Publishers; 1990.

6. *The Nature of Managerial Work*, by Henry Mintzberg; Harper Collins; 1973.

3장. 학습과 행복, 언어와 학습의 관계

1. *The Academic American Encyclopedia*, by Eric Hoffer; New York: Grolier Electronic Publishing, Inc.; 1993.

2. *Ceremony*, by Leslie Marmon Silko; Penguin USA; 1988.

4장. 잘 듣기 위한 새로운 방법

1. Cool Hand Luke; motionpicture; WarnerStudios; 1967.

2. *The Fifth Discipline Fieldbook: Strategies and Tools for Building a Learning Organization*, by Peter Senge, Richard Ross, Bryan Smith, Charlotte Roberts, and Art Kleiner; Doubleday/Bantam Doubleday Dell; 1994.

3. *Retooling On The Run: Real Change for Leaders With No Time*, by Stuart Heller, PhD; Frog, Ltd.; 1995.

4. *The Magic of Believing*, by Claude M. Bristol; Prentice-Hall, Inc., 1948.

5. *The Tree of Knowledge*, by Humberto Maturana, Francisco J. Varela and Robert Paolucci; Shambhala Publications; 1987.

5장. 나 자신을 이해하는 가장 강력한 방법

1. *The Expanded Quotable Einstein*, by Alice Capaprice; Princeton University Press; 2000.

2. *The Tree of Knowledge*, by Humberto Maturana, Francisco J. Varela and Robert Paolucci; Shambhala Publications; 1987.

3. *The Four Agreements: A Practical Guide to Personal Freedom*, by Don Miguel Ruiz; Amber-Allen Publishing; 1997.

6장. 행복은 언어, 감정, 신체가 함께 추는 춤

1. *Coaching to the Human Soul: Ontological Coaching and Deep Change*, by Alan Seiler; Newfield Australia; 2003.

2. *The Tree of Knowledge*, by Humberto Maturana, Francisco J. Varela and Robert Paolucci; Shambhala Publications; 1987.

7장. 우리는 말로 세상에 자신을 드러낸다

1. *Diogenes Laertius: Lives of Eminent Philosophers*, by Diogenes et. al.; Harvard University Press; 1938.

2. *Expression and Meaning*, by John Searle; Cambridge University Press; 1985.
3. *Linking Language to Action*, by J.L. Austin; Cambridge University Press; 1962.

섹션 2. 선언
1. The Declaration of Independence of the United States of America; July 4, 1776.
2. *You Are What You Say: A Harvard Doctor's Six-Step Proven Program for Transforming Stress Through the Power of Language*, by Matthew Budd, MD and Larry Rothstein, Ed.D.; Crown Publishers; 2000.
3. *Merriam Webster's Collegiate Dictionary*; Merriam Webster Editorial Staff; 1994.
4. *The Four Agreements: A Practical Guide to Personal Freedom*, by Don Miguel Ruiz; Amber-Allen Publishing; 1997.
5. *The Tree of Knowledge*, by Humberto Maturana, Francisco J. Varela and Robert Paolucci; Shambhala Publications; 1987.
6. *The Power of Now*, by Eckhart Tolle; New World Library; 1999
7. *Conversations with God: An Uncommon Dialogue; Books 1, 2,and 3*, by Neale Donald Walsch; G.P. Putnam's Sons Publishing; 1996.

섹션 4. 약속, 공언, 합의
1. Stopping by Woods on a Snowy Evening, by Robert Frost; Dutton Books—Reissue Edition; 2001.
2. *Diogenes Laertius: Lives of Eminent Philosophers*, by Diogenes et. al.; Harvard University Press; 1938.
3. *The Four Agreements: A Practical Guide to Personal Freedom*, by Don Miguel Ruiz; Amber-Allen Publishing; 1997.

9장. 소유-행동-존재인가, 존재-행동-소유인가?
1. Fortress, by Sister Hazel; audio CD; 2000, Universal Studios.

10장. 앞으로의 여정을 향하는 여러분에게
1. *Diogenes Laertius: Lives of Eminent Philosophers*, by Diogenes et. al.;Harvard University Press; 1938.
2. The Times They Are A-Changing', by Bob Dylan; audio CD; Sony; original release 1964.
3. *Global Mind Change: The Promise of the 21st Century*, by Willis Harmon; Berrett-Koehler Publishers, Inc.; 1998.
4. *The Expanded Quotable Einstein*, by Alice Calaprice; Princeton University Press; 2000.

우리는 그야말로 무수히 많은 언어 속에서 살고 있다. 하지만 안타깝게도 많은 사람이 언어가 지닌 생성적·창조적 힘을 알지 못한 채 오히려 언어로 인해 힘겹게 살아간다. 나 역시도 회사에서는 리더로서, 가정에서는 두 자녀의 부모로서 신체, 감정, 언어의 측면에서 지속적인 고민이 있었다. 또한 회사, 가정, 그 밖의 사회에서 다양하고 긍정적인 인간관계를 형성하고, 목표했던 결과를 성취하기 위해 끝없는 노력과 수많은 시행착오를 거듭해 왔다. 그러는 동안 다양한 리더십, 코칭 과정에서 제시한 여러 가지 방법을 일상생활에 적용하고 내 것으로 만들기 위해 노력해 왔지만, 늘 마주하게 되는 어색함과 나 스스로의 정체성에 대한 의문은 해결되지 않는 숙제였다.

그러던 중 2023년 초 우연한 기회에 '존재론적 코칭 Ontological Coaching'이라는 새로운 영역을 접하게 되었다. 인간 행동의 동기를 저마다의 고유한 신체, 감정, 언어의 관점에서 근본적으로 들여다보는 획기적인 패러다임이었다. 눈이 번쩍 뜨인 나는 한 치의 망설임도 없이 싱가포르로 날아갔다. 싱가포르에 위치한 코치 양성기관인 코치파트너십이 주관하는 뉴필드 존재론적 코칭 프로그램에 약 9개월간 참여했다. 그곳에서 처음 건네받은 책이 바로 차머스 브러더스가 쓴 이 책 『행복의 언어』였다.

그 이후 지금까지 언어가 사람의 행복에 직접적으로 영향을 미치는 이유를 실증을 통해서 검증하며 깊이 공감해 왔다. 그러다 보니 많은 사람이 나처럼 이 책을 통해서 조금 더 행복한 삶을 적극적으로 설계해 나갈 수 있었으면 하는 바람으로 한국어판 출간에까지 이르게 되었다.

나를 믿고 자신의 책을 번역할 수 있도록 허락해 주고 지속적인 응원과 격려를 아끼지 않은 차머스 브러더스, 그리고 일본에서 먼저 일본어판을 출간한 뒤 한국어 번역에 지원을 아끼지 않은 일본 코칭기업 35CoCreation의 대표 리나 사쿠라바에게 진심으로 감사드린다. 코칭이라는 새로운 대화를 통해 삶의 새로운 가능성에 접근할 수 있도록 든든하게 도와주신 코치파트너십 팀과 본 코칭 과정을 처음 소개해 준 캐럴 수, 재정적 지원을 아끼지 않은 마크 프랑크, 한국에서 나의 첫 존재론적 코칭 수업을 함께 수강해 준 코칭크루Coaching Crew 송경훈, 서세희, 김규호, 신용문, 유철선 님의 응원과 격려에도 감사드린다. 바쁜 시간을 쪼개가며 번역을 하는 동안 묵묵히 지원과 응원을 보내준 사랑하는 나의 가족(박은주, 박시언, 박시후)과 물심양면으로 지지를 아끼지 않았던 테니스클럽 러브홀릭(손일성, 김종대, 최익수, 김용, 이춘범, 권오용, 신지현, 유대현, 김종섭, 하창우, 김철경, 김정식, 마규홍, 이순일, 김영희, 남궁성, 김창림, 조미진, 박진선) 여러분에게도 진심으로 감사드린다. 마지막으로 이 번역서가 세상에 나오기까지 함께해 준 출판사 세이코리아 여러분의 노고에 감사드린다.

　이 책을 통해 많은 독자분들이 언어의 관점에서 스스로를 고찰할 수 있는 계기가 되길 바라며, 이를 통해 회사, 가정 또는 삶의 전반적인 영역에서 지금까지와는 다른 새로운 행복을 설계해 나갈 수 있기를 기원한다.

박상문

행복의 언어

초판 1쇄 발행 2025년 5월 7일

지은이   차머스 브러더스
옮긴이   박상문
펴낸이   신현만
펴낸곳   (주)커리어케어 출판본부 SAYKOREA

출판본부장 박진희
편집   양재화 손성원 김선도
마케팅   허성권
디자인   엄혜리

등록   2014년 1월 22일 (제2008-000060호)
주소   03385 서울시 강남구 테헤란로 87길 35 금강타워3, 5-8F
전화   02-2286-3813
팩스   02-6008-3980
홈페이지   www.saykorea.co.kr
인스타그램 instagram.com/saykoreabooks
블로그   blog.naver.com/saykoreabooks

ⓒ (주)커리어케어 2025
ISBN 979-11-93239-26-1 03190